한글고전총서 5

搜神記

수신기

干寶 찬집
林東錫 옮김

상

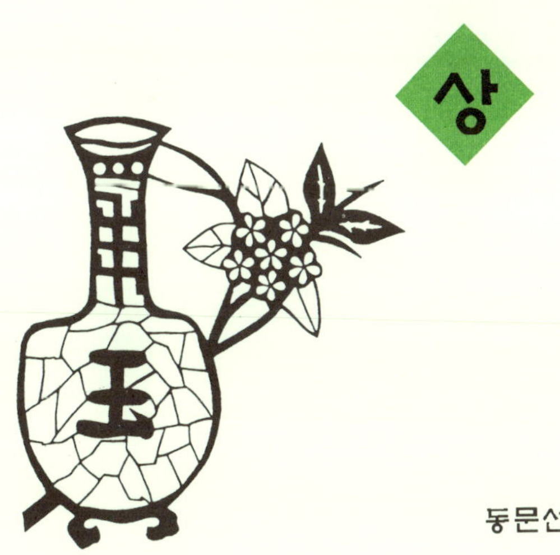

동문선

수신기 (搜神記)

【한글본 《수신기》 읽기】

『세상은 이해하는 자의 것이 아니라 느끼는 자의 것이다』

이 명제를 붙잡고 꽤 오랫동안 빠져 보기도 했었다. 우리를 둘러싸고 있는 자연과 여러 환경에 대해서 어떤 느낌이 가미되지 않으면, 이는 생물적 생존에 불과할 뿐 인간적인 생활은 아닐 거라고 고집하기도 했다.

모처럼 어린 시절의 시골 친구들을 만나 이야기꽃을 피우는 중에도 그러한 것을 발견하곤 한다. 이해로 남아 있는 추억이란 거의 없었다. 그때 그 순간, 그 느낌이 이제껏 남아 우리의 정서에 윤기를 더해 주고 있었던 것이다. 다시 말해, 큰물이 져서 건널 수 없었던 그 징검다리에 대해서도 우리들 각자의 추억이 달랐다. 그것은 모두가 그때의 느낌이었던 것이며, 또한 그 느낌을 통한 발견이 각인된 것이었을 뿐 홍수는 왜 나는가에 대한 교과서적인 이해와는 전혀 무관한 것들이었다. 땅강아지나 개똥벌레에 대한 기억도 어떠한 저녁이었는지, 혹은 배고픔과 연관된 것이었는지, 들에 나가 돌아오지 않은 초라한 어머니의 모습이 시야에 중복되었는지, 가족의 구소 상황은 어떠하였는지에 따라 남아 있는 기억과 느낌이 생생하게 달랐다. 두엄 냄새도, 장마철 퀘퀘한 흙벽의 노래기나 쥐며느리조차 그리움, 혹은 혐오로 구분되어 남아 있는 두 갈래는 느낌일 뿐 그밖의 이해로는 다가서지 못하였던 것이다.

자! 이 《수신기》도 그러한 느낌으로 펼쳐 보면 어떨까 한다. 고전을 다루면서 경학의 무거운 행간을 벗어나 이 책을 접했을 때, 나는 인간의 또 다른 욕구에 흔연망식(欣然忘食)하고 빠져들었다.

여기에 실린 5백여 가지의 이야기는, 그야말로 기승전결이 뚜렷한 엽편소설(葉片小說)이다. 논리나 사상을 이해해야 할 내용이 아니라 느낌의 형상화일 뿐이다. 중국 소설이 이렇게 질박하고 순정하며 아름다운가 하고 깜짝 놀라게 될 것이다.

특히 우리 민족과 관련이 있는 동명왕(東明王) 신화, 그리고 외계인의 사실적인 서술인 외성래객(外星來客), 가슴 시리도록 지고 지선한 영계(靈界)와 인간의 연애를 다룬 두란향(杜蘭香), 그런가 하면 화타(華佗)의 신비한 치료, 안초(顏超)의 증수(增壽), 그밖의 온갖 보은(報恩) 설화, 동식물의 희한한 생태, 우주자연의 오묘한 변화 등에 대한 서술과 표현은 우리로 하여금 숙연케 하기도 하고 눈물 솟게도 한다.

그래도 이해(?)를 돕기 위해 몇 마디 덧붙이자면, 중국의 소설은 우리가 지금 사용하고 있는 개념과 사뭇 달랐다. 원래 전국시대의 많은 철학사상인 제자백가의 하나였다. 이 학술과 계통을 10가지로 나눈 것이 한(漢)나라 때의 유향(劉向)과 유흠(劉歆) 부자였으며, 이것이 《한서(漢書)》 예문지(藝文志)에 실리게 되었다. 여기에 소설가(小說家)를 열번째로 놓고 『실제 학술사상에서 볼 만한 것은 이 소설가를 제외한 아홉 가지뿐』이라 하고, 『도청도설하는 자들이 만들어 낸 것이며, 군자는 그것이 재미있다고 해서 깊이 빠져들어서는 안 된다』는 공자의 말을 인용하여 경고까지 하였다. 실제 공자는 《논어(論語)》에서 괴탄한 허구, 즉 픽션에 대해서는 아주 부정적인 견해를 가지고 있었으며, 이것이 유가(儒家)의 근본적인 사상인데다가 중국인 사유(思惟)에 엄청난

영향을 끼쳐, 결국 소설 발달의 저해요인이 되기도 하였다.

그러나 중국의 남방사상은 이와 달랐다. 상상과 허구에 대해 관대하였고, 나아가 이해보다는 느낌에 대한 욕구를 거부감 없이 수용하고 표출하는 문화를 바탕에 두고 있었다. 이 《수신기》는 바로 이러한 사상의 바탕 위에서 이루어진 것이다. 특히 비현실적인 귀신·괴담·외계인·신화·전설·무속·점술·금기·토템·연애·영계 등, 신비한 이야기를 모두 모아 보자고 했던 것이다. 작자인 간보(干寶)도 자기 집안에서 일어난 이해할 수 없는 괴이한 일, 즉 아버지의 죽은 비첩이 10년 후 다시 살아나는가 하면, 죽은 형이 다시 살아나 저승 이야기를 생생히 들려 주는 등 이상한 사건을 직접 체험하였으며, 그것이 찬술 동기가 되었던 것이다. 따라서 이는 단순한 소설로 보기에는 해결되지 않는 점을 너무도 많이 가지고 있다.

지금은 느낌과 상상, 그리고 이미지 결합의 문화충격시대이다. 소위 문화산업이라는 것도 그 내면을 들여다보면, 결국 우리 심리 속에 내재한 다양한 비현실적인 것에 대한 가시화 욕구를 자극하는 것들이다. 이 《수신기》를 보면 그러한 무한한 상상력에 대한 소재를 얼마든지 얻을 수 있고, 나아가 감각세계의 촉각에 와닿는 그 무엇인가가 뇌리 속에 숨겨져 있던 우리의 느낌 센서의 신비한 자극을 감지할 수 있을 것이다.

그러나 여기에 실린 내용이 허구로 가득 찬 것만은 아님을 금방 알게 될 것이다. 역사 속에 있었던 실화로서, 때와 장소는 물론 증거물이 뚜렷한 사건들이다. 그렇다면 이 《수신기》의 내용이 우리에게 시사하는 것은 과연 무엇인가? 아무리 요괴한 악일지라도 덕을 이겨내지는 못한다(妖不勝德)는 수덕론(修德論)이 그

메시지임을 책을 읽고 나면 저절로 알게 될 것이다. 그리고 이 세상에 상상하는 모든 것은 현실로 나타날 수도 있다는 〈상상세계의 가시화〉라는 첨단의 가능성에 대한 선각적 확신이었음도 알게 될 것이다.

　불가사의한 세계는 내 마음의 문이 잠겨 있는 한 때는 절대 보이지 않는다. 이제 여기 이 《수신기》라는 열쇠를 가지고 우리의 닫힌 가슴문을 열고, 세상에 또 다른 세계가 있음을 실컷 구경하면 될 것이다.

1998년 새해 아침에 임동석(林東錫) 적음.

　※ 본책은 이미 출간된 完譯詳註 漢典大系本 《搜神記》의 한글 번역 부분만을 따로 떼어내 묶은 것이다. 原典과의 대조가 필요한 경우 원본을 참조하기 바란다. 그리고 본문 가운데 실린 인명에 대한 소개는 하권에 덧붙여 실었다.

【수신기·상권 / 차례】

수신기

　　　　신농씨(神農氏)는 붉은 채찍〔赭鞭〕으로 온갖 풀을 채찍질하여, 그 풀들의 평(平)·독(毒)·한(寒)·온(溫)의 약성(藥性)과 그 냄새와 맛이 주관하는 작용의 위주를 알아내었다.

　그리고 온갖 곡식을 파종하는 법을 발명하여, 그 때문에 천하 사람들이 그를 〈신농(神農)〉이라 불렀다.

·자편(赭鞭): 붉은 가죽의 채찍. 신농(神農)은 염제(炎帝)로 화덕(火德)을 상징하므로 붉은색을 연관시킨 것이다.

　　　　적송자(赤松子)는 신농(神農) 시대의 우사(雨師)였다. 그는 수옥산(水玉散)이라는 약을 복용하여, 신농에게도 그 약을 먹도록 가르쳤다. 그는 능히 불속에 뛰어들어도 타지 않았다. 그리고 곤륜산(崑崙山)에 이르러 늘 서왕모(西王母)의 석실(石室) 속에 들어가 살면서 풍우(風雨)에 따라 오르내리곤 하였다. 염제(炎帝) 신농씨의 막내딸이 그를 따라가서, 역시 선술(仙術)을 배워 함께 승천하였다.

　고신(高辛) 시대에 이르러, 그는 다시 우사가 되어 인간 세계에 나타났다. 지금의 우사들은 그를 본송(本宗)으로 받들어 모시고 있다.

·우사(雨師): 비를 담당한 신(神). 사우지신(司雨之神), 혹은 기우(祈雨)를 담당한 무사(巫師).

적장자여(赤將子轝)는 황제(黃帝) 때의 인물이다. 오곡(五穀)은 입에도 대지 않고, 온갖 꽃을 먹고 살았다. 요(堯)임금 때는 목공(木工)이 되었으며, 풍우(風雨)에 의지하여 하늘에서 땅으로 오르내리곤 하였다.

그는 때때로 시장에 나타나 〈격(繳)〉이라는 화살의 실인 주살을 팔기도 하였다. 그 때문에 그를 달리 〈격보(繳父)〉라고도 부른다.

격(繳): 고대의 사냥법 가운데 화살 끝에 실을 매어 새를 잡는 방법. 그 매인 실을 뜻한다. 주살.

영봉자(甯封子)는 황제(黃帝) 때의 인물이다. 전하기로 그는 황제의 도정(陶正)이었다고 한다. 일찍이 어떤 이인(異人)이 찾아와, 그를 위해 불을 관장하는 법을 일러 주었다. 그 이인은 오색(五色)의 연막(煙幕) 속을 마음대로 드나들 수 있는 인물이었다.

오랜 시간이 흐른 후, 영봉자는 불을 쌓아 놓고 스스로를 태워 그 연기에 따라 상하를 오르내릴 수 있게 되었다. 그 타고 남은 재를 보았더니, 오히려 그 뼈는 남아 있는 것이었다. 당시 사람들이 그 뼈를 모아 영북(甯北)의 산속에 묻어 주었다. 그래서 그를 〈영봉자〉라고 부른다.

· 도정(陶正): 고대에 도기(陶器) 제작을 관장하던 직책 이름.

악전(偓佺)은 괴산(槐山)에서 약을 캐는 노인이었다. 그는 송실(松實)을 즐겨 먹었고, 몸에는 털이 났는데 그 털이 7촌이나 자랐다. 두 눈동자는 서로 다른 방향을 볼 수 있었고, 비행 능력이 있어 달리는 말을 따라다닐 수 있었다.

그는 송실을 요(堯)에게 주었지만, 요는 이를 먹을 겨를이 없었다. 소나무는 간송(簡松)이라는 종류로, 당시 이를 얻어 복용한 자는 모두가 3백 세를 살았다.

• 송실(松實): 잣.

팽조(彭祖)는 은(殷)나라 때의 대부(大夫)이다. 성은 전(錢) 이름은 갱(鏗)으로 전욱(顓頊)의 후손이며, 육종씨(陸終氏)의 둘째아들이었다. 하(夏)나라를 거쳐 상(商)나라 말기에 이르도록 7백 세를 살았다고 한다. 그는 항상 계피(桂皮)와 영지(靈芝)를 먹었다.

역양(歷陽)에 팽조의 선실(仙室)이 있었으며, 전배(前輩)들은 이렇게 말하였다.

「그곳에 가서 풍우(風雨)를 기원하면 응험이 즉시 나타나지 않는 때가 없었다. 항상 호랑이 두 마리가 그 사당(祠堂)의 양쪽에 버티고 있었다.」

지금 그 사당은 없어졌고, 그 땅에는 두 마리 호랑이의 족적(足跡)만이 남아 있다.

 사문(師門)은 소보(嘯父)의 제자로서, 능히 불을 마음대로 부리는 자였다. 도파(桃葩)를 주식으로 하였으며, 공갑(孔甲)의 용사(龍師)였다. 공갑이 자기의 뜻대로 사문을 부릴 수 없게 되자, 미워하여 그를 죽여 들에 묻어 버리고 말았다.

그러던 어느 날, 풍우(風雨)가 그 무덤에 다가와 그를 영접하여 떠나자, 산의 나무들이 모두 불타고 말았다. 공갑이 놀라 그를 위해 사당을 짓고 기도하였지만, 집으로 돌아오는 도중에 죽고 말았다.

· 도파(桃葩) : 복숭아꽃. 파(葩)는 화(花)와 같은 뜻.
· 용사(龍師) : 용(龍)을 관장하는 임무의 직책. 《사기(史記)》 하본기(夏本紀) 참조.

 갈유(葛由)는 촉(蜀) 땅의 강족(羌族) 사람이다. 주(周)나라 성왕(成王) 때, 나무로 양(羊)을 잘 조각하여 이를 시장에 내다팔곤 하였다.

어느 날 그가 목양(木羊)을 타고 촉 땅으로 들어서자, 촉 땅의 왕후(王侯)와 귀인(貴人)들이 그를 추종하여 수산(綏山)에 오르게 되었다. 그 수산은 복숭아나무가 많았고, 아미산(峨眉山)의 서남쪽에 있었으며, 그 높이가 끝이 없었다. 그를 따라 나섰던 자들은 누구 하나 되돌아오지 않고 모두가 선도(仙道)를 얻었다. 그래서 민간에 이런 말이 퍼졌다.

「수산의 복숭아 하나 얻으면, 비록 신선은 되지 못한다 해도 호인(豪人)쯤은 된다.」

그 산 아래에 갈유의 사당을 세웠으며, 이는 수십 곳이나 된다.

최문자(崔文子)는 태산(泰山) 사람이다. 그는 왕자교(王子喬)에게 선도(仙道)를 배웠다. 왕자교가 백예(白蜺)로 변하면서 가지고 있던 선약(仙藥)을 최문자에게 주었다. 최문자는 놀랍고 괴이하여, 창을 들어 그 백예를 쳐서 죽여 버렸다. 그 때문에 들고 있던 선약이 땅에 떨어지고 말았다. 몸을 굽혀 그 죽은 백예를 보았더니, 바로 왕자교의 시신이었다.

최문자가 이를 자기의 거실로 옮겨 안치하고 낡은 광주리로 덮어두었더니, 잠시 후 큰 새로 변하는 것이었다. 이에 그 광주리를 열어 보았더니 갑자기 퍼득이며 멀리로 날아가 버렸다.

• 백예(白蜺) : 백예(白霓). 흰 무지개.

관선(冠先)은 송(宋)나라 사람으로 낚시를 생업으로 삼고 있었다. 그는 수수(睢水)가에서 1백여 년을 살면서 고기를 잡아 놓아 주기도 하고 팔기도 하였으며, 혹은 자신의 식량으로 삼기도 하였나. 항상 관대(冠帶)를 바르게 하고, 여(荔)나무 심기를 좋아하였으며, 그 꽃과 열매를 먹었다.

송(宋)나라의 경공(景公)이 그 도술을 물었으나 일러 주지 않자, 그를 죽여 버리고 말았다.

그뒤 수십 년이 흐른 후, 그 관선이 송나라의 성문에 걸터앉아 거문고를 타는 모습으로 나타나서는 수십 일이 지난 후에야 떠나는 것이었다. 이에 송나라 사람들이 집집마다 그를 모셔 제사 지내고 있다.

금고(琴高)는 조(趙)나라 사람으로 거문고 연주에 뛰어났었다. 그는 송(宋)나라 강왕(康王)의 사인(舍人)이 되어, 연자(涓子)와 팽조(彭祖)의 신선술을 수행하면서 기주(冀州)·탁군(涿郡) 일대를 2백여 년이나 돌아다녔다.

그뒤 그는 세상을 사직하고 탁수(涿水)에 뛰어들어 용자(龍子)를 얻게 되었다. 그리고는 제자들과 기일을 약속하면서 이렇게 말하였다.

「내일은 모두 목욕 재계하고, 물가에서 나를 기다리라. 그리고 사당을 지으라.」

이튿날 과연 그가 붉은 잉어를 타고 나타나 사당 가운데 앉는 것이었다. 그리고 수만 인이 와서 자신을 보게 하면서 한 달을 머물고는, 다시 물속으로 사라지고 말았다.

· 사인(舍人) : 관직 이름. 궁중(宮中)에서 숙직하며 보살피는 벼슬.
· 용자(龍子) : 일종의 신물(神物). 도마뱀〔壁虎〕처럼 생겼다.

도안공(陶安公)은 육안국(六安國)의 풀무장이〔鑄冶師〕였다. 그가 풀무질을 하고 있던 어느 날, 그 불꽃이 하루 아침에 공중으로 흩어지면서 보

랏빛이 하늘을 찌르는 것이었다. 이에 도안공이 풀무 앞에 엎드려 애원을 하였다.

그러자 잠시 후, 주작(朱雀)이 그 풀무 위에 나타나 이렇게 일러 주는 것이었다.

「안공! 안공! 그 풀무는 하늘과 통하고 있습니다. 7월 7일에 적룡(赤龍)이 그대를 맞이하러 올 것입니다.」

그 때가 이르자, 도안공은 과연 그 적룡을 타고 동남쪽으로 사라졌다. 그 성읍(城邑)의 수만 인이 미리 와서 도안공을 보낼 조전(祖餞)을 차려 놓아, 도안공은 그들 모두와 사별의 인사를 나눌 수 있었다.

· 주작(朱雀): 신조(神鳥) 이름. 남방(南方)을 관장하며, 화기(火氣)를 상징한다.
· 적룡(赤龍): 역시 남방(南方), 화(火)를 상징한다.
· 조전(祖餞): 고대 출행(出行) 때 노신(路神)에게 제사지내는 의례.

 어떤 사람이 초산(焦山)에 들어가 7년 동안 도를 닦았다. 그러자 태상노군(太上老君)이 그에게 목찬(木鑽)을 주면서 반석을 뚫어 보라고 하였다. 그런데 그 바위는 두께가 5척(尺)이나 되는 섯이었다.

「이 바위를 뚫으면 마땅히 득도(得道)하리라!」

40년이 걸려서 드디어 그 바위를 뚫게 되었다. 그리하여 그는 마침내 〈신선단결(神仙丹訣)〉을 얻게 되었다.

· 목찬(木鑽): 나무 송곳.
· 신선단결(神仙丹訣): 도가(道家)에서 연단수도(煉丹修道)하여 성선(成

仙)하는 비결(秘訣).

　　노소천(魯少千)은 산양(山陽) 사람이다.
　　한(漢)나라의 문제(文帝)가 일찍이 미복(微服)으로 황금을 품고 그를 방문하여, 그 도술을 물어보고자 하였다.

이에 소천은 황금 지팡이에 상아 부채를 들고 문 밖에 나와 문제를 맞이하였다.

· 미복(微服): 임금이 자신의 신분을 감추기 위해 평민의 복장을 한 것.

　　회남왕(淮南王) 유안(劉安)은 도술(道術)을 좋아하여, 주방장을 임명해 놓고 빈객들을 모셨다.
　　그런데 정월 상신(上辛)에 어떤 여덟 노공(老公)이 찾아와 뵙기를 청하는 것이었다. 문지기가 이를 회남왕에게 알리자, 회남왕이 관리를 시켜 마음대로 그들을 난처하게 만들어 보도록 하였다.

이에 문지기가 노공들에게 이렇게 말하였다.

「우리 임금은 장생술(長生術)을 좋아합니다. 그런데 선생들은 노쇠(老衰)를 멈추게 하는 도술이 없는 것 같군요. 그래서 감히 그대들을 안내할 수가 없습니다.」

노공들은 자신들을 만나볼 의사가 없다는 것을 알고, 여덟 동자(童子)로 자신들의 모습을 바꾸었다. 그들의 얼굴색은 마치 복숭아꽃같이 고왔다.

그제서야 회남왕은 그들을 만나보고, 성대한 예를 갖추어 음악까지 준비하여 그 여덟 노공을 모셨다. 그리고 회남왕은 거문고를 들고 이렇게 노래를 불렀다.

밝고 밝은 하늘이여
온 세상을 비추도다.
내가 도를 좋아한다는 것을 알고
그대들이 내려와 주셨네.

그대들 장차 나와 함께 하여
깃과 털이 돋아나,
저 청운의 하늘로 높이 날아
양보(梁甫)를 밟아보세.

삼광(三光)을 둘러보고
북두(北斗)를 만나보세.
풍운을 타고 몰아
옥녀(玉女)를 부려보세.

지금 소위 〈회님조(淮南操)〉라는 노래가 바로 이것이다.

·삼광(三光): 일(日)·월(月)·성(星)의 빛.
·옥녀(玉女): 선인(仙人)이 부리는 시녀(侍女).

유근(劉根)은 자가 군안(君安)이며, 경조(京兆) 장안(長安) 사람이다. 한(漢)나라 성제(成帝) 때 숭산(嵩山)에 들어가 도를 익혔다. 그리고 그곳에서 만난 이인(異人)이 그에게 비결(秘訣)을 주어 드디어 신선이 되었으며, 능히 혼백을 부를 수 있었다.

그때 영천(穎川)의 태수(太守)인 사기(史祈)가 이를 요괴(妖怪)라 여겨 사람을 파견, 그를 잡아들여 죽이려 하였다. 이에 유근이 영천의 태수부(太守府)에 이르자, 태수인 사기가 대뜸 이렇게 말하였다.

「그대는 능히 사람의 눈앞에 귀신을 불러 올 수 있다고 하였으니, 지금 그 형상을 보이게 하라. 그렇지 않으면 죽여 없애리라.」

그러자 유근이 이렇게 자신하였다.

「아주 쉬운 일이지요. 부군(府君) 앞에 있는 필연(筆硯)과 서부(書符)를 좀 빌립시다.」

그리고 그 궤안(几案)을 두드리자, 잠시 후 갑자기 대여섯의 귀신이 나타났다. 그들은 두 명의 죄수를 묶어 사기 앞에 대령시켰다. 사기가 자세히 살펴보니 잡혀 온 두 사람은 바로 자신의 부모였다.

그 부모는 유근을 향해 머리를 조아리며 이렇게 사과하였다.

「아들 녀석이 아무것도 모르고 있으니, 그 죄값은 만번 죽어 마땅합니다.」

그리고는 자신의 아들인 사기를 이렇게 질책하는 것이었다.

「너는 자손으로서 선조를 영광스럽게 하지도 못하면서, 어찌 신선에게 죄를 지어 이렇게 힘들여 이곳까지 친히 오시도록 하였는가!」

사기는 슬프고 놀라워 눈물을 흘리며 머리를 조아려 죄를 빌

었다. 유근은 아무 말 없이 홀연히 사라져 어디로 갔는지 알 수
가 없었다.

·부군(府君): 한(漢)나라 때의 태수(太守)에 대한 칭호.

한(漢)나라 명제(明帝) 때, 상서랑(尙書郞)인 하
동(河東)의 왕교(王喬)가 업령(鄴令)이 되어 있었
다. 왕교는 신술(神術)을 부릴 줄 알아, 매월 삭일
(朔日)이면 자신의 업현(鄴縣)에서 조정으로 보고를 다녔다.

황제는 그가 자주 오면서도 타고 온 수레나 말이 보이지 않는
것을 이상히 여겨, 태사(太史)에게 명하여 몰래 살펴보도록 하였다.

태사의 대답이, 그가 궁중에 올 때면 문득 오리 두 마리가 동
남쪽으로부터 날아온다는 것이었다.

그래서 엎드려 몰래 이를 지켜보다가 오리가 보이자 그물을
쳐서 잡았더니, 오히려 한 켤레의 신발(舃)뿐이었다. 상서(尙書)
로 하여금 신발을 판별해 보도록 하였더니, 이는 명제의 영평(永
平) 4년에 상서의 관속(官屬)들에게 하사하였던 신발이라는 것이
었다.

·삭일(朔日): 하력(夏曆)으로 매월 초하루.

계자훈(薊子訓)은 어디서 온 사람인지 알 수 없
다. 동한(東漢) 때에 낙양(洛陽)에 와서 수십 곳을
다니며 공경(公卿)들을 대접하였는데, 모두가 술

한 말과 포육 몇 조각뿐이었다. 그러면서 그는 이렇게 말하였다.

「먼 곳으로부터 오느라 가진 것이 없습니다. 그저 미미한 뜻을 보여 드릴 뿐입니다.」

그 잔치자리에 수백 인이 있었으나, 종일 마시고 먹고 하였건만 이상하게도 줄어들지 않는 것이었다. 그리고 그가 떠난 다음에는 백운(白雲)이 피어올라 아침부터 저녁 때까지 계속되는 것을 누구나 볼 수 있었다.

그때 1백 세나 된 노인이 이렇게 말하였다.

「내 어릴 때 계자훈이 회계(會稽)에서 약을 파는 모습을 보았는데, 그때의 얼굴색과 지금의 얼굴색이 똑같다.」

계자훈은 낙양에 사는 것이 싫증이 나서, 그만 어디론가 은둔해 버렸다. 그런데 정시(正始) 연간에 어떤 사람이, 장안의 동쪽 패성(覇城)에서 어떤 노인 둘이서 그곳의 동인(銅人)을 어루만지면서 이렇게 말을 주고받는 것을 들었다는 것이었다.

「내 옛날 이 동상을 주조할 때 직접 보았었지. 이미 5백 년이 흘렀군!」

이를 본 사람들이 그가 계자훈임을 알아차리고는 소리쳤다.

「계 선생, 잠깐 멈추시오!」

그리고는 함께 걸으면서 말을 주고받았다. 그런데 보기에는 그가 천천히 걷는 것 같으나 말을 몰아 달려가도 따를 수가 없었다.

· 정시(正始): 위(魏)나라 때의 제왕(齊王) 조방(曹芳)의 연호(年號). 240~249년.

한(漢)나라의 음생(陰生)이라는 자는, 장안(長安)의 위교(渭橋) 아래에 사는 거지아이였다. 항상 장안 시내에 나와 구걸을 하자, 시내의 어떤 사람 하나가 그를 싫어하여 그만 분뇨를 뿌려 버렸다. 그런데 잠시 후 그가 다시 나타나 구걸하는 것을 보니, 옷이 전혀 더럽혀지지 않고 조금 전과 똑같은 것이었다.

장리(長吏)가 이를 알고 그를 붙잡아 끈으로 묶고 질곡(桎梏)을 채워 버렸다. 그런데도 어찌된 일인지 그가 다시 시중에 나타나 구걸을 하는 것이었다.

다시 그를 잡아다가 이번에는 아예 죽여 없애려 하자, 그제서야 그는 어디론가 사라지고 말았다.

한편 그에게 분뇨를 뿌렸던 집의 건물이 저절로 무너져 수십 명이 죽게 되었다. 이에 장안에는 이런 요언(謠言)이 퍼졌다.

거렁뱅이 아이를 보거든 좋은 술을 주어라.
그래야 집이 무너지는 재앙을 면할 수 있다.

· 장리(長吏) 지위가 비교적 높은 고급 관리.
· 질곡(桎梏): 고대의 형틀.

곡성향(穀城鄕)의 평상생(平常生)은 어디 출신인지 알 수 없는 인물이다. 여러 번 죽었다가 다시 태어났으나, 당시 사람들은 그럴 리가 없다고 여겼다. 뒤에 큰 홍수가 나서 피해가 이만저만이 아니었다. 그러자 평상생이 문득 결문산(缺門山)에 올라 이렇게 소리치는 것이었다.

「나 평상생이 여기에 있다!」

그리고 다시 이렇게 말하였다.

「비는 그칠 것이다. 홍수도 닷새 후면 반드시 수그러질 것이다.」

과연 비가 그쳤다. 이에 사람들이 그 산에 올라 그를 위해 사당을 짓고, 제사를 지내려 하였다. 그러자 평상생의 옷과 지팡이·혁대만이 남아 있을 뿐이었다. 그뒤 수십 년이 흐른 후, 그는 화음현(華陰縣)의 문졸(門卒)이 되어 다시 나타났다.

좌자(左慈)는 자가 원방(元放)이며, 여강(盧江) 사람이다. 어려서부터 신통하여 일찍이 조공(曹公)의 잔치자리에 같이하였는데, 조공이 웃으면서 여러 빈객에게 이렇게 말하였다.

「오늘 잔치에는 진수(珍羞)가 대략 갖추어졌습니다. 모자라는 것이 있다면, 오(吳) 땅의 송강(松江)에서 나는 노어회(鱸魚膾)라고나 할까요!」

그러자 원방이 이렇게 제의하였다.

「그 정도라면 쉽게 마련할 수 있습니다.」

그리고는 동반(銅盤)을 가져오라 하여, 그 쟁반에 물을 담은 후 대나무 낚싯대에 미끼를 달아 낚시를 하는 것이었다. 잠시 후 농어 한 마리를 낚아올렸다.

조공은 손뼉을 치며 신기해하였고, 모였던 자들도 모두 놀랄 수밖에 없었다. 이에 조공이 다시 이렇게 요구하였다.

「고기 한 마리로는 모든 손님에게 충분치 못할 것 같습니다. 두 마리 정도면 좋겠는데.」

그러자 원방이 다시 낚시에 미끼를 달았다. 잠시 후 고기를 낚아올렸다. 모두가 3척(尺)이 넘는 크기로 싱싱하고 늘씬한 것들이었다.

이에 조공이 친히 앞으로 나가 이것으로 회를 만들어 참석자들에게 두루 나누어 주었다. 그리고는 다시 이렇게 요구하였다.

「지금 이렇게 농어는 생겼으나, 촉(蜀) 땅에서 나는 생강(生薑)이 없는 것이 한스럽습니다.」

원방이 다시 자신하였다.

「그것 역시 구할 수 있습니다.」

그러자 조공이 그런 것은 가까운 시장에서도 쉽게 살 수 있는 것이라 여겨 다른 제의를 하였다.

「내 일찍이 사람을 시켜 촉 땅까지 가서 비단을 사오도록 하였습니다. 그대는 사람을 시켜 내가 보낸 그 사신에게 비단 두 단(端)을 더 사오도록 일러 주십시오.」

그리하여 사람을 보냈더니 즉시 되돌아왔으며, 그 촉 땅의 생강까지 사가지고 왔던 것이다. 그리고는 이렇게 보고하였다.

「그 비단 가게에서 공(公)께서 보낸 사신을 만났습니다. 이미 산 비단에 다시 두 단을 더 사오라는 말도 전해 주었습니다.」

그로부터 한 해가 지난 후, 조공이 보낸 사신이 돌아왔다. 과연 비단 두 단을 더 사왔다. 조공이 묻자, 그는 이렇게 대답하였다.

「지난 모월 모일 가게에서 어떤 사람을 만났는데, 공의 명령이라며 제게 전해 주었습니다.」

뒤에 조공이 근교에 나갈 일이 있었다. 이에 조공을 따르는 사인(士人)과 종자(從者) 들이 수백 인이나 되었다. 원방은 가져간 술 한 단지와 포육 한 조각뿐이었는데도, 손수 단지의 술을 따라 모든 사람에게 다 나누어 주었다. 사람들 누구 하나 실컷 마시고 배부르지 않은 자가 없었다. 조공이 이를 괴이히 여겨 어찌된 일인지 살펴보도록 하였다. 그리고 그 주변의 술집들을 둘러보도록 하였더니, 그 술집들의 술과 포육이 어디론가 사라져 버렸다는 것이었다.

이에 조공이 노하여 몰래 원방을 죽여 버리려 하였다. 원방이 조공과 같이 앉으려 할 때 이를 잡으려 하였더니, 그가 벽 속으로 숨어 갑자기 보이지 않는 것이었다.

그리하여 그를 잡아오도록 사방에 널리 알렸다. 혹 어떤 이가 시장에서 그를 발견하고 잡으려 하자, 시장 사람들 모두가 원방과 똑같이 변해 누가 누군지 알 수가 없었다는 것이다.

뒤에 또 어떤 사람이 양성산(陽城山) 꼭대기에서 그를 만나 뒤쫓았다. 원방은 쫓겨 양떼 속으로 도망쳐 버렸다.

조공은 어쩔 수 없다고 여겨, 이에 명령을 내려 양에게 이렇게 물어보도록 하였다.

「조공이 다시는 그대를 죽이려 들지 않을 것입니다. 본래는 그대의 신술(神術)을 시험해 보려고 하였던 것뿐이오. 지금 이미 시험이 끝났으니, 다만 이제는 서로 만나보고 싶어할 따름입니다.」

그러자 갑자기 한 늙은 양이 앞으로 다가와 무릎을 꿇고, 사람처럼 바로 서서 이렇게 말하는 것이었다.

「너무 급한 나머지 이런 형상으로 나타났습니다.」

이에 잡으러 갔던 사람들이 「이 양이 바로 좌자로다」 하고는, 다투어 그를 잡으려고 달려들었다.

그러자 이번에는 수백 마리나 되는 양떼가 조금 전의 그 양처럼 변하여, 무릎을 꿇고 사람 형상을 하고 서서 이렇게 말하는 것이었다.

「너무 급한 나머지 이런 형상으로 나타났습니다.」

이에 어느 양을 잡아야 할지 알 수가 없게 되었다.

노자(老子)는 이렇게 말하였다.

「내가 가장 근심스럽게 여기는 것은 바로 형체를 가진 내 몸이로다. 내게 몸이 없다면 그 무엇이 걱정이겠는가!」

만약 노자 같은 무리라면 능히 그 몸이 없게 할 수 있을 것이나, 우리로서는 그러한 경지가 어찌 먼 이야기가 아니겠는가?

· 노어회(鱸漁膾) : 농어의 회.
· 단(端) : 포백(布帛)의 길이를 재는 단위.

손책(孫策)이 강을 건너 허(許) 땅을 치려고 우길(于吉)과 함께 출행하였다. 때마침 큰 가뭄이 들어 그들이 주둔한 곳은 화기(火氣)가 대단하였다. 이에 손책은 여러 장사(將士)들을 재촉하여 속히 배를 끌고 오도록 하였고, 이른 아침부터 그 자신이 직접 나서서 심하게 독촉까지 하였다. 그러다가 장수와 군리(軍吏)들이 우길 가까이 모여 있는 것을 보고 격노하여 이렇게 소리쳤다.

「내가 우길만 못하단 말이냐? 어찌 나보다 먼저 그에게 몰려간단 말이냐!」

그리고는 곧바로 우길을 불러 오도록 하였다. 그가 다가오지, 손책이 소리쳐 물었다.

「날이 가물어 비가 내리지 않고 있소. 도로는 걷기가 어렵고, 제때에 강을 건널 수도 없소. 그래서 이른 아침부터 나서서 이렇게 독려하고 있는 거요. 그런데 그대는 함께 근심하는 눈치도 없이 배 안에 들어앉아 귀신 이야기가 어떠니, 만물의 모습이 어떠니 하고 한가롭게 굴면서 내 부대를 흐트러뜨리고 있소이다. 지금 당장 그대를 처단하겠소.」

그리고는 사람을 시켜 그를 결박한 후, 땅바닥에 앉혀 햇볕에 꼼짝 못하도록 만들었다. 그리고 그로 하여금 비가 내리기를 빌게 하였다. 만약 하늘이 감동하여 해가 떴는데도 비가 내리면 사면해 주려니와, 그렇지 않으면 그를 죽일 참이었다.

잠시 후 구름 기운이 위로 올라가더니 아주 빽빽이 모여 일중(日中)이 되자 큰비가 쏟아지는 것이었다. 계곡에는 물이 넘쳐흘렀다.

그러자 장수와 병사들이 즐거워하면서, 우길이 반드시 원래대로 사면을 받게 될 것이라 여겨 몰려가서 축하와 위로의 말을 전하였다. 그러나 손책은 끝내 그를 죽이고 말았다. 이에 장사들이 모두 애석히 여겨 그 시신을 묻어 주었다. 그런데 그날 밤 홀연히 구름이 일어 그 무덤을 덮는 것이었다. 이튿날 아침 달려가 찾아보았더니 어디로 사라졌는지 알 수가 없었다.

손책이 우길을 죽이고 나서 혼자 앉아 있을 때면, 매번 우길이 마치 자기 곁에 있는 것처럼 눈에 직접 보듯이 나타나는 것이었다. 이로 인해 손책은 실상(失常)하는 지경에 이르곤 하였다.

뒤에 치료를 받아 바야흐로 괜찮다 싶었는데, 이번에는 거울을 보니 그 속에 우길이 보이는 것이었다. 보지 않으려고 고개를 돌려 다시 보기를 세 번, 결국 손책은 거울을 때려 부수며 크게 절규하였다. 손책은 이에 몸에 창병이 났고, 그 창병이 모두 터져 얼마 후 죽고 말았다. (우길은 낭야(瑯邪) 사람으로 도사이다.)

• 일중(日中): 낮 12시. 정오(正午).

 개염(介琰)은 어디 사람인지 알 수 없다. 그는 건안군(建安郡) 방산(方山)에 살면서 백양공(白羊公)을 스승으로 모셨다. 그리고 두계(杜契)에게 현일무위(玄一無爲)의 도술을 전수해 주었으며, 능히 그 형체를 감추고 변화를 부리는 능력을 가지고 있었다.

일찍이 그가 동해(東海) 땅으로 가는 길에 잠시 말릉(秣陵)을 지나면서 오왕(吳王)과 사귀게 되었다. 오왕은 개염을 머물게 하면서 그를 위해 궁묘(宮廟)까지 지어 주었다. 그리고는 하루에도 몇 번씩 사람을 파견하여 개염이 어떻게 지내는지 문안을 드리게 하였다.

개염은 동자로 변하였다가 혹은 늙은이로 변하기도 하였으며, 아무것도 먹지 않고 그 어떤 먹거리나 선물도 받지 않았다.

오왕은 그의 도술을 배우고자 하였다. 그러나 개염은 오왕이 궁궐 내의 비빈들의 일로 바쁠 것이라는 핑계를 들어 몇 달이 가도록 아무것도 가르쳐 주지 않는 것이었다.

그러자 오왕이 노하여 개염을 포박해 오도록 하였다. 그리고 갑사(甲士)들로 하여금 노(弩)로 그를 쏘아죽이도록 하였다. 노(弩)가 발사되자, 그 화살 끝에 매어 있던 실만 그대로 남아 있는 채 개염은 어디로 사라졌는지 알 수가 없었다.

· 노(弩): 큰 활. 고정시켜 놓고 쏘는 활.

 오(吳)나라 때에 서광(徐光)이라는 자는, 거리에 나와 자신의 기예를 보여 주곤 하였다. 참외 장수에게 참외를 얻어먹고자 하였으나 줄 수 없

다고 하자, 얼른 참외씨를 찾아 막대기로 땅을 뚫고 그 씨를 심었다. 잠깐 사이에 그 참외는 싹이 자라 줄기가 뻗더니 꽃이 피고 열매를 맺었다. 그는 이를 따서 먹고, 구경꾼들에게도 나누어 주었다. 참외 장수가 자신이 팔던 참외를 돌아보았더니 모두가 사라지고 없는 것이었다.

한편 서광이 수재나 가뭄에 대하여 예언하는 말은 아주 영험이 있었다.

그런가 하면 대장군 손침(孫綝)의 집 앞을 지나면서 옷을 걷어 붙이고 빠른 걸음으로 달리며, 좌우로는 침을 뱉고 발로 짓이기는 시늉을 하는 것이었다. 어떤 이가 그 까닭을 묻자, 그는 이렇게 대답하였다.

「이곳에 피가 흘러 그 피비린내 때문에 견딜 수가 없습니다.」

이 말을 들은 손침이 그를 미워하여 참아다가 죽여 버렸다. 그런데 그의 머리를 잘랐지만 피가 나오지 않는 것이었다.

손침이 유제(幼帝)를 폐하고 경제(景帝)를 세우고 나서 선대의 능을 참배하려고 수레에 오르자, 큰 바람이 일어 손침의 수레를 흔들어대었다. 그리하여 수레가 기울어져 버렸다. 그때 보니 서광이 소나무 꼭대기에서 손뼉을 치고 손을 흔들면서 비웃고 있는 것이었다. 손침이 시종에게 물었으나 누구 하나 보이지 않는다 하였다. 얼마 후 경제가 손침을 처단하는 사건이 일어났다.

갈현(葛玄)의 자는 효선(孝先)이며, 좌원방(左元放)으로부터 《구단금액선경(九丹金液仙經)》을 전수받은 자이다. 어느 날 어떤 손님과 식사를 같이 하게 되었는데, 그때 신선술의 변화에 대한 문제가 언급되자 그

손님이 이런 부탁을 하였다.

「식사를 마치고, 선생께서 특이한 법술을 하나 보여 주셨으면 합니다.」

그러자 갈현이 이렇게 물었다.

「지금 당장 보고 싶지 않으십니까?」

그리고는 입안에 물고 있던 밥을 뱉아내니 수백 마리의 큰 벌로 변하는 것이었다. 그 벌들은 모두가 손님의 몸에 달라붙었지만 쏘지는 않았다.

한참 후 갈현이 다시 입을 벌리자 그 벌들이 모두 입안으로 날아 들어갔고, 갈현은 그대로 씹어 삼켰으니 그것은 모두 조금 전의 밥알 그대로였다.

또 두꺼비와 각종 벌레 및 연작(燕雀)의 무리들을 모아 춤을 추게 하였는데, 그들의 응절(應節)이 마치 사람 같았다. 그리고 겨울에 손님을 위해 참외와 대추를 마련하는가 하면, 한여름에 얼음과 눈을 만들어 내놓기도 하였다. 또한 동전 수십 개를 가지고 이를 우물 속에 던져 넣으라 해놓고는, 자신은 그릇 하나를 가지고 그 우물에 대고 소리치자 그 동전이 하나씩 우물에서 날아오르는 것이었다. 그런가 하면 손님을 위해 술자리를 마련하였을 때는 술잔이 전달하는 자가 없는데도 그 술잔이 저절로 앞으로 나오되, 만약 누구라도 술을 다 마시지 않으면 그 술잔이 그 사람 앞에서 떠나지 아니하는 것이었다.

또 일찍이 오(吳)나라 임금*과 함께 누대에 올라 자리를 같이 하였다가 기우제를 지내는 그곳 사람을 보게 되었다. 이에 임금이 물었다.

「백성이 비를 바라고 있는데 이루어 줄 수 있겠습니까?」

그러자 갈현이 얼른 이렇게 대답하였다.

「비를 내리게 하는 일이라면 쉽지요.」

그리고는 서부(書符)를 사당(社堂)에 붙이자, 경각 사이에 천지가 어두워지더니 큰비가 쏟아져 덮이는 것이었다.

임금이 다시 물었다.

「저 물속에 고기가 있습니까?」

갈현이 다시 서부를 물속에 던졌다.

그리고 잠시 후 수백 마리의 큰 물고기를 나타나게 하여 사람들에게 잡도록 하였다.

* 손권(孫權)을 가리킨다. 삼국시대(三國時代) 동오(東吳)의 임금.

 오맹(吳猛)은 복양(濮陽) 사람이다. 오(吳)나라를 섬겨 서안령(西安令)이 되었다. 그의 집은 분녕(分寧)이었으며, 성품이 효성스러웠다. 그는 신인(神人) 정의(丁義)를 만나 그로부터 신기한 비방을 전수받았다. 게다가 또 비법인 신부(神符)까지 얻어 그의 도술이 크게 행세하게 되었다.

일찍이 그는 큰 바람이 불어오자 신부를 적어 지붕 위에 던졌다. 그러자 청조(靑鳥) 한 마리가 날아와 이를 물고 가더니, 바람이 즉시 그치는 것이었다.

어떤 이가 그 연유를 묻자, 그는 이렇게 설명하였다.

「지금 남호(南湖)의 배 한 척이 이 바람을 만났다. 그 배에서 도사(道士)가 구원을 요청하고 있다.」

확인해 보았더니 과연 사실이었다.

또 서안령(西安令) 간경(干慶)이 죽은 지 이미 사흘이 지났다.

그런데 오맹이 이를 알고 이렇게 말하였다.

「수(數)로 보아하니 아직 죽을 때가 아닙니다. 마땅히 하늘에다 내 이름을 호소하겠습니다.」

그리고는 드디어 그 시신 곁에 누웠다. 며칠이 지나서 그는 서안령과 함께 일어났다. 뒤에 그가 제자를 거느리고 예장(豫章)으로 돌아오게 되었다. 그런데 강물이 너무 급해 건널 수가 없었다.

오맹은 이에 손에 들고 있던 백우선(白羽扇)이라는 부채로 강물을 한 번 그었다. 그러자 강물이 옆으로 흐르면서 드디어 그 물속의 육로(陸路)가 나타나는 것이었다. 이에 서서히 그 물을 건넜다. 다 건너자 물은 다시 원래대로 돌아갔다. 이를 지켜본 사람들 모두가 놀라워하며 신기하게 여겼다.

또 한 번은 심양(潯陽)을 주수(駐守)하고 있을 때, 참군(參軍)인 주씨(周氏) 집에 광풍이 불었다. 오맹이 신부를 써서 그 집 지붕 위에 던지자 금방 바람이 고요해졌다.

• 청조(靑鳥): 삼족지조(三足之鳥)로 도가(道家)에서 사자(使者)로 나타나는 새.

원객(園客)은 제음(濟陰) 사람이다. 그 용모가 뛰어나, 그 읍의 사람들이라면 누구나기 그를 사위로 삼았으면 할 정도였다. 그러나 원객은 끝내 장가를 가지 않았다.

일찍이 그는 오색(五色)의 향초(香草)를 심어 수십 년 동안 그 열매를 복용하였다. 그런데 갑자기 오색의 신비로운 나방이 나타나 그 향초에 앉는 것이었다. 이에 원객이 이를 거두어 삼베를

깔아 주자, 그 나방이 상잠(桑蠶)을 낳았다. 양잠의 계절이 되자 밤에 어떤 신녀(神女)가 나타나 원객을 도와 누에치기를 해주었는데, 역시 누에에게 향초를 먹이는 것이었다.

이리하여 누에고치 1백20두를 얻었다. 그 크기는 항아리만하였고, 고치 하나하나마다 그 실을 6,7일이나 뽑아내어야 겨우 다 마칠 수 있었다. 실뽑기가 끝나자, 그 신녀는 원객과 함께 신선이 되어 사라졌는데 어디로 갔는지는 알 수가 없다.

· 상잠(桑蠶): 잠란(蠶卵)을 가리킨다.

한(漢)나라의 동영(董永)은 천승(千乘) 사람으로 어려서 어머니를 잃고 아버지와 단둘이서 살고 있었다. 그는 힘껏 농사를 지으면서, 녹거(鹿車)에 아버지를 태우고 자신은 그 뒤를 따라 집으로 돌아오곤 하였다. 그런데 아버지가 죽자 그 장례를 치를 돈이 없어 할 수 없이 스스로를 노복으로 팔아 그 값으로 장례를 치르고자 하였다. 이에 주인이 그의 어짊을 알고 돈 1만 전을 주어 집으로 되돌려 보냈다.

동영은 아버지의 3년상이 끝나자, 다시 그 주인에게 돌아가 노복으로서의 직무를 다하고자 집을 나섰다. 그러다 길에서 어떤 부인을 만나게 되었다.

「원컨대 그대의 아내가 되고 싶습니다.」

이렇게 하여 두 사람은 드디어 함께 가게 되었다.

주인의 집에 이르자, 주인이 동영에게 「지난번 내가 준 돈은 그냥 대가 없이 그대에게 준 것이오」라고 말하였다.

이에 동영은 이렇게 말하였다.

「주인님의 은혜에 힘입어 아버지의 장례를 거두어 잘 묻어 드리게 되었습니다. 저 동영이 비록 소인이기는 하나, 반드시 부지런히 일하여 그 후덕에 보답코자 합니다.」

그러자 함께 데리고 온 부인에 대하여 물었다.

「이 부인은 무슨 일에 능하오?」

「길쌈에 능합니다.」

그제서야 주인은 이렇게 말하였다.

「그대의 말이 틀림없다면, 다만 그대의 부인으로 하여금 나를 위해 겸(縑) 1백 필만 짜주도록 하면 되겠소.」

이에 동영의 아내는 주인을 위해 길쌈을 시작하여 열흘 만에 그 일을 모두 마치게 되었다. 그리고 여인은 그 집을 나서면서 동영에게 이렇게 말하였다.

「나는 하늘에 사는 직녀(織女)입니다. 그대의 효성이 지극한 까닭으로, 천제(天帝)께서 나에게 명하여 그대를 도와 빚을 갚도록 한 것입니다.」

말을 마치고 허공을 늠질러 사라졌는데 어디로 갔는지는 알 수 없었다.

· 녹거(鹿車): 사람이 끄는 작은 수레. 겨우 사슴 한 마리 수용할 정도라 하여 붙여진 이름.
· 겸(縑): 두 겹의 실로 짠 비단.
· 직녀(織女): 견우(牽牛)와 대칭되는 신(神) 이름.

옛날 구익부인(鉤弋夫人)이 죄를 짓고 견책당하여 죽고 말았다. 이미 빈소까지 차렸는데도 그 시신에서는 냄새가 나지 아니하고, 도리어 향기가 10여 리까지나 퍼져 나는 것이었다.

결국 그를 운릉(雲陵)에 묻었다.

임금은 그를 애도하면서도, 그가 보통 사람이 아닐 것이라 여겨 의심을 품고는 이에 그 무덤을 파고 열어 보았다. 그러자 관 속은 텅 비어 시신도 없고, 오직 한 켤레의 신발만이 들어 있는 것이었다.

일설에는 소제(昭帝)가 즉위하자 그 무덤을 개장(改葬)하였는데, 그때 관 속에 시신은 없고 오직 실로 짠 신발만이 놓여 있었다고 한다.

· 임금: 무제(武帝)를 가리킨다.

한(漢)나라 때 두란향(杜蘭香)이라는 여인이 있었는데, 자칭 남강(南康) 출신이라 하였다. 건업(建業) 4년 봄, 그녀는 자주 장전(張傳)을 찾아갔다. 장전은 당시 열일곱 살이었다. 그가 수레를 타고 문 밖에 다가오는 자신의 모습을 바라보고 있자, 두란향이 그 시녀를 시켜 장전에게 이렇게 말을 전하도록 하였다.

「어머니께서 나를 낳으신 후, 가서 그대의 배필이 되라 하셨습니다. 어찌 가히 그 뜻을 존중하지 않을 수 있겠습니까!」

장전은 이미 이름을 장석(張碩)으로 바꾸고 있었다. 장석이 그 여인을 불러 마주하니 나이는 열여섯이나 일곱쯤 되어 보였으며,

그가 말하는 사건은 아주 오래 된 옛이야기 같았다. 그리고 두 시녀가 있었는데 큰 아이는 훤지(萱支), 작은 아이는 송지(松支)였다. 또한 그녀가 타고 온 수레〔鈿車〕는 황금 장식에 푸른 소〔青牛〕가 끄는 것으로, 그 안에는 먹고 마실 것이 모두 갖추어져 있었다.

이에 그녀는 이렇게 시를 지어 노래하였다.

우리 어머니는 영악(靈嶽)에 사시면서
때때로 운소(雲霄)간을 유람하시지.
많은 시녀들이 깃 장식의 깃발로 모시고 있고
선계의 궁궐 밖은 나서보지 않으셨네.
표묘한 바람이 나를 실어 이곳에 보내었으니
어찌 다시 진예의 인간 세계라 부끄러워하리오.
내 말대로 들으면 복이 함께 하려니와
나를 의심하면 화가 미치게 될 것이오.

그해 팔월의 이른 아침, 그 여인이 다시 나타나 또 이런 시를 읊었다.

은하수 시이를 자유자재 소요하다가
호흡 한 번 하는 사이 구억산(九嶷山)을 떠났다오.
헛되이 사는 그대 길을 헤아리지 못하고
어찌하여 약수(弱水)를 건너지 못하는고.

그리고는 서예자(薯蕷子) 세 개를 꺼내 주었는데, 크기가 달걀만하였다.

여인은 장석에게 이렇게 말하였다.

「이것을 먹으면 풍파를 두려워하지 않게 되고, 한온(寒溫)의 병에서도 벗어나게 됩니다.」

장석이 그 중 두 개를 먹고 하나를 남겨두고자 하였으나, 그 여인이 허락치 아니하며 모두 다 먹도록 하였다. 그리고 나서 이렇게 설명하였다.

「본래는 그대의 아내가 되면, 서로의 정이 헛되거나 소원함이 없으리라 하였습니다. 그러나 서로의 수명이 합치되지 못해 약간의 차이가 생겼습니다. 태세(太歲)가 동방의 묘방(卯方)에 이를 때, 마땅히 다시 돌아와 그대를 맞이할 것입니다.」

두란향이 다시 강림하였을 때 장석이 물었다.

「신에게 제사지내며 기도할 때는 어찌하면 되는 것입니까?」

그러자 두란향이 이렇게 일러 주었다.

「소마(消摩)를 구하면 스스로 병을 치유할 수 있지만, 잘못된 욕심으로 기도하면 아무런 이익이 없습니다.」

두란향은 그 약을 〈소마(消摩)〉라고 하였다.

· 전거(鈿車): 금붙이로 장식한 수레.

· 청우(靑牛): 선인(仙人)들이 타는 소.

· 구억산(九嶷山): 일명 창오산(蒼梧山). 지금의 호남성(湖南省) 영원현(寧遠縣) 남쪽에 있으며, 우순(虞舜)이 묻힌 곳이라 한다.

· 약수(弱水): 곤륜산(崑崙山)에 있는 물로서, 그 물이 너무 약해 홍모(鴻毛)조차도 띄우지 못한다고 한다. 건널 수 없는 강(江). 도인(道人)만이 건널 수 있다고 한다.

· 서예자(薯蕷子): 서예자(薯豫子)로도 쓰며, 〈산약(山藥)〉이라 불리는 약초. 식용으로도 쓰인다.

· 태세(太歲): 세성(歲星). 지금의 목성(木星). 간지(干支)로 묘방(卯方)

에 해당한다.

· 소마(消摩): 소마(消魔)로도 쓰며, 도가(道家)에서 쓰는 용어로 약(藥).

 위(魏)나라 제북군(濟北郡) 종사연(從事掾)인 현초(弦超)의 자는 의기(義起)이다. 가평(嘉平) 연간의 어느 날, 그가 밤에 홀로 잠이 들어 있을 때 꿈속에 어떤 신녀(神女)가 나타나 그의 시중을 들면서 자칭 천상의 옥녀(玉女)라고 하였다.

그리고 자신은 원래 동군(東郡) 사람으로 성씨는 성공(成公)이며, 자는 지경(智瓊)이라 하였다. 어려서 부모를 잃자, 천지(天地)가 그의 고고(孤苦)함을 애처롭게 여겨 다시 내려가 시집을 가서 남편을 모시라고 하였다는 것이었다.

현초가 꿈속에서 본 그 여인은 매우 아리땁고 정감이 있었으며, 그 아름다움이 특이하여 보통 사람의 용모가 아니었다. 잠에서 깨어나서도 그리움이 지극하여 마치 곁에 있는 듯도 하고 없는 듯도 하였다. 이렇게 사날 밤을 보내게 되었다.

그러던 어느 날 아침, 눈앞에 과연 그 여인이 나타났다. 치병거(輜軿車)를 타고 여덟 시녀를 거느린 채 능라기수(綾羅綺繡)의 옷에 자태와 안색, 용모와 체형이 마치 날아다니는 선녀 같았다. 그리고 자신의 나이가 이미 일흔이라 하였는데, 보기에는 겨우 열대여섯 살의 소녀 같았다.

수레에는 술병과 술통, 그리고 청백색의 유리 그릇 다섯 개가 실려 있었다. 먹고 마시는 것 또한 기이한 것이었다. 찬구(饌具)와 단술을 현초와 함께 마시고 나서, 그 여인은 현초에게 이렇게 자신을 소개하였다.

「나는 천상의 옥녀로서, 인간 세상에 시집보내져서 그대를 모시게 된 것입니다. 그대의 덕을 미처 거론하지도 못한 채, 일찍부터 감운(感運)하여 마땅히 부부가 되고자 하였던 것입니다. 능히 유익함이 될 수는 없겠지만, 그렇다고 손해날 것도 없을 줄 압니다.

왕래에는 항상 경거(輕車)와 비마(肥馬)를 타고 다니며, 음식은 언제나 먼 하늘 나라의 신기한 것들을 맛보게 될 것입니다. 그리고 비단옷도 항상 충분히 입을 수 있어 부족함이 없을 것입니다. 그렇지만 나는 신인(神人)으로 그대를 위해 아이를 낳아 줄 수가 없고, 역시 질투나 꺼리는 본성도 지니고 있지 않습니다. 그러니 그대가 다른 사람과 혼인을 한다 해도 방해될 것은 없습니다.」

이리하여 드디어 두 사람은 부부가 되었다. 지경은 이에 시 한 편을 주었는데, 그 글은 다음과 같다.

발해와 봉래산을 노닐다가
운판(雲板)과 석경(石磬)의 노래 소리 시끌시끌.
그곳의 영지(靈芝)는 비가 없어도 잘 자라지
훌륭한 덕은 시운(時運)과 맞아떨어지는 법.
신선이 어찌 허감(虛感)한 것이리오
운세가 닿으면 서로 만나는 것이지요.
나를 용납하면 오족(五族)이 영화로울 것이나
나를 거역하면 재앙이 미칠 것입니다.

이상은 그 시의 대략적인 내용이다. 그 글은 2백여 자나 되어 모두 다 싣지 못한다. 그 여인은 《주역(周易)》에 주(注)를 달아 7권으로 만들었다. 괘(卦)와 상(象)에 단사(彖辭)를 그에 포함시켰다. 따라서 그의 문언전(文言傳)은 이미 그 의리(義理)가 확연하였고, 아울러 길흉(吉凶)을 점칠 수도 있게 되어 있었다. 이는 마치 양웅(揚雄)의 《태현경(太玄經)》이나 설씨(薛氏)의 《중경(中經)》과 같았다. 현초는 그 뜻을 통달하였고, 이를 가지고 점을 쳐 앞일을 예견할 수도 있게 되었다.

이렇게 둘은 부부로서 7,8년을 지낸 후, 지경과는 하루 건너 함께 음식을 먹고 잠도 하루 건너 한 번씩 함께 자게 되었다. 지경이 아침에 떠날 때는 마치 날아가듯 신속히 사라져 오직 현초만이 그것을 볼 수 있었고, 다른 사람은 그러한 지경을 볼 수가 없었다.

그러나 그들이 비록 캄캄한 방에 서로 거하였지만 사람 소리는 들리게 마련이었다. 그리하여 그 종적은 알았지만, 누구도 그 형체를 본 사람은 없었다. 뒤에 어떤 사람이 이를 괴이히 여겨 물어보게 되었고, 그로 인해 그 비밀이 누설되고 말았다. 그렇게 되자 옥녀는 드디어 떠날 것을 통고하며 이렇게 말하였다.

「나는 신인으로, 비록 그대와 교왕하고는 있지만 남이 알아차리는 것을 원치 않았습니다. 그런데 그대는 성품이 소루(疏漏)하여, 지금 나의 본말(本末)이 결국 탄로나고 말았습니다. 그러니 이제 더 이상 그대와 통접(通接)할 수가 없게 되었습니다. 긴 세월 함께 교결(交結)하였으니, 그 은의(恩義)가 결코 가볍다고는 할 수 없습니다. 그러니 하루 아침에 헤어지고 나면 어찌 슬픔과 한이 없을 수 있겠습니까? 그렇다 하나 형세로 보아 더 이상 헤어지지 않을 수도 없겠습니다. 각자 서로 노력하여 즐겁게 지냅시다.」

그리고 나서 시녀와 마부를 불러 술을 내려 놓고 이별의 정을 나누었다. 그리고는 상자를 열어 직성금(織成錦)으로 짠 군삼(裙衫) 두 벌을 꺼내어 현초에게 선물로 주었다. 이어서 시 한 수를

주면서, 그의 팔을 잡고 이별을 고하며 눈물을 흘리면서 안타까
워하였다. 그런 뒤 숙연히 수레에 올라 나는 듯이 신속히 사라지
고 말았다. 이에 현초는 우울한 기분에 며칠을 괴로워하여 거의
스스로를 지탱하지 못할 지경에까지 이르게 되었다.

그로부터 다시 5년이 흘러 현초는 주군(州郡)의 사신이 되어
낙양(洛陽)엘 가게 되었다. 그가 제북(濟北)의 어산(魚山) 아래
낯선 길을 걷다가 우연히 서쪽으로 멀리 바라보니 굽은 길에 마
차 하나가 있었는데, 그 모습이 마치 지경과 같았다. 말을 몰아
달려가 보았더니 과연 지경이었다. 드디어 그 수레의 장막을 걷
고 서로 바라보니 슬픔과 기쁨이 교차하여 말로 할 수 없을 지경
이었다. 이에 좌참(左驂)의 말을 끌고 고삐를 잡아 함께 타고 낙
양에 이르렀다. 그리고는 드디어 다시 가정을 이루어 옛날과 같
은 두터운 정을 회복하였다.

이들은 태강(太康) 연간까지 살았으며, 다만 매일 왕래하는 것
이 아니라 뒤에는 3월 3일, 5월 5일, 7월 7일, 9월 9일과 매월 초
하루와 보름날에만 문득 내려와서는 밤을 새우고 떠나곤 하였다
한다.

장무선(張茂先)은 이를 두고 〈신녀부(神女賦)〉를 지었다.

· 종사연(從事掾): 주군(州郡) 장관(長官)의 속관. 막료.
· 옥녀(玉女): 선가(仙家)에서 말하는 선녀(仙女). 천녀(天女).
· 천지(天地): 다른 본(本)에는 『천제(天帝)』로 실려 있다. 풀이는 천제
  (天帝)를 따랐다.
· 치병거(輜軿車): 휘장을 두른 작은 수레로 귀부인이 타는 것.
· 상(象): 상사(象辭). 《주역(周易)》에서 괘(卦)·효(爻) 등 부호를 상징
  적으로 풀이한 말.
· 단(彖): 단사(彖辭). 각 괘(卦)의 전체 뜻을 풀이한 말.

· 문언전(文言傳): 《주역(周易)》 십익(十翼)의 하나. 공자(孔子)가 찬술
하였다 한다.
· 직성금(織成錦) 비단의 일종.《서경잡기(西京雜記)》 참조.
· 태강(太康): 진(晉) 무제(武帝) 사마염(司馬炎)의 연호(年號). 280~289년.

수신기

2

수광후(壽光侯)는 한(漢)나라 장제(章帝) 때 사람이다. 능히 온갖 귀매(鬼魅)를 처벌하여, 그 귀신들로 하여금 스스로를 묶어 그 형상을 드러내 보이게 할 수 있었다.

그 고을의 어떤 부인이 귀매 때문에 병이 들자, 수광후가 찾아가 그 귀신을 처벌하여 수 길이나 되는 큰 뱀으로 화하게 한 후, 이를 잡아 그 문 앞에서 죽여 버렸다. 그제서야 그 부인은 안정을 되찾았다.

또 큰 나무가 한 그루 있었다. 그 나무에는 정령(精靈)이 깃들어 있어 사람이 그 나무 밑에 머물렀다가 죽는가 하면, 새들이 그 나무 근처를 지나기만 해도 떨어지는 것이었다.

이에 수광후가 그 귀신을 처벌하였다. 그러자 그 나무가 한여름〔盛夏〕인데도 그만 말라서 잎이 지더니, 역시 길이가 7,8장이나 되는 커다란 뱀이 나뭇가지에 걸린 채 죽어 있는 형상이 나타나는 것이었다.

장제(章帝)가 이 이야기를 듣고 과연 그러한가고 불러 물으니, 수광후가 「예, 사실입니다」라고 답하였다. 이에 장제가 다시 물었다.

「궁전에 괴물이 있어 한밤중이면 항상 여러 명이 진홍색 옷을 입고 머리를 풀어헤친 채 횃불을 들고 줄지어 돌아다니니, 어떻게 하면 능히 이들을 몰아낼 수 있겠소?」

그러자 수광후가 자신 있게 대답하였다.

「이는 하찮은 괴물입니다. 쉽게 소멸시킬 수 있습니다.」

장제는 이에 세 사람을 시켜 거짓으로 귀신 형상을 하도록 하였다. 그러나 수광후가 법술(法術)을 시행하자, 그 세 사람은 나타나자마자 그대로 땅에 고꾸라져서 아무런 기식(氣息)도 못하는 것이었다. 장제가 놀라 이렇게 만류하였다.

「그들은 귀신이 아니오. 짐(朕)이 시험해 보려 하였을 따름이오.」

이에 수광후는 즉시 그들을 풀려나도록 하였다.

혹은 이렇게 전하기도 한다.

한(漢)나라 무제(武帝) 때에 궁전에 늘 괴물이 나타났다. 붉은 옷에 머리를 풀어헤친 채 몰려다니다가 촛불을 잡고 내닫는 것이었다.

이에 무제가 유빙(劉憑)에게 물었다.

「그대는 가히 이들을 제거할 수 있겠소?」

그러자 유빙이 해낼 수 있다 하고는, 이에 청부(靑符)를 던지자 그 귀신들이 나타나 땅에 엎어지는 것이었다. 무제가 놀라서 만류하였다.

「이로써 시험해 본 것뿐이오.」

그제서야 유빙은 이들을 풀어 다시 살아나게 하였다고 한다.

· 귀매(鬼魅): 귀신(鬼神). 정괴(精怪). 정령(精靈). Animatism 혹은 animism에서의 귀신. 물활론(物活論)에서의 정령. the sole(of the deceased), the spirit.
· 짐(朕): 황제(皇帝)가 자기 자신에 대해 쓰는 전칭(專稱).
· 청부(靑符): 도사(道士)가 귀신을 부르거나 쫓을 때 쓰는 부적(符籍).

번영(樊英)이 호산(壺山)에 은거하고 있을 때였다. 갑자기 서남쪽으로부터 폭풍이 불어오자, 번영이 제자에게 이렇게 일렀다.

「성도시(成都市)에 화재가 매우 심하게 났구나.」

이에 물을 머금어 입으로 뿜었다. 그리고는 그날의 날씨를 적어 놓도록 하였다. 뒤에 촉(蜀) 땅으로부터 온 어떤 자가 이렇게 말하였다.

「그날 큰불이 났었습니다. 그런데 동쪽으로부터 구름이 몰려오더니 순식간에 큰비가 내려, 마침내 그 큰불이 꺼졌습니다.」

 민중(閩中)에 서등(徐登)이라는 자가 있었다. 그는 원래 여자였다가 사나이로 바뀐 자였으며, 동양(東陽)의 조병(趙昞)과 함께 방술(方術)에 뛰어난 인물이었다.

때마침 병란(兵亂)을 만나 헤매다가 어느 골짜기에서 둘이 우연히 마주치게 되어, 각자 서로의 능력을 자랑하기에 이르렀다. 서등이 먼저 그 냇물을 막아 흐르지 않게 하자, 조병이 그 다음 차례로 버드나무로 이를 막고는 그 버드나무에 새싹이 돋게 하였다. 이에 두 사람은 서로를 바라보며 웃었다.

서등이 나이가 많았으므로, 조병이 그를 스승으로 모셨다. 뒤에 서등이 죽자, 조병은 동쪽의 장안(章安)으로 옮겼다. 그렇지만 그곳 사람들은 조병을 알지 못하였다. 이에 조병이 초가집 지붕에 올라가 가마솥을 걸고 밥을 지어먹자, 주인이 놀랍고 기괴하게 여겼다. 그러나 조병은 웃으면서 아무런 응답도 하지 않았고, 초가집 역시 아무런 손상이 없었다.

조병(趙昞)이 일찍이 물가에 임해서 건네 주기를 청하였으나, 사공이 이를 허락하지 아니하였다. 그러자 장막을 치고, 그 속에 들어 앉아 길게 휘파람을 불어 바람을 불러와서는 어지럽게 물결을 일으키며 건너는 것이었다.

이 일이 있은 후, 백성들이 그를 경복(敬服)하여 따르는 양이 마치 자신들이 마지막 귀의할 대상을 찾은 듯이 하였다.

그러나 장안령(章安令)은 민중을 혹하게 하는 자라 여겨, 그를 혐오한 나머지 붙잡아 죽여 버렸다. 이에 백성들이 그를 위해 영강(永康)에 사당을 세웠는데, 지금까지도 모기나 쇠파리조차 감히 그 사당 안으로 들어가지 못한다.

서등(徐登) · 조병(趙昞)은 청빈하고 검소함을 귀히 여겼다. 신에게 제사를 지낼 때는 동쪽으로 흐르는 물로 하였으며, 뽕나무 껍질로 포(脯)를 삼아 제수를 올렸다.

진절(陳節)은 여러 신들을 찾아다녔는데, 동해(東海) 해신(海神)이 직성금(織成錦)으로 만든 푸른 겉저고리 한 벌을 그에게 주었다.

· 직성금(織成錦): 한(漢)나라 때 유행한 두 겹의 실로 짠 비단.

　　선성(宣城) 사람 변홍(邊洪)은 광양군(廣陽郡)의 영교(領校)라는 작은 벼슬아치였다. 어머니의 상을 입어 집으로 돌아와 있을 때, 한우(韓友)라는 자가 그 집을 찾아왔다. 그때 이미 날이 어두워졌는데도 한우는 자신의 수종(隨從)들에게 이렇게 일렀다.

　　「어서 짐을 챙겨라. 우리는 오늘 밤에 떠나야 한다.」

　　그러자 수종들이 「지금 날이 이미 어두운데다가 수십 리의 풀숲길을 헤쳐왔는데, 어찌 이렇듯 급히 다시 떠나야 한다는 것입니까?」 하며 만류하였다.

　　이에 한우는 이렇게 말하였다.

　　「이곳은 피로 뒤덮일 것이다. 어찌 이런 곳에서 더 머물 수 있단 말인가?」

　　변홍도 그를 만류하였지만, 더 이상 머물러 있게 할 수가 없었다.

　　그런데 그날 밤 변홍이 갑자기 미쳐 자신의 두 아들을 목졸라 죽이고, 그 부인도 죽였으며, 또한 아버지의 두 비녀(婢女)까지도 목을 쳐서 죽여 버렸다. 이리하여 온 집안 사람들이 죽고 말았다.

　　그리고 나서 변홍은 뛰쳐나가 어디론가 사라져 버렸다. 며칠 후 그를 그 집 앞의 숲속에서 찾았는데, 그는 이미 스스로 목을 매어 죽어 있었다.

・영교(領校) : 군(郡)의 군사(軍事) 업무를 맡은 관리.

　　국도룡(鞠道龍)은 환술(幻術)에 뛰어난 인물이었다. 그는 일찍이 이런 이야기를 털어 놓았다.

　　「동해(東海) 사람 황공(黃公)은 환술에 뛰어나

능히 뱀이나 호랑이를 제어할 수 있었다. 그는 항상 적금도(赤金刀)를 차고 다녔다. 그러나 그는 늙고 쇠한데다가 술을 지나치게 마셨다.

진(秦)나라 말기에 백호(白虎)가 동해 땅에 나타나자, 조정에서 황공을 불러 파견하였다. 황공이 적금도를 가지고 그 호랑이를 제압하려 나섰으나, 그의 환술이 먹혀들지 않아 그만 호랑이에게 물려죽고 말았다.」

· 적금도(赤金刀): 구리칼. 적금(赤金)은 구리를 가리킨다.

사규(謝糾)라는 자가 일찍이 손님을 대접할 일이 생겼다. 이에 붉은 글씨의 부적을 우물에 던지자 한 쌍의 잉어가 튀어올랐다.

그리하여 잉어의 살을 저미어 만든 회를 그 자리에 참석한 이들이 두루 다 먹을 수 있었다.

진(晉)나라 영가(永嘉) 연간에 천축(天竺) 출신의 어떤 호인(胡人)이 강을 건너 남으로 왔다. 그는 여러 가지 마술을 부릴 줄 알았는데, 능히 혀를 끊었다가 다시 잇기도 하고, 입에서 불을 토해 내기도 하였다.

그리하여 그가 나타나면 사람들이 모여들어 이를 구경하곤 하였다. 그가 혀를 끊어 보일 때면, 반드시 자신의 성한 혀를 내밀어 구경꾼들에게 먼저 보여 준 연후에 칼로 이를 잘랐다. 그러면 피가 흘러 땅을 덮었다. 그리고 나서 그 잘린 혀를 그릇에 담아 여러 사람들에게 돌아가며 보여 주었는데, 그의 혀를 들여다보면 그 혀의 반쪽은 입안에 그대로 있는 것이었다.

이윽고 그에게 잘린 혀를 되돌려 주면, 그는 이를 입안에 넣고 머금어 다시 잇고는 잠시 앉았다가 앞에 앉은 이들에게 보여 주었는데, 그 혀가 온전하여 정말 끊어졌던 것인지 알 수가 없었다.

그런가 하면 그의 끊고 잇고 하는 마술은 비단 또한 마찬가지였다. 비단을 꺼내어 사람들에게 각각 그 끝을 잡게 하고는, 가위로 대칭되게 그 중간을 잘랐다. 그리고 잠시 후 그 두 조각으로 끊어진 곳을 이어 보여 주었는데, 그러면 비단은 다시 이어져 방금 전의 원래 모습과 전혀 다름이 없는 것이었다.

대부분의 당시 사람들이 이를 거짓이라고 여겨 의심을 품고, 몰래 그 끊는 순간을 탐지해 보았지만 비단을 끊는 것만은 틀림없었다.

또 그가 불을 토해 낼 때는, 먼저 약을 담은 그릇을 가져와서 불에 타는 약을 꺼낸 후, 이를 서당(黍鐺)과 함께 잘 혼합해 놓고는 반복하여 여러 차례 입김을 불었다. 그리고 입을 벌리면 문득 입안에 불길이 가득한 것이었다. 그는 게다가 이 입안에서 타고 있는 불을 꺼내어 밥을 짓기도 하였으니, 그것은 불임에 틀림이 없었다.

또한 그는 책과 종이, 그리고 새끼줄 등을 불 속에 던진 후 사람들에게 이를 보여 주어, 그것이 다 타고 없어진 것을 확인시킨다. 그리고는 그 잿더미를 뒤적거려 그 물건들을 다시 꺼냈는데, 방금 전의 바로 그 물건 그대로인 것이었다.

· 천축(天竺): 고대 인도(印度).
· 호인(胡人): 이민족(異民族)을 범칭하여 일컫는 말이다.

· 서당(黍餹): 서당(黍糖). 서미(黍米)로 만든 조청류.

 부남왕(扶南王) 범심(范尋)은 산에다가 호랑이를 길렀다. 그리고 죄지은 자가 있으면, 그 호랑이에게 내던져 물지 않으면 꺼내어 용서해 주었다. 그래서 그 산의 이름을 대충(大蟲), 혹은 대령(大靈)이라 불렀다.

또한 그는 못에다가 악어 10여 마리를 길러, 역시 범죄자가 생기면 그 악어에게 내던져 물지 않으면 용서하여 놓아 주었다. 이처럼 죄 없는 자는 누구도 물리지 않았다. 그래서 그 나라에는 악어지(鰐魚池)가 있다.

그런가 하면 물을 데워 펄펄 끓게 하고는, 금반지를 그 끓는 물 속에 던져 넣도록 한 연후에 맨손으로 그 반지를 찾아내게 하였다. 이에 정직한 자는 손을 데지 않았으나, 죄를 지은 자는 끓는 물 속에 손을 넣자마자 곧 데고 말았다.

 척부인(戚夫人)의 시녀였던 가패란(賈佩蘭)은 나중에 궁궐을 나와 부풍(扶風) 사람 단유(段儒)의 아내가 되었다.

그녀는 궁내에 있었을 때를 이야기하면서 때때로 현관(弦管)의 음악을 연주하며 가무(歌舞)를 즐겼고, 서로 다투어 괴이한 복장을 하고서 즐거운 시간을 보낸 적이 있다고 하였다.

그리고 10월 15일에는 함께 영녀묘(靈女廟)에 들어가, 돼지와 서미(黍米)로 신에게 제사를 드리면서 피리와 축을 연주하여 〈상령(上靈)〉의 곡조를 노래하였으며, 이윽고 흥이 나면 서로 팔을 끼고 땅을 밟으며 그 곡조에 맞추어 〈적봉황래(赤鳳凰來)〉라는 노래를 불렀다고 하였는데, 이는 바로 무속(巫俗)이다.

7월 7일이 되면 〈백자지(百子池)〉에 가서 우전(于闐)의 음악을 연주하여 즐기면서, 그 음악이 끝나면 오색실로 띠를 만들어 서로 묶어 놓았는데 이를 〈상련수(相連綬)〉라 하였다.

8월 4일에는 조방(雕房)의 북쪽 문을 나서 대나무 그늘 아래에서 바둑을 두었다. 그 바둑에서 이기는 자는 1년 내내 복을 받으며 지는 자는 그해 1년을 질병에 시달린다고 하였기 때문에, 실을 길게 늘어뜨려 북신성(北辰星)에 닿도록 하여 장수(長壽)를 빌고 면화(免禍)를 기원하였다.

9월에는 수유(茱萸)꽃을 달고서 봉이(蓬餌)를 먹고, 국화주(菊花酒)를 마시면 장수한다고 여겼다. 국화가 필 때에 그 줄기와 잎까지 함께 따서 서미(黍米)를 섞어 담가두면, 이듬해 9월 9일에 비로소 숙성하게 되어 그때 마신다는 것이다. 그 때문에 그 술을 〈국화주〉라 한다고 하였다.

또한 정월(正月) 상진(上辰)에는 못가로 나가 얼굴과 몸을 씻고, 역시 봉이(蓬餌)를 먹으며 요사(妖邪)를 씻어 없앴다고 하였다.

그리고 3월 상사(上巳)에는 흐르는 물가에서 음악을 연주하기도 하였다.

척부인은 이렇게 1년의 절기를 보냈다 한다.

· 현관(弦管): 거문고와 피리. 현악기와 관악기.

· 영녀묘(靈女廟): 여신(女神)을 모시는 사당(祠堂).

· 상령(上靈): 제신(祭神)에게 올리는 악곡(樂曲) 이름.

· 적봉황래(赤鳳凰來): 옛날 금곡(琴曲) 이름. 채옹(蔡邕)의 《금조(琴操)》에는, 이 음악이 주(周)나라의 성왕(成王) 때 지어진 것이라 하였다.

· 상련수(相連綬): 수(綬)는 수(受)와 같다. 서로 띠를 이어 묶는 실끈.
· 조방(雕房): 아름답게 조각하여 꾸민 방. 후궁의 어떤 건물.
· 북신성(北辰星): 북극성(北極星).
· 봉이(蓬餌): 쑥을 넣어 만든 떡. 쑥떡의 일종.
· 국화주(菊花酒): 구월(九月) 구일(九日)에 국화주를 마셔 피화(避禍)
  하고, 장수를 기원하였다.
· 상진(上辰): 음력으로 매월 상순(上旬)의 진일(辰日).
· 상사(上巳): 음력으로 매월 상순(上旬)의 사일(巳日).

　　한(漢)나라 무제(武帝) 때, 무제가 이부인(李夫
人)을 총애하였다. 이에 이부인이 죽은 후, 무제는
그 그리움을 달랠 길이 없었다.

그때 방사(方士)인 제(齊)나라 출신 이소옹(李少翁)이, 능히 죽
어 귀신이 된 자의 혼백을 불러올 수 있다고 하였다.

그리하여 밤에 장막을 쳐놓고 등촉(燈燭)을 밝힌 후, 무제로 하
여금 그 안에서 먼 곳을 바라보고 있도록 하였다. 이에 무제가
보니 맞은편 장막 안에 미녀가 있는 것이었다. 그 모습이 이부인
과 똑같았으며 둘러쳐진 장막 안에서 앉았다가 걷다가 하였다.
그러나 가까이 가서 볼 수가 없었다. 무제는 더욱더 슬퍼서 이렇
게 시를 지었다.

정말이냐 거짓이냐
곧바로 바라보니 두루 같은 모습.
한들한들 어찌 그리도 천천히 걸어오오!

그리고는 악부(樂府)에 명하여, 음악을 아는 사람으로 하여금

이를 연주하고 노래로 부르게 하였다.

· 방사(方士): 방술(方術)에 능한 도사(道士). 무제(武帝) 때 뛰어난 방
  사(方士)로 이소옹(李少翁)이 있었다.
· 악부(樂府): 무제(武帝) 때 설치된 궁중 음악 관장기관. 이정년(李廷
  年)을 협률도위(協律都尉)로 하여 민간 음악을 모아 연구한 기관. 뒤
  에 그 가사를 문학적(文學的) 대상으로 연구하여 흔히 〈악부시(樂府
  詩)〉라 하였다.

한(漢)나라 때, 북해군(北海郡)의 영릉(營陵)에
어떤 도인(道人)이 있었다. 그는 산 사람과 이미
죽은 사람을 서로 만나게 해줄 수 있었다.

그와 같은 군에 사는 어떤 이가 그 부인이 죽은 지 이미 수 년
이 지났음에도, 그 소문을 듣고 찾아갔다.

「원컨대 나로 하여금 죽은 아내를 한번만 만날 수 있게 해준다
면 죽어도 한이 없겠습니다.」

그러자 도인은 이렇게 일러 주었다.

「그대 역시 그대의 부인을 볼 수 있습니다. 그 대신 만약 북소
리가 들리거든 더 이상 그녀를 붙잡아두지 마시오.」

그리고는 서로 만날 수 있는 술법을 일러 주었다.

잠시 후, 과연 그는 죽은 부인을 직접 볼 수 있었다. 이에 부인
과 말을 나누고, 슬픔과 기쁨·은정(恩情)을 마치 살아 있을 때처
럼 주고받았다.

이렇게 한참이 지나자, 북소리가 낭랑(悢悢)히 들려 왔다. 이제
더 이상 머물 수가 없게 된 것이다. 그리하여 그가 문 앞으로 부

인을 배웅하러 나갔을 때, 갑자기 그 부인의 옷자락이 그만 문틈에 끼여 버렸다. 그러자 부인은 이를 찢고서 사라져 버렸다.

그로부터 1여 년이 흐른 후, 그 남자도 죽고 말았다. 이에 집안 사람들이 그를 부인과 함께 묻으려고 그 무덤 자리를 파보았더니, 그 부인의 관 아래에 찢어져 버리고 간 나머지 옷자락이 있는 것이었다.

 동오(東吳)의 경제(景帝)인 손휴(孫休)가 병이 나서 박수〔覡〕를 불러 고쳐 보려 하였다. 이에 박수가 나타나자, 먼저 그를 시험해 보기로 하였다.

그리하여 거위 한 마리를 죽여 이를 정원에 묻어두고, 그 위에 작은 집을 짓고 다시 상궤(床几)의 가구까지 들여 놓은 후 부인의 신발과 옷가지를 그 위에 얹어 놓도록 하였다. 그리고는 박수로 하여금 이를 살펴보게 하고는 이렇게 말하였다.

「만약 이 무덤 속에 묻힌 죽은 부인의 모습을 옳게 표현하면 후한 상을 내릴 것이며, 아울러 너의 능력을 믿겠노라.」

그런데 그 박수가 해가 지도록 아무 말을 아니하는 것이었다. 이에 임금이 자꾸 채근하며 묻자, 그는 이렇게 설명하였다.

「사실 이 무덤 속의 귀신은 보이지 않고, 다만 하얀 머리의 거위 한 마리가 무덤 위에 서 있을 뿐입니다. 그래서 즉시 아뢰지 못한 것입니다. 혹시 귀신이 변해서 이런 모습을 하고 있는 것인지 의심이 되었습니다. 그리하여 그 진짜 형상이 어떤지를 기다렸으나, 그 형상이 더 이상 바뀌지 않는 것입니다. 무슨 연유인지 알 수 없어 감히 사실대로 말씀드립니다.」

· 격(覡): 남자 무당. 박수.
· 상궤(床几): 자리와 책상. 좌탑(坐榻).

　　동오(東吳)의 손준(孫峻)이 주주(朱主)를 죽여 석자강(石子岡)에 묻어 버렸다.

　　귀명(歸命), 즉 손호(孫皓)가 즉위하여 장차 이를 개장(改葬)하려 하였으나, 석자강의 무덤들이 서로 고만고만하여 어느것이 주주의 무덤인지 식별할 수가 없었다. 그러나 마침 궁녀들은 대개 그 주주가 죽을 때 입었던 옷을 기억하고 있었다.

　　이에 두 명의 무당으로 하여금 각기 한 곳씩 자리를 잡고 그 혼령들을 살펴보게 하면서, 또 달리 사람을 시켜 그 무당들을 감시하되 서로 가까이 만나지 못하도록 하였다.

　　한참이 흐른 후, 두 무당은 함께 이렇게 아뢰었다.

　　「한 여자가 묻혀 있습니다. 나이는 서른 남짓이며, 위에는 푸른 비단에 머리를 묶었고, 보랏빛과 흰빛의 겹상(袷裳), 그리고 붉은 제금(緹錦)의 실로 짠 신발을 신고 있으며, 석자강으로부터 반쯤 되는 언덕에서 손으로 무릎을 누르고 길이 탄식하고 있습니다. 그러다가 잠시 잠깐 머물더니, 다시 어떤 무덤으로 들어가서는 멈추어 선 채 한참을 서성이다가 갑자기 보이지 않습니다.」

　　두 무당의 말은 서로가 아주 똑같았다. 이에 그 무덤을 파보았더니 의복의 모습이 설명과 똑같았다.

· 겹상(袷裳): 협상(夾裳). 치마의 일종.
· 제금(緹錦): 비단의 일종.

하후홍(夏侯弘)은 친히 귀신을 보았으며, 그 귀신과 말까지 나눈다고 알려져 있었다. 마침 진서장군(鎭西將軍) 사상(謝尙)은, 자신이 타고 다니던 말이 갑자기 죽어 심히 울적해하면서 이렇게 말하였다.

「그대가 능히 이 말을 살릴 수 있다면, 내 그대가 귀신을 본 것을 사실로 인정하겠소.」

그러자 하후홍이 그 자리를 떠났다가 한참 후에 되돌아와서 이렇게 말하는 것이었다.

「사당의 신이 귀하의 말을 좋아하여 데리고 갔던 것입니다. 지금 틀림없이 살아서 되돌아올 것입니다.」

이에 사상이 죽은 말을 마주하고 앉았다.

잠시 후, 어떤 말이 갑자기 문 밖으로부터 달려와 죽은 말의 시체에 이르러 홀연히 사라지는 것이었다. 바로 그 시각에 죽었던 말이 움직이더니 일어나 걷기 시작하였다.

사상이 이렇게 말하였다.

「나에게는 후사(後嗣)가 없소. 이는 내 일신상의 가장 큰 징벌이오.」

이 말에 하후홍이 아무런 대답이 없다가 이렇게 설명하였다.

「요즈음 보이는 귀신은 대개 조무래기들이라 그들로서는 틀림없이 그 이유를 알아내지 못할 것입니다.」

그후 하후홍이 갑자기 한 귀신을 만났는데, 새로운 수레에 시종을 10여 명쯤 거느렸고 청사포포(淸絲布袍)를 입은 자였다. 이에 하후홍이 그 수레 앞으로 가서 수레를 끄는 소의 코뚜레를 잡았다.

그러자 수레 안에 타고 있던 귀신이 하후홍에게 물었다.

「어찌하여 길을 가로막는가?」

하후홍이 이렇게 말하였다.

「물어볼 것이 있어서 그렇습니다. 진서장군 사상께서 후사가 없습니다. 그분은 풍류와 성망(聲望)이 있는 자로서, 그의 후사를 끊는다는 것은 불가한 줄 압니다.」

그러자 수레 속에 타고 있던 이가 얼굴에 난처한 표정을 지으며 이렇게 설명하였다.

「그대가 말하는 그자는 바로 내 아들이오. 젊었을 때 그 녀석이 집안의 노비와 사통(私通)을 하였는데, 그 일로 다시는 재혼을 하지 않겠노라 서약하였소. 그런데 그 약속을 어겼소. 지금 그 비녀는 죽어 하늘에서 이 일을 호소하고 있소. 그래서 아들이 없는 것이오.」

하후홍이 이 일을 사상에게 갖추어 설명하자, 사상이 이렇게 수긍하였다.

「내 어린 시절에 사실 그런 일이 있었지!」

한번은 하후홍이 강릉(江陵)에서 큰 귀신 하나를 만났다. 그 귀신은 창을 들었고, 수종하는 소귀(小鬼) 또한 여럿이었다. 하후홍이 두려운 나머지 길 밑으로 내려서 피하였다가, 그 큰 귀신이 지나간 후 뒤쪽의 작은 귀신을 하나 붙들고 물어보았다.

「무슨 물건들이오?」

이에 작은 귀신이 이렇게 설명하였다.

「이 창으로 사람을 죽이러 다니는 중입니다. 심장에 맞기만 하면 즉시 죽지 않는 자가 없지요.」

「그럼 그런 병에 걸렸을 때 치료하는 방법이 있소?」

「오계(烏鷄)를 붙이면 즉시 낫습니다.」

여기까지 알아낸 하후홍이 다시 물었다.

「지금은 어디로 가는 길이오?」

「형주(荊州)·양주(揚州)로 갑니다.」

그 당시 심복병(心腹病)을 앓는 자들이 갈수록 많아졌는데, 그 병에 걸렸다 하면 죽지 않는 자가 없었다. 하후홍은 이에 사람들에게 오계를 잡아 붙이도록 가르쳐 주었고, 그리하여 열에 여덟 아홉은 죽지 않고 살아날 수 있게 되었다.

오늘날 그 악병에 걸렸을 때, 치료를 위해 즉시 오계를 잡아 붙이는 방법은 하후홍에게서 유래된 것이다.

・오계(烏鷄): 오골계(烏骨鷄). 흑계(黑鷄).

수 신 기

한(漢)나라 영평(永平) 연간에 회계(會稽) 출신 종리의(鍾離意)라는 이가 있었다. 그 자는 자아(子阿)였으며, 노(魯)나라 재상이었다. 그는 관직에 오르자, 사사로이 자신의 돈 1만 3천 문(文)을 내어 호조(戶曹) 공희(孔訴)에게 사당에 있는 공자(孔子)의 수레를 보수하도록 희사하였다.

그리고 몸소 공자의 사당에 가서 그곳의 궤(几)와 자리·칼·신발을 닦는 등, 공자에 대한 추앙의 태도를 보였다.

그때 남자(男子) 장백(張伯)이라는 자가, 그 당(堂) 아래서 풀을 뽑고 있다가 흙 속에서 벽옥(璧玉) 7매(枚)를 발견하였다. 장백은 그 중 하나를 자신의 품에 숨기고, 6매만 종리의에게 알렸다.

종리의는 주부(主簿)로 하여금 이를 궤상(几床) 앞에 잘 안치하도록 하였다. 그런데 옛날 공자가 제자들을 가르치던 당(堂) 아래의 안상(案床)머리에 옹기가 하나 매달려 있었다. 이에 종리의가 공희를 불러 물었다.

「이는 무슨 옹기오?」

공희는 이렇게 설명하였다.

「공자님의 옹기입니다. 그 뒤쪽에 단서(丹書)가 있는데, 사람들이 감히 열어 보지를 못합니다」

그러자 공리의가 「선생님[孔子]은 성인이십니다. 이렇게 옹기를 물려 준 것은, 후세의 현인들에게 무언가를 널리 지시하기 위한 것일 터입니다」라고 말하였다.

그리고는 이를 열어 보았더니 비단에 씌어진 글씨가 나왔다. 그 내용은 다음과 같았다.

「후세에 나의 학문을 닦아 줄 자는 동중서(董仲舒)이며, 내 수

레를 수리해 주고 내 신발을 닦아 주며 내 상자를 열어 글씨를
보게 될 자는 회계 사람 종리의로다. 구슬이 7매인데, 그 중 하나
를 장백이 감추리라.」

이에 종리의가 즉시 장백을 불러 물었다.

「구슬이 7매라 하였는데 어찌 하나를 감추었는고?」

장백은 머리를 조아리며 그것을 내놓았다.

· 문(文): 원래는 동전에 새겨진 무늬. 뒤에 동전을 세는 단위로 쓰였다.
· 호조(戶曹): 중앙 정부의 호부(戶部)에 해당하는 군국(郡國)의 부서.
  호적과 민생을 관장하였다.
· 주부(主簿): 전령(典令). 문서(文書)를 관장하는 관직.
· 단서(丹書): 주묵(朱墨)으로 쓴 글씨. 혹은 비서(秘書).

 단예(段翳)의 자는 원장(元章)이며, 광한군(廣漢
郡) 신도(新都) 사람이다. 그는 《역경(易經)》을 익
혀 풍각(風角)에 밝았다.

그런데 그에게 와서 몇 년을 공부한 제자가 있어, 이만하면 중
요한 술법은 대강 터득하였노라고 자위하면서 고향으로 돌아가
겠다고 하는 자가 있었다.

단예는 이에 고약(膏藥)을 배합하고, 아울러 죽통(竹筒)에 간서
(簡書)를 넣어 봉하여 주면서 그 제자에게 이렇게 일렀다.

「급한 일이 생기면 이를 꺼내어 살펴보아라.」

제자가 가맹(葭萌) 땅에 이르렀을 때, 그곳 관리와 나루터를 건
너는 일로 다투게 되었다. 이 와중에 나루터 관리가 그만 그 제
자의 수종인(隨從人)의 머리를 깨뜨리고 말았다. 제자가 급하다

여겨 그 죽통을 열어 씌인 내용을 보았더니, 이렇게 적혀 있는 것이었다.

「가맹 나루에 닿아 관리와 싸워 머리가 깨어지리라. 그때 이 약을 발라 싸매어 주어라.」

제자가 그 말대로 하자, 다친 자가 즉시 치유되었다.

·풍각(風角): 고대(古代)의 점후법(占候法). 사방(四方)과 네 모퉁이의 바람을 궁(宮)·상(商)·각(角)·치(徵)·우(羽)의 다섯 음으로 구별하여서 길흉(吉凶)을 점치는 방술.

우부풍(右扶風)의 장중영(臧仲英)은 시어사(侍御史)였다.

그런데 그의 집안일을 하는 자가 밥을 지어 탁자 위에 진설해 놓았더니 흙먼지가 날아와 그 밥을 더럽히는 것이었다. 또 음식이 거의 다 익혀질 때쯤 해서, 그 솥들이 어디로 사라졌는지 알 수 없는 일도 벌어졌다.

그런가 하면 무기와 활 들이 저절로 움직이기도 하고, 대바구니 속에서 불길이 솟아 옷과 물건을 다 태워 놓더니 정작 그 대바구니는 멀쩡한 것이었다. 또 집안의 부녀자와 비첩, 부리는 일꾼 들이 하루 아침에 각자의 거울들을 모두 잃어버리는 일도 생겼다.

며칠이 지난 후, 당(堂) 아래로부터 누군가가 그 거울들을 뜰로 내던지면서 이렇게 소리치는 것이었다.

「너희들 거울을 되돌려 주노라!」

그리고 또 서너 살밖에 되지 않은 손녀딸이 어디로 사라져, 도

대체 그 있는 곳을 알 수가 없었다. 2,3일이 지난 후, 그 손녀딸은 뒷간 안의 인분 속에서 울고 있었다. 이와 같은 괴이한 사건이 한둘이 아니었다.

그때 여남(汝南)의 허계산(許季山)이라는 자가 점괘에 뛰어났는데, 점을 치고 나서 이렇게 풀이하였다.

「집안에 반드시 나이 먹은 푸른 개가 있을 것입니다. 또 집안 일을 하는 자 가운데 이름이 익희(益喜)라는 자가 있을 것입니다. 이들 둘이 일으키는 일입니다. 진실로 그러한 변괴를 그치게 하려거든 그 개를 죽여 없애고, 그 익희라는 자를 고향으로 돌려보내십시오.」

장중영이 그의 말대로 하자, 변괴가 그쳤다. 장중영은 뒤에 태위장사(太尉長史)로 옮겼다가, 다시 노(魯)나라의 재상에까지 올랐다.

· 시어사(侍御史) : 관직 이름. 어사대부(御史大夫) 아래의 관직.
· 태위장사(太尉長史) : 관직 이름. 태위(太尉)의 속관.

태위(太尉) 교현(喬玄)의 자는 공조(公祖)이며, 양국(梁國) 사람이다.

그는 처음에 사도장사(司徒長史)의 벼슬을 살았다. 그러던 5월말의 어느 날, 그가 중문(中門)에서 잠을 자다가 한밤중 넘어 눈을 떠보니, 동쪽 벽이 환하여 마치 문이 열려 빛이 비치는 것 같았다.

이에 좌우 사람을 깨워 물어보았으나, 그 누구도 그렇게 보이지 않는다는 것이었다. 교현은 일어나 직접 가서 손으로 만져 보샀다. 벽은 아무런 이상이 없이 예전과 똑같았다. 돌아와 침대에 누웠더니, 또다시 그 빛이 보이는 것이었다. 이에 심히 두려워 어찌하였으면 좋을지 알 수가 없었다.

뒤에 그의 친구 응소(應劭)가 마침 그의 집을 방문하게 되었다. 이에 교현이 그러한 현상을 차례로 일러 주자, 응소가 이렇게 대책을 일러 주었다.

「같은 고향 친구인 동언흥(董彦興)이라는 자가 있는데, 바로 허계산(許季山)의 외손이지요. 그는 미묘한 것과 숨겨진 것까지도 잘 찾아내고, 또 신비한 것과 변화 등에 대해서도 잘 알아 비록 휴맹(眭孟)이나 경방(京房) 같은 이라 해도 그보다 뛰어나지는 못할 것입니다.

그러나 그는 천성이 좁고 내성적이어서 점치는 일에 활달하지 못하고, 또한 부끄러움을 잘 타는 인물입니다. 마침 근래 그가 자기 스승인 왕숙무(王叔茂)를 뵈러 왔습니다. 청컨대 제가 가서 맞이해 오겠습니다.」

잠시 후, 응소가 그와 함께 나타났다. 이에 교현은 겸양의 예를 갖추어 성찬(盛饌)을 차려 놓고, 그 아랫자리에 앉아 술을 따라 올렸다.

그러자 동언흥이 황송히 여긴 나머지 자진하여 이렇게 묻는 것이었다.

「이 시골 출신, 여러 서생 중의 하나인 저는 달리 특이한 재능은 없습니다. 이렇듯 융숭한 대접에 좋은 말을 해주시니 참으로 몸둘 바를 모르겠습니다. 자못 능히 특별한 일이 있으시면, 원컨대 도와 드리고 싶습니다.」

교현이 두세 번 사양의 예를 표하고 사실을 털어 놓자, 동언흥이 그의 말을 듣고서 이렇게 설명하였다.

「부군(府君)께서 마땅히 괴이하다고 여길 만하지요. 흰 광채가 마치 문을 열어 놓은 것 같은 일이 벌어졌으니 말입니다. 그러나 해될 것은 아닙니다.

6월 상순 닭이 울 때에 남쪽 어느 집에서 곡하는 소리가 들리면, 곧 그것은 길상(吉祥)이 될 것입니다. 가을이 되면 북쪽 어느 군(郡)의 태수로 승진할 것이며, 그곳은 금(金)자가 들어가는 지명일 것입니다. 그리고 귀하의 지위는 장군(將軍)·삼공(三公)에까지 이를 것입니다.」

그러자 교현이 놀라 물었다.

「괴이한 일이 이렇게 생겨나서 가족을 구제하는 데만도 겨를이 없는데, 어찌 능히 꿈도 꾸지 못한 희망을 이룰 수 있다는 말입니까? 이는 그저 내 마음을 편안히 해주려는 것이겠지요.」

그러던 차에 6월 9일 새벽이 밝기 전에 당시 태위(太尉)였던 양병(楊秉)이 갑자기 죽었고, 7월 7일에 교현은 거록(鉅鹿)의 태수가 되었다. 그런데 그 거(鉅)자에 금(金)자가 들어 있었던 것이다. 뒤에 교현은 도료장군(度遼將軍)이 되었고, 삼사(三事)의 직위에까지 오르게 되었다.

· 태위(太尉): 관직 이름. 군사(軍事)의 수뇌. 동한(東漢) 때에는 사도(司徒)·사공(司空)과 함께 삼공(三公)이라 칭하였다.
· 사도장사(司徒長史): 삼공(三公)의 하나인 사도(司徒)의 속관.
· 부군(府君): 주(州), 태수(太守)에 대한 존칭. 여기서는 상대를 높이 부른 칭대사.
· 삼공(三公): 동한(東漢) 때에는 태위(太尉)·사공(司空)·사도(司徒)를 삼공(三公)이라 불렀다.
· 도료장군(度遼將軍): 중국(中國) 북부·북동부를 진수하던 장군(將軍). 직책.

· 삼사(三事): 삼공(三公)과 같다.

 관로(管輅)의 자는 공명(公明)이며, 평원(平原) 사람으로서 《역(易)》으로 점치는 일에 정통하였다.

당시의 안평태수(安平太守)는 동래(東萊) 사람 왕기(王基)였으며, 그 자는 백여(伯輿)였다. 마침 그의 집안에 잦은 변괴가 일어나자, 관로로 하여금 점을 쳐달라고 하였다.

그리하여 그 점괘가 이루어지자, 관로는 이렇게 풀이하였다.

「귀하의 점괘를 보니 마땅히 천한 부인이 아들을 낳았는데, 그 아이가 땅에 떨어지자마자 스스로 걸어 아궁이 속으로 들어가서 죽을 징조입니다. 또 귀하의 책상에 틀림없이 큰 뱀이 붓을 물고 있는 형상이 있어, 많은 사람들이 와서 보고는 즉시 달아날 상입니다.

그리고 까마귀가 귀하의 집으로 날아와 제비와 싸움을 벌여, 제비는 죽고 까마귀는 날아가 버릴 상입니다. 이상의 세 가지 괘가 나왔습니다.」

이에 왕기가 놀라 이렇게 말하였다.

「정성과 정의로 살아온 나에게 결국 이런 지경으로 나타나다니! 그 길흉을 점쳐 주시면 다행이겠습니다.」

그러자 관로가 이렇게 풀이해 주었다.

「다른 재앙은 없습니다. 귀하의 집이 너무 오래 되어 이매(魑魅)와 망량(罔兩) 들이 함께 요괴를 부릴 뿐입니다.

아이가 태어나자마자 내닫는다는 것은, 능히 스스로 달릴 수 있다는 것이 아니라 불의 신인 송무기(宋無忌)의 요괴가 그를 끌고 아궁이로 들어간다는 뜻입니다. 그리고 큰 뱀이 붓을 물고 있다는 것은, 귀하의 오랜 신하인 서좌(書佐)일 뿐입니다. 다음으로 까마귀가 제비와 싸운다는 것 또한 귀하의 오랜 부하(鈴下)일 뿐입니다.

무릇 신명(神明)한 정도(正道)는 그 어떤 요괴일지라도 능히 해치지 못하며, 만물의 변화는 도덕(道德)으로 옳다고 해서 멈추게 할 수 있는 것도 아닙니다. 오래 되어 떠도는 정령(精靈)은, 반드시 능히 그 정해진 기수(氣數)가 있습니다.

지금 나타난 괘에는 그런 현상(象)만 보일 뿐, 그것이 흉하다고 보이는 것은 아닙니다. 그러니 가탁의 기수를 알 수 있을 뿐, 요괴가 부리는 나쁜 징조라고는 할 수 없으니 더 이상 근심하지 않으셔도 됩니다.

옛날 은(殷)나라 고종(高宗)의 솥은 꿩이 날아와 울 곳이 아니었습니다. 또 태무(太戊)의 뜰에는 들에나 자랄 뽕나무가 날 곳이 아니었습니다. 그런데 들새가 날아와 한 번 울자 무정(武丁)은 고종이 되어 추앙을 받았고, 상곡(桑穀)이 궁중에 자라자 태무는 중흥을 성취하게 되었습니다. 그러니 방금 말씀드린 세 가지가 어찌 길상(吉祥)이 될 수 없는 것이라고 말할 수 있겠습니까?

원컨대 부군(府君)께서는 안신양덕(安身養德)하셔서 조용히 광대한 일을 하십시오. 그리고 귀신의 간사함에 얽매여 천진(天眞)을 오루(汚累)함이 없도록 하십시오.」

그뒤 왕기에게는 과연 끝내 다른 변고가 나타나지 않았을 뿐더러, 도리어 안남장군(安南將軍)으로 승진되는 영광이 있었다.

뒤에 관로와 같은 고향 사람인 내태원(乃太原)이 관로에게 물었다.

「귀하는 지난날 왕기를 위해 요괴를 논하면서 『오래 된 서좌가 뱀이 되고, 오래 된 부하(鈴下)가 까마귀가 된다』고 하셨지요. 이들은 본래 모두가 사람인데, 어찌 그런 미천한 동물로 변한다는 것입니까? 효상(爻象)에 그렇게 나타난 것입니까, 아니면 귀하께서 추측한 것입니까?」

관로는 이렇게 설명해 주었다.

「진실로 본성과 천도가 그렇지 않다면, 무슨 이유로 효상을 위배하면서까지 내 마음속의 임의대로 하겠습니까? 무릇 만물의 변화는 정해진 형상이 있는 것이 아닙니다. 사람의 변이(變異)도 정해진 형체가 있는 것이 아닙니다. 따라서 큰 것이 혹 작은 것으로도 변하고, 작은 것이 혹 큰 것으로도 변하는 것일 뿐, 그 속에 우열이 있는 것이 아닙니다.

만물의 변화는 일정한 틀의 도가 있습니다. 이 까닭으로 하(夏)나라의 곤(鯀)은 천자(天子)의 아버지였고, 한(漢)나라의 조왕(趙王) 여의(如意)는 한(漢) 고조(高祖)의 아들이었음에도 곤은 누런 곰이 되었고, 여의는 푸른 개〔蒼狗〕로 변한 것입니다.

이처럼 지존지위(至尊之位)라 할지라도 검훼(黔喙) 같은 무리로 변하는데, 하물며 뱀이란 것은 진(辰)·사(巳)의 자리와 상배(相配)하고 까마귀〔烏〕는 태양(太陽)에 사는 정(精)으로, 이는 등흑(騰黑)의 명확한 상징이요, 밝은 태양의 유경(流景)이 되는 것입니다.

그러니 시좌(書佐)니 영하(鈴下)가 각각 미천한 신분으로서, 그들이 변하여 뱀과 까마귀가 된다는 것 역시 본래 신분에 비하면 오히려 과한 것이 아니겠습니까?」

· 이매(魑魅): 정령(精靈). 귀신(鬼神). 도깨비. 이(魑)는 산정령(山精靈), 매(魅)는 괴물(怪物)이라 한다.
· 망량(罔兩): 망량(魍魎). 역시 도깨비. 귀신(鬼神). 정령(精靈). 물의 정

령(精靈)이라 한다. 첩운어.

· 서좌(書佐): 문서를 관장하는 좌리(佐吏).

· 영하(鈴下): 시종(侍從). 문졸(門卒). 관청에서 방울을 울려 일을 시켰기 때문에 붙여진 속칭(俗稱)이다.

· 기수(氣數): 저절로 오고 가고 한다는 길흉화복(吉凶禍福)의 운수.

· 상(象):《주역(周易)》에서 매 괘(卦) 육효(六爻)에 대한 전체 풀이. 여기서는 괘사(卦辭)에 나타난 내용으로 변화나 징조를 예측하는 것.

· 무정(武丁): 은(殷)나라 고종(高宗)의 이름. 재위 59년.

· 천진(天眞): 천성(天性). 본성(本性).

· 안남장군(安南將軍): 진(晉)나라 때의 장군(將軍) 칭호. 왕기(王基)는 정원(正元) 이년(二年, 255)에 진남장군(鎭南將軍)이 되었다.

· 효상(爻象):《주역(周易)》에서 괘(卦)의 형상을 설명한 것. 괘사(卦辭)와 효사(爻辭).

· 검훼(黔喙): 야수(野獸). 동물(動物). 검은 주둥이를 가진 짐승을 말한다.

· 진(辰)·사(巳): 이십지(十二支)의 띠에 진(辰)은 용(龍), 사(巳)는 뱀에 해당한다.

· 오(烏): 해 속에 삼족오(三足烏)가 산다는 전설로서, 태양(太陽)을 금오(金烏)라 한다.

· 등흑(騰黑): 등(騰)은 등사(騰蛇), 즉 신사(神蛇)로 수충(水蟲)을 주관하며 성좌(星座)로는 북쪽. 북(北)은 수(水)를 가리키며, 색(色)은 흑(黑).

· 유경(流景): 햇빛. 광망(光芒). 햇살.

관로(管輅)가 평원(平原) 땅에 이르러 안초(顔超)라는 소년을 보니, 그 용모가 요절할 상이었다. 이에 안초의 아버지가 관로로 하여금 그 아들의 수명을 연장시킬 수 있도록 해달라고 간청하였다.

그러자 관로가 그 아들에게 이같이 일러 주었다.

「그대는 집으로 돌아가서 청주(淸酒) 한 통과 녹포(鹿脯) 한 근을 준비하라. 그리고 묘일(卯日)에 보리 베는 곳의 남쪽 큰 뽕나무 밑으로 가면, 그곳에서 두 사람이 바둑을 두고 있을 것이다. 그곳에 이르면 그저 술을 따르고 안주만 내밀어, 그들이 술을 마시는 대로 다시 따르되 가져간 것이 다 없어질 때까지 하라. 만약 누구냐고 묻거든 그저 절만 하고 말은 하지 말라. 틀림없이 그 가운데 누군가가 그대를 구제해 줄 것이다.」

안초가 그의 말대로 그곳을 찾아갔더니, 과연 두 사람이 바둑을 두고 있었다. 이에 안초가 안주를 차려 놓고 술을 따라 그 앞에 내밀자, 그들은 바둑에 탐닉한 채 그저 술을 마시고 안주만 집어들 뿐 돌아보지도 아니하였다. 그러다가 술이 몇 차례 돌자, 북쪽가에 앉은 자가 갑자기 안초가 있는 것을 깨닫고는 이렇게 질책하였다.

「너는 무슨 연유로 이곳에 와 있느냐?」

안초는 그저 절만 하는 것으로 대답을 대신하였다.

그러자 이번에는 남쪽 가에 앉은 자가 북쪽 가에 앉은 자에게 물었다

「마침 그가 가져온 술과 안주를 먹었는데, 설마 그렇게 인정 없이 굴지는 않겠지요?」

이에 북쪽 가에 앉은 자가 이렇게 대꾸하였다.

「문서에 이미 정해져 있습니다.」

그러자 남쪽에 앉은 자가 「그 문서 좀 빌려 주시오. 내가 좀 봅시다」라고 하였다.

그리하였더니 그곳에 안초의 수명이 19세로 끝나게 되어 있었다. 이에 붓을 들고 구(九)자를 앞으로 옮겨 써서 구십(九十)으로

고쳐 놓고는 이렇게 말하였다.

「너를 아흔 살까지 살도록 구제해 주노라.」

그리하여 안초는 절을 하고 돌아왔다.

관로가 안초를 보자 이렇게 설명해 주었다.

「크게도 도와 주었구나! 수명이 늘어난 것을 다시금 축하한다. 북쪽 가에 앉았던 이는 북두성(北斗星)이요, 남쪽 가에 앉았던 이는 남두성(南斗星)이었다. 남두성은 생명을 주관하고, 북두성은 죽음을 주관한다. 무릇 사람이 수태(受胎)되고 나면 모두가 남두성에서 북두성으로 가는 것이다. 그래서 모든 기원(祈願)은 북두성을 향하여 하는 것이다.」

· 녹포(鹿脯): 사슴의 고기를 말리어 만든 포.
· 묘일(卯日): 고대에는 십간(十干) 십이지(十二支)로 날짜를 불렀다. 그 중 묘(卯)에 해당하는 날.

신도현(信都縣)의 현령집 부녀들이 놀라고 두려워하는 병이 생겨 하나씩 돌아가며 앓는 것이었다. 이에 관로(管輅)로 하여금 점을 쳐보게 하였더니, 이렇게 풀이하는 것이었다.

「귀하의 북당(北堂) 서쪽머리에 두 구의 남자 시신이 있습니다. 한 남자는 창을 잡고 있고, 다른 한 남자는 활과 화살을 가지고 있습니다. 그들의 머리는 벽의 안쪽으로 놓여 있고, 다리는 벽 밖으로 놓여 있습니다.

창을 잡은 자는 사람의 머리를 찌르는 임무를 맡고 있습니다. 그 때문에 머리가 몹시 아프게 되어 그 머리를 들 수가 없는 것입니다. 그리고 활과 화살을 가진 자는 사람의 가슴과 배를 쏘지요. 그 때문에 심중(心中)이 심하게 아파 음식을 먹을 수가 없는 것입니다. 그들은 낮에는 떠돌다가 밤이 되면 사람을 병들게 합니다. 그래서 놀라고 두려워하는 것입니다.」

이에 그 방을 헤쳐 땅속을 8척쯤 파들어가자, 과연 두 개의 관이 놓여 있었다. 한 관 속에는 창이 들어 있었고, 다른 하나에는 각궁(角弓)과 화살이 들어 있었다. 화살은 너무 오래 되어 나무 부분이 모두 썩거나 삭았지만 철촉과 각뿔은 완연하였다.

이에 그들의 해골을 그 성(城)으로부터 20리 밖으로 옮겨 묻어 주었다. 그후로는 그런 병이 사라지게 되었다.

· 북당(北堂): 옛날 사대부(士大夫) 집안의 동쪽 집채의 북반부. 주부들이 이곳에 거처하였다.

이조거(利漕渠)의 백성 곽은(郭恩)의 자는 의박(義博)이다. 그의 삼형제 모두가 앉은뱅이 병을 앓았다.

이에 관로(管輅)로 하여금 그 원인을 점쳐 보게 하였더니, 이렇게 풀이하였다.

「괘(卦) 속에 귀하의 가족 무덤이 있습니다. 그 무덤 속에 어떤 여귀(女鬼)가 있는데, 귀하의 백모(伯母)가 아니면 틀림없이 숙모(叔母)일 것입니다.

옛날 심한 기황(饑荒)이 들었을 때, 그 중 하나가 쌀 몇 되에 탐욕이 생겨 어떤 여인을 우물 속에 밀어넣어 버렸습니다. 그 여인이 우물에 빠져 끄윽끄윽 소리를 치자 다시 큰 돌을 밀어넣어,

결국 그 여인은 머리가 깨어져 죽었습니다. 그 고혼(孤魂)이 원통함을 견딜 수 없어 하늘에다 이를 호소하고 있기 때문에 그런 병에 시달리고 있는 것입니다.」

· 괘(卦): 점괘(占卦).

 순우지(淳于智)의 자는 숙평(叔平)이며, 제북군(濟北郡) 노현(盧縣) 사람이다.

그는 깊고 침착한 성품에 의기(義氣)를 헤아릴 줄 아는 자였다. 젊어서 공부할 때 《역(易)》의 점복(占卜)에 밝았으며, 귀신을 눌러 제압하는 데에 뛰어났었다.

그때 고평(高平) 사람 유유(劉柔)가 밤에 잠을 자다가 쥐에게 왼손 가운뎃손가락을 물리고 말았다.

이에 유유가 심히 불쾌히 여겨 순우지에게 물어보았다.

순우지는 점을 쳐본 후 이렇게 설명하였다.

「그 쥐는 본래 귀하를 죽이려 하였던 놈인데 뜻을 이루지 못하였군요. 마땅히 도리어 그 놈을 죽여야겠습니다.」

그리고는 그의 팔뚝의 가로 주름이 있는 뒤쪽에서 3촌 되는 곳에 붉은 글씨로 〈전(田)〉자를 써주었는데, 그 글씨의 네모 크기가 1촌 2푼이었다.

그러면서 그로 하여금 밤에 잠을 잘 때 그 팔을 내놓고 누워 있도록 일러 주었다. 아침에 보니 과연 큰 쥐 한 마리가 그 앞에 죽어 있었다.

　　　　상당군(上黨郡)의 포원(鮑瑗)이라는 자는, 집안에 질병과 상사(喪事)가 많은데다가 가난과 고생에서 벗어날 길이 없었다.

이에 순우지(淳于智)가 그 집안을 점쳐 본 후, 이렇게 일러 주었다.

「귀하의 거택이 불길하군요. 그래서 귀하의 집안을 그토록 괴롭히는 것입니다. 귀하의 집 동북쪽에 큰 뽕나무가 있을 것입니다. 어서 급히 시장으로 달려가 보십시오. 성문을 들어서 수십 보쯤 되는 곳에, 어떤 사람이 새로 만든 채찍을 팔고 있을 것입니다. 즉시 그것을 사가지고 와서 그 뽕나무에 걸어두십시오. 3년이 지나면 귀하는 뜻밖의 큰 재물을 얻게 될 것입니다.」

포원은 그가 일러 준 대로 시장으로 가보았다. 과연 말의 채찍을 파는 자가 있었다.

그 채찍을 걸어둔 지 3년, 마침 우물을 파게 되었는데 그 땅속에 돈 수십만과 구리와 철로 된 그릇이 다시 2만여 개나 묻혀 있는 것이었다. 이에 그의 가업이 번창하였을 뿐만 아니라, 앓던 자들도 그 병이 모두 나았다.

　　　　초군(譙郡) 사람 하후조(夏侯藻)는, 그 어머니의 병이 위독해지자 순우지(淳于智)에게 점을 치러 갈 참이었다.

그때 갑자기 여우 한 마리가 나타나, 그의 집 대문을 향해 컹컹 짖는 것이었다. 하후조는 깜짝 놀라 즉시 순우지에게 달려갔다.

이에 순우지가 이렇게 풀이해 주었다.

「재앙이 아주 급하군요. 귀하는 어서 집으로 돌아가, 그 여우가 짖던 곳에서 가슴을 치며 통곡하시오. 그리하여 집안 사람들이 놀랍고 괴이하게 여겨 어른 아이 할 것 없이 모두 나오도록 하시오. 한 사람이라도 나오지 않으면, 그가 나올 때까지 울며 소리쳐 멈추지 마시오. 그렇게 하면 그 재앙을 가히 면할 수 있을 것입니다.」

하후조가 돌아가서 그가 일러 준 대로 하였더니, 그 위독한 어머니조차 아픈 몸을 부여잡고 나왔다. 이렇게 해서 집안 식구가 다 모이자, 그 가옥 다섯 간이 누가 잡아당기기라도 하듯이 와르르 무너지는 것이었다.

호군(護軍) 장소(張劭)의 어머니가 병이 들어 위독해지자, 순우지(淳于智)가 시구(蓍龜)로 점을 쳤다.

그리고 장소로 하여금 서쪽 시장으로 나가 원숭이(沐猴) 한 마리를 사서 어머니의 팔뚝에 매어두고는, 옆에 있는 사람들에게 그 원숭이를 치도록 하였다. 또한 쉬지 않고 그 원숭이가 울부짖도록 하되, 사흘을 그렇게 한 후 풀어 주라고 일렀다.

장소는 그의 말대로 하였다. 일이 끝나고 그 원숭이가 문으로 도망을 치다가 곧바로 개에게 물려죽더니, 어머니의 병이 드디어 차도가 있었다.

• 시구(蓍龜) : 시(蓍)는 점칠 때 쓰는 가새풀. 구(龜)는 열흔(裂痕)으로 점을 치는 거북 껍질.
• 목후(沐猴) : 원숭이. 미후(獼猴)의 전음(轉音)으로서 초(楚)나라의 방언(方言).

곽박(郭璞)의 자는 경순(景純)이다. 여행중 여강(廬江)에 이르러, 그곳의 태수 호맹강(胡孟康)에게 어서 남쪽으로 강을 건너 피신하라고 예언하였다. 그러나 호맹강은 시큰둥하며 듣지 아니하였다.

곽박은 우선 자신만이라도 피하려면 급히 짐을 꾸려 떠날 수밖에 없었으나, 여강태수의 비녀(婢女) 하나를 사랑한 나머지 그녀를 데려가고자 하였다. 그렇지만 방법이 없었다. 이에 곽박은 팥 세 말을 가져다가 그 태수의 집 둘레에 흩뿌렸다.

태수가 새벽에 일어나 보니, 붉은 옷을 입은 수천 병사들이 자신의 집을 포위하고 있는 것이었다. 그러나 가까이 다가가서 살펴보고자 하면 곧 사라져 버렸다. 태수는 심히 두려워 곽박을 불러 점을 쳐달라고 부탁하였다.

이에 곽박은 짐짓 이렇게 말하였다.

「주인께서는 이 비녀를 그대로 두어서는 안 됩니다. 동남쪽 20리 되는 곳으로 데리고 가서 팔아 버리되, 절대로 값의 고하를 두고 다투어서도 안 됩니다. 그러면 지금의 이런 요괴는 가히 제거될 수 있을 것입니다.」

그런 뒤 곽박은 몰래 사람을 시켜 아주 싼값으로 그 비녀를 사게 하였다. 그리고는 부적을 그 집 우물에 던지자, 수천의 붉은 옷 무리들이 하나씩 스스로 그 우물로 뛰어들어 사라지는 것이었다.

이에 태수는 크게 기뻐하였다.

곽박은 그 비녀를 데리고 떠나 버렸고, 그로부터 수십 일이 지난 후 여강은 함락되고 말았다.

 조고(趙固)라는 자가 자신이 타고 다니던 말이 갑자기 죽자 심히 비통해하며 애석하게 여겼다. 이에 곽박(郭璞)에게 물으니, 곽박이 이와 같이 일러 주었다.

「수십 인에게 대나무 몽둥이를 들려 동쪽으로 30리를 가도록 하십시오. 그곳 숲속 언덕에 나무 한 그루가 있을 것이니, 그 나무를 두드리십시오. 그러면 틀림없이 어떤 물체가 튀어나올 것입니다. 그놈을 잡아 집으로 돌아오십시오.」

조고가 그의 말대로 하자, 과연 어떤 물체 하나가 튀어나와 이를 잡았더니 마치 원숭이 같은 생김새였다. 그리하여 이를 가지고 돌아왔는데, 문을 들어서서 죽은 말이 보이자 그 원숭이 같은 놈이 펄펄 뛰며 죽은 말의 머리 쪽으로 내닫더니 그 코에 대고 숨을 불어넣는 것이었다.

잠시 후, 말이 일어서서 급히 뛰더니 크게 울고 먹는 것도 평상시와 같아지는 것이었다. 그러나 방금 그 물체는 어디로 갔는지 보이지가 않았다.

조고가 이를 신기하게 여기며, 곽박에게 후한 보상을 하였다.

 양주별가(揚州別駕) 고구(顧球)의 누이는, 태어난 지 열 살이 채 안 되어서부터 병이 들어 그 나이 쉰 살이 되도록 앓아누워 있었다.

이에 곽박(郭璞)으로 하여금 점을 치게 하였더니, 대과괘(大過卦)의 승(升)이 나왔다. 그 점괘의 사(辭)는 이와 같았다.

대과괘는 그 뜻이 불길한 것.

무덤 위의 마른 버들 꽃이 피지 못하누나.
떠도는 혼백 진동하니 용거(龍車)라 헛보이네.
그 몸은 병에 시달려 어려서 이미 요사(妖邪)가 붙었네.
제사도 지내지 아니하고 영험한 뱀을 죽인 때문이지.
자신의 잘못이 아니라 선조가 저지른 일일세.
괘사가 이와 같으니, 이를 따진들 무슨 방법이 있겠는가?

이에 고구는 집안의 내력을 살펴보았다. 그러자 그의 아버지가 일찍이 큰 나무를 베다가 큰 뱀을 보고서 그를 죽여 버렸다는 것이었다.

그리고 어린 누이가 병이 들었을 때, 무리를 이룬 수천 마리의 새떼가 그 집의 지붕 위를 배회하였다고 하였다. 사람들이 괴이하게 여겼으나 그 이유를 알 수가 없었고, 그때 그곳〔縣〕의 농부가 그 집 옆을 지나다가 쳐다보았더니 용이 수레를 끄는 모습이 나타났는데, 오색이 찬란하였고 그 크기가 보통이 아니었으며 잠시 후에 그 모습이 사라졌다는 것이었다.

· 양주별가(揚州別駕): 양주(揚州)는 주(州) 이름. 치소(治所)는 건업(建鄴, 지금의 南京市). 별가(別駕)는 관직 이름. 자사(刺史)의 부관(副官).
· 대과괘(大過卦): 《주역(周易)》의 괘(卦) 이름. 손하태상(巽下兌上)으로 분수에 넘치다라는 뜻을 가지고 있다.
· 승(升): 역시 《주역(周易)》의 괘(卦) 이름. 손하곤상(巽下坤上)으로 사물이 변화하여 상승한다는 뜻을 가지고 있다.

의흥군(義興郡)의 방숙보(方叔保)라는 사람이 상한(傷寒)이 들어 죽을 지경에 이르자, 곽박(郭璞)에게 점을 쳐보도록 하였다. 점괘는 불길하였다.

곽박은 그에게 흰 소를 구해 와서 그 사악함을 억누르면 낫는다고 일러 주었다. 그러나 흰 소를 구할 수가 없었다. 오직 양자원(羊子元)이라는 사람만이 흰 소 한 마리를 기르고 있었으나, 그에게 빌려 주려 하지 않는 것이었다. 이에 곽박이 그 흰 소를 도술로 불러왔다.

그러자 그날 즉시 커다란 흰 소가 서쪽으로부터 나타나 곧바로 그 집으로 달려드는 것이었다. 방숙보는 놀라 어쩔 줄을 몰랐다. 병은 즉시 치유되었다.

· 상한(傷寒): 한기(寒氣)에 의해 생기는 병.

서천(西川)의 비효선(費孝先)은 궤혁(軌革)이라는 특이한 점술에 뛰어나, 세상 사람 누구나가 그의 이름을 알고 있을 정도였다.

당시 대약인(大若人) 왕민(王旻)이라는 자가 있었는데, 그는 뛰어난 장사꾼으로 성도(成都)에 왔던 차에 그에게 괘(卦)를 뽑아 달라고 청하였다.

비효선은 이렇게 풀이해 주었다.

「머물라 하여도 머물지 말 것, 씻으라 하여도 씻지 말 것. 한 섬의 벼를 찧어 쌀 서 말을 얻는구나. 총명한 자를 만나면 살려 니와 혼암한 자를 만나면 죽으리라.」

이렇게 두 번 세 번 경계의 말을 일러 주고는, 방금 그 말을 외우고 다니면 화를 면할 수 있다고 하였다.

왕민은 이를 명심하고 길을 떠났다. 그런데 도중에 큰비를 만나 어떤 집 아래서 쉬게 되었다. 그 집에는 자신처럼 비를 피하려는 나그네들로 가득 차 있었다.

이에 비효선이 일러 준 말이 생각났다.

「머물라 하여도 머물지 말라 하였는데, 바로 이런 경우가 아닐까?」

그리고는 비를 무릅쓰고 길을 나섰다. 그러자 얼마 후 그 집이 무너졌고, 왕민 혼자만이 그 화를 면하게 되었다.

한편 왕민의 아내는 이미 이웃집 남자와 사통하고 있었다. 둘 사이는 결국 종신지호(終身之好)까지 갈 욕망에 사로잡혀, 왕민이 돌아오기를 기다려 장차 그를 독살할 음모를 꾸미기에 이르렀다. 왕민이 집에 돌아올 때가 임박하자, 그 아내는 사통한 남자와 이렇게 약속을 해놓았다.

「오늘 저녁 새로이 목욕을 하는 자가 있을 것입니다. 그자가 내 남편입니다.」

저녁 때가 되어 그가 돌아오자, 아내는 왕민에게 목욕을 하라고 불러 수건까지 새것으로 바꾸어 주었다.

왕민은 이에 얼른 이렇게 깨달았다.

「씻으라 하여도 씻지 말라 하였으니, 바로 이런 경우가 아닐까?」

그리고는 끝내 그 아내의 말을 듣지 아니하였다.

아내는 화를 내다가, 그만 그 정부와의 약속을 잊은 채 자신이 들어가 목욕을 하다가 한밤중에 도리어 그 피해를 입고 말았다. 왕민이 놀라 소리쳐 이웃 사람들이 달려와 함께 그 현장을 보았지만, 누구도 그 내막을 알 수가 없었다.

이에 왕민은 그만 살인죄로 몰려 옥에 갇혀 고문을 받게 되었다. 송사는 판결이 났고, 왕민으로서는 어떻게 증명해 낼 방법이

없었다. 그리하여 군수(郡守)가 그 죄상을 기록하게 되었을 때,
왕민은 울면서 이렇게 호소하였다.

「죽을 죄라면 죽겠습니다. 그러나 비효선이 일러 준 그 이상한
경구는 끝내 아무런 효험이 없군요.」

좌우가 이 말을 상달하자, 군수가 그를 처단하지 말도록 명하
고는 왕민을 불러 직접 물어보았다.

「너의 이웃집에 어떤 자가 살고 있는가?」

「강칠(康七)이라는 자가 살고 있습니다.」

군수는 이에 사람을 보내어 그자를 잡아들이도록 하였다.

「너의 아내를 죽인 자는 틀림없이 이자로다!」

이윽고 따져 보았더니, 과연 그자가 범인이었다. 군수는 그 막
료에게 이렇게 풀이하였다.

「한 섬의 벼를 찧어 쌀 서 말을 얻는다 하였으니, 그렇다면 남
는 왕겨(康, 즉 糠)가 일곱 말이 아니겠는가?」

이리하여 왕민은 그 억울함을 씻게 되었다. 진실로 총명한 이
를 만나면 살아난다는 효험이 맞아떨어진 것이다.

· 궤혁(軌革): 고대 술사(術士)들이 생년월일시(生年月日時) 등으로 괘
　(卦)를 만들어 길흉화복(吉凶禍福)을 점치는 점술법(占術法). 오늘날
　의 사주(四柱)와 비슷하다.
· 대약인(大若人): 지명(地名)으로 보기도 한다.

외소(隗炤)는 여음군(汝陰郡) 홍수정(鴻壽亭)의
백성으로 《역(易)》에 정통한 인물이었다. 그는 죽
음에 이르러 하나의 문서판(文書板)을 그 아내에

게 주면서 이렇게 일렀다.

「내 죽은 후에 큰 흉년이 들 것이오. 비록 그렇다 할지라도 삼가 이 집을 팔지 마시오. 그뒤 5년이 되는 해 봄에 조서(詔書)를 가진 사자(使者)가 와서 우리 홍수정 고을에 머물 것이오. 그의 성씨는 공씨(龔氏)이며, 그자는 나에게 황금을 빚진 자요. 그에게 이 판(板)을 증거로 찾아가 빚을 받아내시오. 그리하여 내 말에 어긋남이 없도록 하시오.」

남편이 죽은 뒤 과연 흉년이 들었고, 그 집을 팔라고 하는 자가 자주 찾아왔지만 그 아내는 남편의 말을 지키려고 끝내 허락하지 아니하였다. 남편이 말한 때가 되자, 공씨 성을 가진 사자가 과연 그 고을에 머물게 되었다. 그러자 그 아내는 문서판을 가지고 그에게 찾아가 빚을 갚으라고 요구하였다.

사자는 그 판을 보고는 무어라 말해야 좋을지 몰라 이렇게 물었다.

「나는 평생 누구에게 빚을 진 일이 없소. 무슨 연고로 그런 주장을 하는 것이오?」

그러자 그 아내는 이렇게 대꾸하였다.

「내 남편이 임종할 때에 이 문서판을 주면서 이와 같이 명령을 하였으니, 감히 마구 하는 행동이 아닙니다.」

이에 그 사자는 말없이 한참을 생각하다가 깨달았다는 듯이 시초(蓍草)를 가져다 점을 쳤다. 점괘가 나타나자, 그가 손바닥을 치며 이렇게 감탄하였다.

「묘하도다, 외소여! 그대는 자신의 총명을 감추고, 자신의 종적도 감추었었구나. 그래서 누구도 알아보지 못하게 하였구나. 가히 궁달(窮達)함을 거울로 비추듯이 밝혀내고, 길흉에 통찰(洞察)한 자로다.」

그리고는 그 아내에게 이렇게 설명해 주었다.

「나는 황금을 빚진 게 없소. 훌륭한 그대의 남편이 친히 그 황금을 가지고 있는 것이오. 그는 자신이 죽은 후, 잠시 궁한 일을 당하여 그것을 팔아 버릴까를 염려하여 지키게 하였던 것이오. 그리하여 그 황금을 저장해 두었다가 태평시대가 오기를 기다린 것입니다. 그 때문에 그 황금을 아들이나 부인에게 알리지 않았던 것이오. 그 황금이 있다는 걸 알고 나면 다 써버리고 곤궁 속에 끝없이 빠져들 것을 걱정하였기 때문입니다.

그리고 내가 《역》에 대해 잘 알고 있다는 것을 알고, 문서판에 이를 써서 그 뜻을 의탁한 것이오. 그 황금 5백 근은 푸른 항아리에 담겨 있고, 다시 그 위는 동반(銅柈)으로 덮여 그대의 집 동쪽머리에 묻혀 있소. 벽으로부터 한 길 되는 곳, 9척 깊이의 땅 속이오.」

그 아내가 돌아가 파보니 과연 황금이 있었는데, 그 상태가 점을 쳐 알려 준 것과 똑같았다.

 한우(韓友)의 자는 경선(景先)이며, 여강(廬江) 서현(舒縣) 사람이다. 그는 점복(占卜)에 뛰어났으며, 경방(京房)으로부터 압승지술(壓勝之術)을 배워 이를 시행할 줄 아는 자였다.

그때 유세칙(劉世則)의 딸이 귀신들린 지 여러 해가 되었다. 무당이 그 딸을 위해 사악한 기운을 내쫓으려고 기도하며 옛 성터 사이에서 빈 무덤을 파 살쾡이와 타구(鼉龜) 수십 마리를 잡아내었지만, 그 딸의 귀신들림은 차도가 없었다.

이에 한우는 다시 점을 쳐본 후, 삼베로 자루를 만들어 그 딸이 발작할 때 집의 창문과 문틈을 그 자루로 덮어씌우도록 하였다.

그리고 한우는 문으로부터 들어오는 모든 기(氣)를 폐쇄하였다. 그렇게 하였더니 마치 무엇인가가 내쫓기는 것 같은 상황이 벌어졌다. 잠시간 그 자루가 크게 부풀어올라 마치 그 자루에 바람을 불어넣은 것 같았다. 그러나 그 자루도 결국 터져 버려, 그 방법 또한 실패로 그치고 말았다.

그 딸은 여전히 큰 발작을 계속하였다. 이에 한우가 다시 가죽 자루 두 개를 더 만들어 그 자루의 주둥이를 벌리자, 그것이 종전처럼 다시금 크게 부풀어오르는 것이었다.

그러자 급히 그 자루의 주둥이를 묶어 얼른 나무에다가 매달아 놓았다. 이렇게 하여 20여 일이 흐르자, 그 자루가 점점 줄어들었다.

이를 열어 보니 두 근이나 되는 여우털이 그 속에 들어 있는 것이었다. 그리하여 그 딸의 병도 드디어 나았다.

· 압승지술(壓勝之術): 제압하여 승기를 잡음. 원문 염(厭)은 압(壓)의 통가자.

회계(會稽)의 엄경(嚴卿)은 점복(占卜)에 뛰어났었다. 그 고을 사람 중에 위서(魏序)라는 자가 동쪽으로 가려 하였으나, 마침 흉년이 들어 도적이 들끓자 이를 겁낸 나머지 엄경에게 점을 쳐달라고 부탁하였다.

그러자 엄경이 이렇게 만류하였다.

「그대는 삼가 동쪽으로 가지 마십시오. 반드시 폭해(暴害)를 당하게 될 것입니다. 강도를 당하는 것이 아닙니다.」

위서는 이 말을 믿지 아니하였다. 이에 엄경은 할 수 없이 방법을 일러 주었다.

「어쩔 수 없이 가야 한다면, 마땅히 그 재앙을 제거할 수는 있습니다. 서쪽 성 밖에 있는 과부집에 가서 흰 수캐를 구하여, 이를 배 앞에 묶고 가십시오.」

위서는 겨우 얼룩무늬의 개만 구하였을 뿐 흰 것은 구하지 못하였다. 엄경은 다시 이렇게 일러 주었다.

「얼룩무늬의 개도 괜찮습니다. 그러나 그 색깔이 순수하지 못한 것이 유감이로군요. 그 때문에 약간의 재앙은 다 씻어지지 않고 남아 있겠군요. 그러나 그 재앙은 육축(六畜)의 무리를 다치는 정도이니 더 이상 걱정할 것은 없습니다.」

위서가 길을 떠나 반쯤 이르렀을 때 갑자기 개가 짖어대었는데, 그 소리가 심히 급하였다. 마치 누군가가 그 개를 두드려 패는 것 같았다. 위서가 다가가 보니, 개는 이미 죽어 검은 피를 한 말 남짓이나 토해 내고 있었다.

그날 저녁 위서가 머물던 별서(別墅)의 흰 거위 몇 마리가 이유도 없이 죽었으나, 위서의 집에는 아무런 변고가 없었다.

· 폭해(暴害) : 갑작스러운 변고의 상해(傷害)를 말한다.
· 육축(六畜) : 집에서 기르는 가축. 마(馬)·우(牛)·양(羊)·계(鷄)·견(犬)·시(豕)를 가리킨다.

패국(沛國)의 화타(華佗)는 그 자가 원화(元化)이며, 일명 부(旉)라고도 불렀다.

당시 낭야(瑯邪)의 유훈(劉勳)이 하내태수(河內

太守)로 있었는데, 그 딸이 나이 스물에 왼쪽 무릎 속에 난 창병(瘡病)으로 고통을 겪고 있었다. 그 병은 가렵기만 하고 통증은 없어 낫는 듯하다가 수십 일이 지나면 다시 발병하곤 하였다. 이렇게 7,8년을 고생하다가 화타를 불러 살펴보도록 하였다.

이에 화타는 이렇게 말하였다.

「이런 정도는 쉽게 고치지요. 당장 왕겨색의 누런 개 한 마리와 좋은 말 두 필을 준비하시오.」

그리고는 끈으로 개의 목을 매어 이를 달리는 말에 매달아서, 말로 하여금 그 개를 끌고 다니게 하였다. 그러다 그 말이 지치면, 즉시 다른 말로 바꾸어 끌게 하였다. 이렇게 말이 끌고 다닌 거리가 30여 리나 되자, 끌려다니던 개도 지쳐 더 이상 걸을 수가 없을 정도였다. 그럼에도 다시 사람에게 걸어다니며 그 개를 끌도록 하여 모두 50여 리나 되었다.

그리고 나서 약을 지어 그 딸에게 마시게 하였다. 그러자 그 딸이 편안히 누워 사람을 알아보지 못할 정도였다.

이때 화타는 큰 칼로 그 개의 배 근처 뒷다리 앞을 갈랐다. 그리고 그 가른 부분을 창병을 향해 마주하게 하되, 그 간격을 2,3촌 정도로 하였다.

잠시 후, 마치 뱀 같은 것이 그 창병으로부터 기어나왔다. 이에 화타가 쇠망치로 그 뱀의 머리를 내리쳤다. 그러자 그 뱀이 피부 속에서 한참을 꿈틀거리며 요동을 치더니, 잠시 후 그 움직임을 멈추었다. 이를 뽑아내니 그 길이가 3척쯤 되었으며, 틀림없는 뱀이었다.

다만 그 뱀은 눈의 자리는 있으나 눈동자가 없었으며, 비늘도 거꾸로 나 있었다. 그리하여 고약(膏藥)을 그 창병 속에 바르자 이레 만에 나았다.

화타(華佗)가 길을 가던 중 어떤 병자를 보게
되었다.

그 환자는 목구멍에 병이 나서, 음식을 먹고 싶
으나 삼킬 수가 없는 상태였다. 그 집안 사람들이 마침 이 환자
를 수레에 싣고 의원을 찾아 떠나려던 참이었다.

화타가 그의 신음 소리를 듣고서 수레를 멈추고 다가가 살펴
보았다. 그리고 이렇게 일러 주었다.

「방금 오다가 보니 길가에 떡을 팔던 집이 있었습니다. 그 집
에 마늘을 가루로 내어 범벅한 식초가 있을 것입니다. 그것 석
되를 얻어 마시면 병이 저절로 사라질 것입니다.」

가족들이 화타의 말대로 하자, 병자가 즉시 뱀 한 마리를 토해
내었다.

수신기

4

풍백(風伯)과 우사(雨師)는 성수(星宿)이다. 풍백은 기성(箕星)이며, 우사는 필성(畢星)이다.

정현(鄭玄)은 이렇게 말하였다.

사중(司中)과 사명(司命)은 문창궁(文昌宮)의 제5, 제4 별자리이다. 우사는 달리 병예(屛翳), 혹은 병호(屛號), 혹은 현명(玄冥)이라고도 부른다.

· 풍백(風伯): 풍신(風神). 이름은 비렴(飛廉).
· 우사(雨師): 우신(雨神).
· 성수(星宿): 별자리. 열성(列星).
· 기성(箕星): 남기사성(南箕四星). 모습이 키와 같아 붙여진 이름.
· 필성(畢星): 이십팔수(二十八宿)의 하나.
· 사중(司中): 별 이름. 종실(宗室)을 주관한다.
· 사명(司命): 별 이름. 재구(災咎)와 생사(生死)를 주관한다.
· 병예(屛翳): 우사(雨師)를 말한다.
· 현명(玄冥): 공공(共工)의 아들로 우사(雨師)가 된 자라 한다.

촉군(蜀郡)의 장관(張寬)이라는 자는 그 자가 숙문(叔文)이며, 한(漢)나라 무제(武帝) 때에 시중(侍中) 벼슬을 지냈다.

그가 임금을 따라 감천궁(甘泉宮)의 제사를 모시러 가다가 위교(渭橋)에 이르렀을 때, 어떤 여자가 위수(渭水)에서 목욕을 하고 있었는데 그 젖이 7척이나 될 만큼 길었다.

무제가 그 특이함을 괴이쩍게 여겨 가서 물어보도록 하였다. 그렇게 하였더니 그 여자가 이렇게 말하는 것이었다.

「황제 뒤의 일곱번째 수레에 타고 있는 자가, 내가 온 까닭을 알 것입니다.」

당시 장관이 바로 그 일곱번째 수레에 타고 있었는데 이렇게 대답하였다.

「하늘의 별 중에 제사를 주관하는 별입니다. 재계(齋戒)가 깨끗하지 못하면 이런 여인이 나타나는 것입니다.」

· 시중(侍中): 관직 이름. 한대(漢代)에는 임금을 모시는 중요 직책이었다.

문왕(文王)이 태공망(太公望)을 관단령(灌壇令)으로 삼았다. 그로부터 만 1년 동안 바람조차 맵지 않을 정도로 태평시대를 누렸다.

그런데 문왕의 꿈에 어떤 부인이 나타났다. 심히 아름다운 모습이었는데, 길을 가로막고 우는 것이었다. 문왕이 그 연유를 묻자 이렇게 설명하였다.

「나는 태산신(泰山神)의 딸로서, 동해신(東海神)의 며느리로 시집을 갔습니다. 친정으로 가는 길이었는데, 지금 관단령께서 길을 막고 있습니다. 그가덕이 있어 나의 갈 길을 방해하는 것입니다. 내가 움직이면 반드시 큰바람과 폭우가 나를 따르게 됩니다. 그렇게 대풍질우(大風疾雨)가 나타나면, 그 관단령의 덕을 손상시키게 되는 것입니다.」

문왕이 깨어나서 태공을 불러 물었다. 그러자 그날 과연 질풍폭우가 태공이 다스리는 읍의 교외를 지나갔다는 것이었다.

문왕은 이에 태공을 대사마(大司馬)로 삼았다.

· 관단령(灌壇令): 관단(灌壇)은 주(周)나라의 어떤 작은 읍(邑) 이름으로 여겨진다. 령(令)은 읍재(邑宰).
· 대사마(大司馬): 주(周)나라 때 관직으로 육경(六卿)의 하나. 군사(軍事) 책임자.

호모반(胡母班)의 자는 계우(季友)이며, 태산(泰山) 사람이다. 그가 일찍이 태산 곁을 지나게 되었는데, 갑자기 숲속에서 진홍색 옷을 입은 기사(騎士) 하나가 나타나더니 그를 불러세우며 이렇게 말하는 것이었다.

「태산부군(泰山府君)께서 부르십니다.」

호모반이 놀라 머뭇거리며 대답을 하지 못하자, 다시 또 다른 기사가 나타나 그를 불렀다. 이리하여 드디어 그를 따라 수십 보를 갔더니, 그 기사가 호모반에게 잠깐만 눈을 감으라는 것이었다.

잠시 후 그가 눈을 떠보니 눈 앞에 궁실이 나타났는데, 그 위의(威儀)가 심히 장엄하였다. 호모반이 궁궐로 들어가 배알(拜謁)하자, 주인이 음식을 차려 놓고 이렇게 말하였다.

「내 그대를 뵙자고 한 것은 다른 게 아닙니다. 편지 한 통을 내 사위에게 전해 달라는 부탁을 드리기 위한 것입니다.」

이에 호모반이 물었다.

「당신의 딸은 어디에 있습니까?」

「내 딸은 하백(河伯)의 며느리입니다.」

그러자 호모반이 다시 물었다.

「당장 그 편지를 받아가겠습니다. 그러나 어떤 방법으로 그곳

엘 갈 수 있습니까?」

태산신은 이렇게 설명하였다.

「그대가 황하의 중류에 이르거든 배를 두드리며 청의(靑衣)를 부르십시오. 그러면 편지를 받을 자가 나타날 것입니다.」

호모반은 이에 인사를 하고 그곳을 나왔다. 지난번 그 기사가 눈을 감으라고 하였던 그곳이었다. 잠시 후 눈을 떠보니, 옛날 자신이 걷던 바로 그 길 그대로의 모습이 눈앞에 펼쳐져 있었다.

그는 드디어 서쪽으로 가서, 태산신이 일러 준 대로 청의를 불렀다. 잠시 후, 과연 한 비녀가 나타나 편지를 받아들고 물속으로 사라졌다. 그리고 얼마 후 그 비녀가 다시 나와서 이렇게 말하였다.

「하백께서 그대를 잠깐 뵙고자 합니다.」

그리고는 그 비녀 역시 그에게 눈을 감으라고 하였다. 그리하여 드디어 하백을 배알하게 되었다. 하백은 크게 주식(酒食)을 차려 놓고 정다운 말로 그를 접대해 주었다. 떠날 때가 되자, 하백은 호모반에게 이렇게 말하였다.

「먼길에 편지를 전해 주신 그대에게 감사드립니다. 예물로 드릴 마땅한 물건이 없군요.」

그리고는 좌우에게 이렇게 명하였다.

「내 청사리(靑絲履)를 가져오너라.」

그리고는 그 청사리를 호모반에게 주었다. 이에 호모반이 나오면서 눈을 감았다가 다시 뜨니, 어느새 타고 왔던 배에 올라와 있는 것이었다.

그뒤 호모반은 장안(長安)에서 1년을 머물다가, 고향으로 돌아오는 길에 다시 옛날의 그곳 태산 곁을 지나게 되었다. 감히 몰래 그곳을 지날 수가 없다고 여겨, 옛날의 그 나무를 두드리며 자기의 이름을 밝혔다.

「장안으로부터 돌아오는 길입니다. 소식을 전해 드리고자 합니다.」

잠시 후, 옛날의 그 기사가 나타나서 호모반을 지난번과 같은 방법으로 인도하여 데리고 들어갔다. 편지를 전해 준 답례로서 태산부군은 이렇게 말하였다.

「마땅히 다른 방법으로 보답하겠습니다.」

서로 인사말이 끝나고 그가 뒷간엘 갔더니, 갑자기 자신의 돌아가신 아버지가 그곳에서 형구(刑具)에 묶인 채 노역을 하고 있는 것이었다. 그리고 그런 형벌을 받는 무리가 수백 인이나 되었다. 이에 호모반이 아버지에게 달려가 절을 하고 눈물을 흘리며 물었다.

「아버님께서 어인 일로 이 지경에 이르신 것입니까?」

그러자 아버지가 이렇게 호소하였다.

「나는 죽은 후에 이렇게 불행해졌다. 견책을 받은 것이 3년인데, 지금 이미 2년이 경과하였다. 고통스러워도 어디 피할 곳이 없구나. 내가 알기로 너는 지금 이 명부(明府)에게 인정받고 있으니, 나를 위해 진정해 주려무나. 이 노역을 면하고, 토지신(社公)이 되었으면 하고 바랄 뿐이다.」

호모반은 아버지의 말대로 태산부군에게 머리를 조아리며 애걸하였다. 그러자 태산부군이 이렇게 거절하였다.

「산 자와 죽은 자는 그 길이 달라 서로 가까이할 수가 없습니다. 내 자신도 그 애석함을 모르는 바 아니오.」

그래도 호모반은 간절히 애걸하여, 결국 허락을 얻어내었다. 그리하여 이별을 고하고 집으로 돌아왔다.

그로부터 1여 년이 흐른 후, 집안의 아이들이 하나씩 둘씩 죽어가 거의 다 잃게 될 지경에 이르렀다. 호모반은 두렵고 무서워, 다시 태산부군을 찾아가려고 나무를 두드려 알현을 요구하였다.

그러자 역시 지난날의 기사가 나타나 그를 영접하여 태산부군을 만나게 되었다. 호모반이 이에 친히 애걸하고 나섰다.

「지난번의 제 말은 참으로 엉뚱하고 졸속하였습니다. 집에 돌아갔더니 아이들이 거의 다 죽어 살아남은 이가 없을 지경입니다. 지금의 이 재앙이 끝날 것 같지 않아 두려움 끝에 급히 달려와 아뢰옵니다. 애처롭게 여기셔서 구원하여 주십시오.」

이에 태산부군이 손뼉을 치며 크게 웃고 나서 이렇게 말하였다.

「지난번 내가 그대에게『산 자와 죽은 자는 그 길이 달라 서로 가까이할 수가 없다』고 말하였지요. 그 까닭입니다.」

그리고는 즉시 호모반의 아버지를 불러오라고 명하였다. 잠시 후, 그의 아버지가 뜰에 이르자 물었다.

「지난번 고향으로 돌아가 토지신이 되고 싶다고 한 것은, 틀림없이 그 집 문호에 복을 만들어 주고자 한 일이었을 텐데 손자와 자식을 이렇듯 남김없이 죽이고 있으니 어찌된 일입니까?」

그러자 그 아버지가 이렇게 답변하였다.

「너무 오랫동안 고향과 이별해 있었던지라 즐거운 마음으로 고향에 돌아갔지요. 게다가 제게 바쳐 주는 음식과 술도 충족했습니다. 그런데 여러 손자들이 보고 싶은 마음에 그만 그들을 부르고 말았던 것입니다.」

이에 태산부군은 그 아버지를 소환하고, 다른 이를 그 토지신으로 대신 보냈다. 그 아버지는 울면서 나갔다. 호모반은 드디어 다시 집으로 돌아왔고, 그뒤로는 그 아이들 중 누구에게도 재앙이 미치지 않았다.

· 청의(靑衣) : 한(漢) 이후에 푸른색 옷은 심부름꾼, 노복(奴僕)을 뜻한다.
· 명부(明府) : 부군(府君)과 같다. 명부군(明府君)이라고도 한다.
· 사공(社公) : 토지신(土地神).

송(宋)나라 때, 홍농(弘農)의 풍이(馮夷)는 화음현(華陰縣) 동향(潼鄕)의 제수(隄首) 사람이다. 그는 8월 상순 경일(庚日)에 하수(河水)를 건너다가 그만 물에 빠져죽고 말았다.

그러자 천제(天帝)가 그를 하백(河伯)으로 삼았다.

또 《오행서(五行書)》에는 이렇게 기록되어 있다.

『하백은 경진일(庚辰日)에 죽었다. 이날은 배를 타고 멀리 나가면 안 된다. 그렇게 하면 물에 빠져죽어 돌아오지 못하게 된다.』

오군(吳郡)의 여항현(餘杭縣) 남쪽에 상호(上湖)가 있었고, 그 호수 가운데에는 언덕이 마련되어 있었다.

어떤 이가 말을 타고 와서 연극을 구경한 후, 친구 서너 사람과 잡촌(岑村)에 이르러 술을 마시다가 취하여 저녁 무렵이 되어서야 집으로 돌아가는 길이었다.

그런데 그가 때마침 날씨가 무더운지라 말에서 내려 그 호수로 들어가 돌을 베고 누웠다가 그만 잠이 들어 버렸다. 게다가 공교롭게도 그 말이 고삐를 끊고 혼자 집으로 내닫아, 그와 함께 갔던 자들이 모두 그 말을 뒤쫓느라 저녁이 되도록 그가 있는 호수로 되돌아오지 못하였다. 그가 잠에서 깨어나 보니 날은 이미 포시(晡時)로 어둠이 깔렸고, 친구와 말도 보이지 않는 것이었다.

그때 한 여인이 다가왔다. 나이는 16,7세쯤 되어 보였는데, 그녀가 이렇게 말을 붙여왔다.

「여랑(女郞)이 재배하옵니다. 날이 이미 기울어 저녁 때가 다 되었습니다. 이곳은 크게 무서워할 곳인데, 그대는 어떻게 할 작정이신지요?」

그러자 그가 물었다.

「아가씨의 성은 무엇이오? 어찌 갑자기 나타나 그런 말을 들려주는 것이오?」

그리고 그 여인의 뒤에 다시 한 소년이 있었는데, 나이는 13,4세 가량에 대단히 똑똑해 보이는 인물이었다. 소년은 새로 만든 수레를 타고 있었고, 그 수레 뒤에는 다시 20여 인의 시종이 따르고 있었다. 그 수레가 가까이 이르자, 소년이 오르라고 부르면서 이렇게 말하였다.

「대인께서 잠깐 그대를 뵙고자 합니다.」

그리고는 수레에 태워 함께 어디론가 돌아가게 되었다. 가는 도중에 보니 길 양쪽에 횃불이 끝없이 이어져 있었으며, 멀리 성곽과 읍성이 보였다. 그 성 안으로 들어서서 관청의 청사에 오르자 깃발이 보였는데, 〈하백신(河伯信)〉이라 씌어 있었다.

잠시 후, 한 사람이 나타났다. 나이는 서른 정도였으며, 얼굴색이 마치 그림 같았다. 그를 호위하는 자들 또한 심히 많았다. 그는 마주하여 기쁨의 인사를 건네더니 술과 안주를 차리도록 명한 후, 이렇게 입을 여는 것이었다.

「내게 어린 딸이 하나 있습니다. 자못 총명하지요. 그대의 기추(箕箒, 아내)로 삼아 드리고 싶습니다.」

이 말에 그는 이가 곧 신이라 깨달았으며, 또한 감히 거역할 수 없다는 것을 알았다. 그리하여 결국 서둘러 혼인 준비를 하도록 명하였고, 그 딸에게도 그와 혼인하도록 명하였다.

이에 그 임무를 맡은 자가 이미 모든 것이 준비되었노라고 아뢰었고, 드디어 사포단의(絲布單衣)·사겹(絲裌)·견군(絹裙)·사삼곤(絲衫褌)·신발 등이 준비되었다. 모두가 훌륭하고 좋은 것이었다. 다시 그에게 소리(小吏) 10인. 청의(靑衣) 수십 인이 주어졌다. 신부는 나이가 18,9세 정도로 그 자태와 용모가 참으로 아름다웠다.

이렇게 혼인이 성사되고 사흘 동안 큰 잔치가 벌어졌으며, 손님들이 그 각(閣)에 나타나 배례하는 등의 행사가 이어졌다. 그리고 나흘째 되던 날, 하백이 이렇게 명하였다.

「혼례 행사가 다 끝났습니다. 이제 떠나야 할 때가 되었습니다.」

그의 아내가 된 신부는 황금 항아리와 사향 주머니를 남편에게 선물로 주며 이별을 고하고, 울면서 헤어졌다. 그리고 다시 돈 10만과 약방(藥方) 3권을 주면서 이렇게 부탁하였다.

「이것으로 그 공덕을 널리 펼 수 있을 것입니다.」

그리고 다시 이렇게 약속하였다.

「10년마다 한 번씩 서로 만날 수 있을 것입니다.」

이리하여 그는 집으로 돌아온 후, 끝내 다른 사람과 다시 결혼하려 들지 아니하였다. 그리고 부모조차 이별하고 출가(出家)하여 도인(道人)이 되었다.

그가 가져온 약방 3권은 하나는 맥경(脈經), 하나는 탕방(湯方), 하나는 환방(丸方)이었다. 그는 온갖 곳을 떠돌며 구료(救療)를 폈는데, 모두가 신기한 효험이 있었다. 뒤에 그 어머니가 늙고 형마저 죽어 어머니를 봉양할 수 없게 되자, 할 수 없이 집으로 돌아와 결혼도 하고 벼슬도 하였다고 한다.

・포시(晡時) : 신시(申時). 오후 해질녘.

・하백신(河伯信) : 하백(河伯)의 사자(使者)라는 시표(侍標). 신부(信符).

・기추(箕箒) : 쓰레받기와 비. 처첩(妻妾)이 되어 남편을 섬김. 아내를 뜻한다.

・사겹(絲袷) : 사포(絲布)로 짠 협의(夾衣).

・약방(藥方) : 처방방법(處方方法)을 기록한 책(冊).

・출가(出家) : 불교(佛敎)나 도가(道家)에서 구도(求道)를 위해 집을 떠남.

・구료(救療) : 가난하여 병을 치료할 힘이 없는 병든 사람을 구원하여 치료해 줌.

진시황(秦始皇) 36년, 사자(使者) 정용(鄭容)이 함곡관(函谷關) 동쪽으로부터 다가와 장차 함곡관으로 들어서려던 길이었다. 그가 서쪽으로 화음(華陰)에 이르러 멀리 바라보니, 흰 수레에 백마가 화산(華山)으로부터 내려오는 것이었다.

이에 정용은 그것이 사람이 아니라고 의심하면서 길을 막고 멈추어 서서 그들이 오기를 기다렸다. 마침내 그들이 다가와서는 정용에게 먼저 이렇게 물었다.

「어디로 가는 길입니까?」

「함양(咸陽)으로 가는 길이오.」

정용의 이 대답에 수레에 타고 있던 이가 이런 부탁을 하였다.

「나는 화산신(華山神)의 사자입니다. 원컨대 호지군(鎬池君)이 있는 곳에 편지 한 통 전해 주십사고 부탁드립니다. 그대가 함양으로 가는 길이라니, 당연히 호지(鎬池)를 경과하게 되겠지요. 그곳에 가면 커다란 가래나무 한 그루가 있을 것입니다. 그 아래에 문석(文石)이 하나 있는데, 이 돌로 그 나무를 두드리면 틀림없이 응답하는 자가 나타날 것입니다. 그에게 이 편지를 전해 주면 되는 것입니다.」

정용이 그의 말대로 그곳에 이르러 돌로 가래나무를 두드리자, 과연 어떤 사람이 와서 그 편지를 받아갔다.

그 이듬해 조룡(祖龍)이 죽었다.

· 문석(文石): 빛 또는 무늬가 화려한 돌.
· 조룡(祖龍): 진시황(秦始皇)을 가리킨다.

장박(張璞)의 자는 공직(公直)이며, 어느곳 출신인지는 알 수 없다.

오군태수(吳郡太守)였던 그가, 조정의 부름을 받고 서울로 향하던 길에 여산(廬山)을 지나게 되었다. 함께 데리고 가던 그의 자녀들이 여산의 사당을 구경하러 들어갔을 때, 비녀(婢女)가 손가락으로 그곳 신상(神像)을 가리키며 장박의 딸에게 이런 농담을 하였다.

「저 사람을 너의 배필로 삼겠다.」

그날 밤 장박의 아내가 꿈을 꾸었는데, 그 꿈속에 여군(廬君)이 나타나 빙례(聘禮)를 보내면서 이렇게 말하였다.

「비천한 아들이기에 불초합니다. 그런데도 채택함을 내려 주시니 참으로고맙습니다. 미의(微意)를 올립니다.」

장박의 아내가 깨어나 이를 괴이하게 생각하였다.

이에 비녀가 사실을 이야기하자, 그 아내가 심히 두려워 남편

장박에게 급히 떠날 것을 재촉하였다.

그러나 그들의 배가 강 가운데에 이르자 더 이상 나아가지 않는 것이었다. 이에 배 안에 있는 사람들이 모두 두려움에 떨며 물에다가 이런저런 물건까지 제물로 던져 보았다. 그런데도 배는 더 이상 나아가지 않는 것이었다.

그때 어떤 이가 이렇게 제안하였다.

「여자를 제물로 던지면 배가 나아갈 것입니다.」

그러자 모두가 웅성거렸다.

「신의 뜻이 무엇인지는 이미 다 알려져 있습니다. 딸 하나 살리려다 그 집안이 모두 망한다면 어찌되겠습니까?」

장박은 어쩔 수가 없었다.

「내 차마 눈 뜨고 볼 수 없구나.」

그리고는 배의 지붕 비려(飛廬)에 올라 누워 버리면서, 대신 그 아내에게 딸을 물에다 던지라고 하였다. 이에 그 아내가 꾀를 내어, 이미 죽은 장박 형님의 외딸을 자신의 딸 대신 내세웠다. 그리하여 물 위에 자리를 띄우고, 조카딸을 그 자리 위에 앉혔다. 그러자 배가 앞으로 나아가기 시작하였다.

나중에 장박이 내려와 자신의 딸이 멀쩡히 있는 것을 보고 노하여 이렇게 탄식하였다.

「내 무슨 면목으로 세상을 대하고 산단 말인가!」

그리고는 다시 자신의 딸을 물속으로 던져 버렸다. 이리하여 강을 거의 다 건너오면서 멀리 바라보니, 그 두 딸들이 강둑에서 기다리고 있는 것이었다.

그때 어떤 관리 하나가 강 언덕에 서 있다가 이렇게 말하였다.

「나는 여군의 주부(主簿)입니다. 여군께서 그대를 고맙게 여기고 있습니다. 귀신이 그대 인간의 딸과 배필이 될 수 없다는 것

또한 당연히 알고 있습니다. 게다가 그대의 의리를 공경하고 있습니다. 그래서 그대의 두 딸을 모두 되돌려보낸 것입니다.」

뒤에 그 딸들에게 물어보았더니 이렇게 설명하였다.

「다만 멋진 집과 이졸(吏卒)들만 보였어요. 그곳이 물속인 줄은 몰랐어요.」

· 빙례(聘禮): 물품을 보내는 예법. 혼인의 예식.
· 미의(微意): 미충(微衷). 〈변변치 못한 작은 속뜻〉이라는 뜻으로, 물품
  을 남에게 선사할 때 쓰는 말.
· 비려(飛廬): 배 위에 설치한 정루(頂樓).
· 주부(主簿): 관직 이름.

건강(建康)의 작은 벼슬아치 조저(曹著)가 여산신(廬山神)이 보낸 사자를 따라가서는, 그 산신의 딸인 완(婉)을 배필로 맞아들이게 되었다.

그러나 조저는 몸과 뜻이 모두 불안하여 되돌아가게 해달라고 누누이 간청하였다.

이에 완(婉)이 슬퍼서 눈물을 흘리고는, 글을 지어 그 이별을 노래하였다. 아울러 직성금(織成錦)으로 짠 곤삼(褌衫)을 선물하였다.

· 곤삼(褌衫): 잠방이와 적삼.

궁정호(宮亭湖)에 고석묘(孤石廟)가 있었다. 일찍이 어떤 상인(商人)이 도성(都城)으로 가는 길에 그 사당을 지나다가, 그 아래에서 두 여자를

만나게 되었는데 이런 부탁을 하는 것이었다.

「비단신 두 켤레만 사다 주시면, 후한 보답을 해드리겠습니다.」

이에 그 상인이 도성에 이르러 좋은 비단신과 아울러 그 상자까지 사서 담았다. 그리고 자신에게 필요한 서도(書刀)도 사서, 역시 그 상자에 함께 담아 고석묘로 되돌아왔다. 그리고는 무심결에 그 상자와 향을 사당에 놓고 그냥 떠나 버렸다. 서도를 가져가야 한다는 것을 깜빡 잊었던 것이다.

배는 이미 하수(河水)의 중류에 이르러 되돌아갈 수도 없었다. 그때 갑자기 잉어 한 마리가 배 안으로 튀어오르는 것이었다.

이에 잉어의 배를 갈라 보니, 그 안에 서도가 들어 있었다.

• 서도(書刀): 고대 죽(竹)·목간(木簡)에 글씨를 새길 때 쓰는 칼.

남주(南州)의 어떤 이가 관리로 하여금 무소의 뿔로 만든 좋은 비녀를 손권(孫權)에게 헌상토록 하였다. 그의 배가 마침 궁정묘(宮亭廟)를 지나자 그 관리가 사당에 내려 영험한 보살핌을 빌게 되었는데, 그 사당의 신이 갑자기 이런 명령을 내리는 것이었다.

「나는 네가 가지고 있는 그 무소의 뿔로 만든 비녀가 필요하다.」

관리는 심히 두려웠으나, 그 요구에 감히 응할 수가 없었다.

그런데 눈 깜짝할 사이에 무소의 뿔로 만든 비녀가 이미 그 제단에 진열되어 있는 것이었다. 그리고 사당신은 다시 이렇게 명하였다.

「네가 석두성(石頭城)에 도달할 때에 이 비녀를 되돌려 주겠다.」

관리는 어쩔 수 없이 길을 떠났다. 스스로 헤아려 보건대, 그 비녀를 잃었으니 이는 죽을죄를 진 것이었다.

그가 석두에 도달하자 갑자기 큰 잉어가 나타났는데, 길이가 3척(尺)이나 되었다. 그 잉어가 배 안으로 튀어올라 배를 갈라보았더니, 그 속에 비녀가 들어 있는 것이었다.

・궁정묘(宮亭廟): 팽려호(彭蠡湖)의 사당(祠堂).
・석두성(石頭城): 건안(建安) 17년(212) 손권(孫權)이 수축한 성(城). 지금의 남경성(南京城) 서쪽 청량산(清凉山)에 있다.

곽박(郭璞)이 강(江)을 건너오자, 선성태수(宣城太守) 은우(殷祐)가 그를 영접하여 참군(參軍)으로 삼았다.

그때 그곳에 어떤 동물 하나가 출현하였는데 크기는 물소만하고, 회색(灰色)에 짧은 다리로 그 다리가 마치 코끼리 비슷하였으며, 가슴 앞과 꼬리 부분은 모두가 흰색이었고, 힘은 대단하였으나 행동은 느렸다. 그러한 동물이 선성 아래 나타나자, 많은 사람들이 이를 괴이한 일로 여기고 있었다.

이에 은우는 사람을 매복 대기시켜 이를 잡아들인 후, 곽박으로 하여금 점을 쳐보도록 하였다.

곽박이 점을 쳐서 돈괘(遯卦)의 고(蠱)를 얻게 되었다. 이 동물의 이름은 〈여서(驢鼠)〉였다.

점이 끝났을 때, 매복 대기하였다가 잡아온 자가 이를 찔러 보았더니 한 자가 넘는 깊이로 들어가는 것이었다. 이에 그 군(郡)의 관리〔綱紀〕들이 이를 사당으로 보내어 죽이자고 청하였다.

그러자 무당이 이렇게 만류하였다.

「사당의 신께서 즐거워하지 않으십니다. 이는 공정(邦亭)의 여산군(廬山君)이 보낸 사자입니다. 형산(荊山)으로 가는 길에 잠시 우리 고을을 지나게 된 것입니다. 이를 괴롭혀서는 안 됩니다.」

이리하여 드디어 풀어 주었더니 다시는 나타나지 아니하였다.

· 참군(參軍): 관직 이름. 군부(郡府)의 막료.
· 여서(驢鼠): 전설 속의 이수(異獸).
· 강기(綱紀): 주군(州郡)의 좌리(佐吏). 주부(主簿)와 비슷하다.
· 여산군(廬山君): 여산신(廬山神).

여릉(廬陵)의 구명(歐明)은 행상을 하는 떠돌이 장사꾼이었는데, 늘 팽택호(彭澤湖)를 지나다녔다. 그때마다 그는 배 안에 있는 물건들을 얼마간 호수에 던지면서 이렇게 말하였다.

「이것으로 예물을 삼습니다.」

수년 후, 그가 다시 팽택호를 지나게 되었을 때 갑자기 호수 가운데 큰길이 나타났다. 그리고 그 길에 바람과 먼지까지 흩날리더니, 몇 명의 관리가 수레를 타고 다가와 구명을 기다리며 이렇게 말하는 것이었다.

「청홍군(靑洪君)께서 그대를 맞이해 오라 하셨습니다.」

잠깐 사이 그곳에 도달해 보니 부사(府舍)가 눈앞에 나타났으며, 그 문 아래에는 이졸(吏卒)들이 늘어서 있었다. 구명은 심히 두려웠다.

그러자 관리가 이렇게 일러 주었다.

「두려워 마십시오. 청홍군께서 지난날 그대가 주셨던 예물에 감격하여, 이렇게 그대를 부른 것입니다. 틀림없이 후한 예물을 드릴 것입니다. 그러나 그대는 그것을 받지 마시고, 오직 여원(如願)이라는 시녀만을 요구하십시오.」

구명이 청홍군을 뵙자, 이에 여원을 달라고 요구하였다. 그리하여 청홍군은 여원으로 하여금 구명을 따라가도록 허락하였다. 여원은 청홍군의 비녀(婢女)였다. 구명은 이렇게 여원을 데리고 돌아와 그 원하는 바는 무엇이든지 얻을 수가 있었다. 몇 년 만에 그는 큰 부자가 되었다.

• 청홍군(靑洪君): 팽택호(彭澤湖)의 호신(湖神).
• 여원(如願): 호신(湖神)의 시녀 이름. 원하는 대로 된다는 뜻의 이름.

익주(益州)의 서쪽, 운남(雲南)의 동쪽에 신사(神祠)가 하나 있었다. 그 사당은 산에 있는 돌을 파서 방을 만들었으며, 그 아래에 어떤 신이 있어 그 사당을 봉사(奉祠)하고 있었는데 그 스스로를 황공(黃公)이라 칭하였다.

그의 말을 빌리면, 그가 받드는 신은 장량(張良)이 병서를 받은 황석공(黃石公)의 영험함을 믿고 모시므로 청정(淸淨)하게 하며 희생(犧牲)을 죽이는 일이 없다고 하였다.

그러므로 기도하는 많은 이들은 그저 1백 장의 종이와 붓 두 자루, 먹 한 자루를 그 석실(石室)에 진열해 놓고 나아가 빌면 된다고 하였다.

그리고 나면 먼저 석실에서 어떤 소리가 들리고, 잠시 후 찾아온 자의 소원을 묻는다. 말을 마치고 나면 곧바로 길흉을 가르쳐 주되, 말해 주는 신의 형상은 보이지 않는다. 지금까지도 이와 같다.

· 신사(神祠): 신령(神靈)을 모셔 놓고 위하는 사당(祠堂).

영가(永嘉) 연간에 어떤 신이 연주(兗州)에 나타나서 그 스스로를 번도기(樊道基)라 칭하였다.

그에게는 늙은 부인이 있었는데, 성부인(成夫人)이라 불렀다. 그 부인은 음악을 좋아하였으며, 공후(箜篌) 연주에 뛰어났었다.

그는 현가(弦歌)를 들으면 즉시 일어나 춤을 추었다.

· 영가(永嘉): 서진(西晉) 회제(懷帝) 사마치(司馬熾)의 연호(年號). 307～313년.
· 현가(弦歌): 현악기(弦樂器)를 타면서 노래함.

패국(沛國)의 대문모(戴文謀)가 양성산(陽城山)에 은거하고 있었다. 그러던 어느 날 사랑에서 식사를 하다가 갑자기 어떤 신이 자신을 부르는 소리를 듣게 되었다.

「나는 천제(天帝)의 사자다. 인간 세상으로 내려가 그대에게 의지하고 싶은데 괜찮겠는가?」

대문모가 깜짝 놀라 당황해하자, 그 신이 다시 물었다.

「그대는 나를 의심하는가?」

이에 대문모는 무릎을 꿇고 이렇게 말하였다.

「집안이 가난하여 내려와 사시기에 족하지 못할 듯싶을 따름입니다.」

그리하여 대문모는 집안을 깨끗이 청소하고 위패를 마련하였다. 그리고 조석으로 음식을 갖다 올리기를 심히 경건히 하였다.

그러던 어느 날 방안에서 그 아내에게 몰래 이 사실을 이야기하게 되었고, 아내는 이렇게 의심스러워하였다.

「이는 아마도 요매(妖魅) 따위가 우리에게 붙은 것이 아닌가 합니다.」

그러자 대문모도 그 속마음을 털어 놓았다.

「나 역시 그렇게 의심이 가오.」

그리고 나서 음식을 올릴 때였다. 신이 이렇게 말하였다.

「내 바야흐로 그대에게 이익을 주려던 참이었는데, 뜻밖에도 그대가 의심을 품고 엉뚱한 의론을 하고 있구나.」

대문모가 잘못을 빌자, 그때 갑자기 사랑에서 마치 수십 인이 불러내는 소리 같은 것이 들렸다. 쫓아나가 보았더니 큰 새 한 마리가 오색 무늬를 띠고 있었고, 흰 비둘기 수십 마리가 그를 둘러싸고 수종하더니 동북쪽의 구름 속으로 사라지는 것이었다. 그리고 다시는 더 보이지 않았다.

· 패국(沛國)：동한(東漢)으로부터 서진(西晉) 사이의 제후국(諸侯國). 안휘성(安徽省)과 강소성(江蘇省) 일대의 일부 지역.

 미축(糜竺)의 자는 자중(子仲)이며, 동해군(東海郡) 구현(朐縣) 사람이다. 대대로 상업에 종사하여 집안의 자산이 거만금(巨萬金)이나 되었다.

그가 어느 날 낙양(洛陽)으로부터 돌아오던 길이었다. 집을 수

십 리 남겨둔 곳에 이르렀을 때, 길가에서 한 아름다운 신부가 그에게 수레를 태워 주기를 요구하였다. 이에 그녀를 태우고 20여 리쯤 이르자, 그 신부가 고마워하며 내려서는 미축에게 이렇게 말하였다.

「나는 천사(天使)입니다. 지금 동해군에 있는 미축의 집을 불태우러 가는 길이었는데, 그대를 만나 이렇게 태워 주시니 참으로 고맙게 생각합니다. 그래서 미리 이 사실을 알려 드리는 것입니다.」

이 사실을 들은 미축이 화를 면하게 해달라고 요청하였다. 그러자 신부가 이렇게 말하였다.

「불이 나지 않게 해드릴 수는 없습니다. 그러니 그대는 어서 급히 달려가십시오. 대신 나는 천천히 가겠습니다. 일중(日中) 때면 틀림없이 불이 날 것입니다.」

이에 미축이 급히 달려와 집에 닿자마자 즉시 재물을 꺼내어 옮겼다. 일중이 되자 과연 큰불이 났다.

· 일중(日中): 정오(正午). 한낮. 낮 12시.

 한(漢)나라 선제(宣帝) 때, 남양(南陽)에 음자방(陰子方)이라는 자가 있었다. 그 성품이 지극히 효성스럽고 남에게 은혜를 쌓고 베풀기를 좋아하였으며, 아궁이신〔竈神〕에게 제사지내기를 즐겼다.

섣달 그믐날 새벽에 일어나 밥을 지으려 할 때, 아궁이신이 자신의 형체를 보여 주자 자방이 재배하며 축복을 빌었다. 그리고 그의 집에 누런 개 한 마리가 있었는데, 이를 잡아 제사까지 지

내 주었다.

그로부터 그의 집은 갑작스럽게 거부(巨富)가 되어 농토가 7백여 경(頃)이나 되었고, 수레와 말·노복이 방국(邦國)의 군주만큼이나 되었다.

자방은 이렇게 말하였다.

「내 자손들은 틀림없이 장차 강대하게 되리라.」

그의 예상대로 3세 음식(陰識) 때에 이르러서는 드디어 번창하게 되었다. 집안에 후(侯)가 넷이요, 목수(牧守)가 수십 인이나 나왔던 것이다.

그래서 그 후대의 자손들은 섣달 그믐날이면 아궁이신에게 제사를 지내면서 누런 개를 제물로 올렸다.

· 경(頃): 중국(中國)의 지적(地積) 단위로 1백 묘(畝).
· 목수(牧守): 주목(州牧)과 군수(郡守)·태수(太守) 등. 지방장관의 높은 직급.

오현(吳縣)의 장성(張成)이 밤에 일어나 보니, 홀연히 한 부인이 그 집 남쪽 귀퉁이에 서 있는 것이었다.

그러더니 그 여인이 손을 들어 장성을 부르면서 이렇게 말하였다.

「여기가 그대의 집 잠실(蠶室)이지요. 내가 바로 이 잠실의 신이랍니다. 내년 정월 보름에 흰죽을 끓여 이곳을 골고루 발라 내게 제사를 지내십시오. 그러면 내 마땅히 그대의 잠상(蠶桑)을 1백 배로 늘려 드리겠습니다.」

그 말을 마치자, 모습 또한 사라져 버렸다. 그뒤 그의 집은 해마다 많은 누에가 생산되었다.

지금 사람들이 만들어 먹는 고미(膏縻)는 이를 모방한 것이다.

· 고미(膏縻): 흰죽.

예장(豫章)에 대씨(戴氏) 성을 지닌 여인이 있었는데, 그 오랜 병이 낫지를 않아 늘 고통을 겪었다. 그러다가 한 작은 돌멩이의 형상이 마치 인형 같은 것을 보고서, 이렇게 말을 건넸다.

「너는 인형 같은 모습을 지녔는데, 혹시 신이 아닌가? 나의 이 오랜 병을 치유해 준다면, 내 장차 그대를 중히 여기리라.」

그날 밤 꿈속에 어떤 이가 나타나 이렇게 고하였다.

「내 장차 그대를 보우(保佑)하리라.」

그후로 그 여인의 병이 차츰 나아갔다. 이에 여인은 산 아래 사당을 세우고, 그 자신은 무당이 되었다. 그래서 그 사당의 이름이 〈대후사(戴侯祠)〉가 된 것이다.

한(漢)나라 양선현(陽羨縣)의 현장(縣長) 유기(劉玘)가 이렇게 말하였다.

「내 죽으면 마땅히 신이 되리라.」

그러던 어느 날 저녁, 술에 취해 그만 아무런 병도 없이 죽고 말았다.

그러더니 이어서 비바람이 몰아쳐 그의 관이 어디론가 사라져

버렸다. 그 밤에 형산(荊山)에서 수천 인이 함성을 지르는 소리가
들렸다. 그곳 주민들이 달려가 보았더니, 그의 관이 그곳에 옮겨
져 이미 무덤까지 만들어져 있는 것이었다.

그래서 그 산의 이름을 〈군산(君山)〉으로 바꾸고, 사당을 세워
제사지내게 되었다.

수 신 기

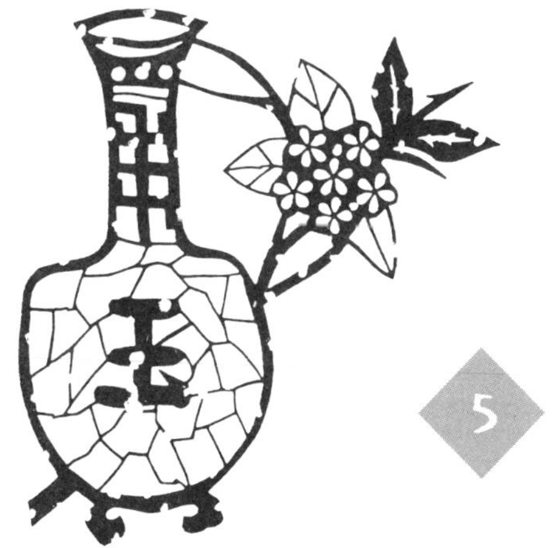

5

장자문(蔣子文)이라는 자는 광릉(廣陵) 사람으로 주색을 좋아하였으며, 광달한 행동에 절도가 없었다. 늘 스스로 이르기를, 자신은 뼈가 맑아 죽으면 틀림없이 신(神)이 될 것이라고 하였다.

한말(漢末) 말릉현(秣陵縣)의 현위(縣尉)가 되어 도적을 잡으러 종산(鍾山) 아래까지 쫓아갔다가, 도리어 그 도적의 공격을 받아 이마에 상처를 입게 되었다. 이에 그는 자신의 인수(印綬)를 풀어 상처를 싸맸지만, 잠시 후 그만 죽고 말았다.

그뒤 오(吳)나라 선주(先主, 孫權)가 들어섰을 때, 장자문의 옛 동료들이 길에서 죽은 장자문을 보았는데 백마를 타고 백우선(白羽扇)을 들었으며, 그를 따르는 시종들이 평소 살아 있을 때와 같았다.

이에 그를 본 자들이 모두 놀라 기겁을 하며 도망치자, 장자문이 그들을 쫓아가며 이렇게 말하였다.

「나는 그대들을 위해 이곳의 토지신이 되어, 너희 낮은 백성들에게 복을주고 있다. 너희들은 백성들에게 이렇게 널리 알려라. 나를 위해 사당을 세우라. 그렇게 하지 않으면 장차 큰 재앙이 내릴 것이다.」

그해 여름 큰 역질(疫疾)이 번지자, 백성들이 서로 무서움에 떨면서 장자문에게 남몰래 제사지내는 일이 자못 많게 되었다.

장자문은 또한 무축(巫祝)의 입을 통해 이렇게 말하였다.

「내 장차 손권을 도와 크게 펼치리니, 마땅히 나를 위해 사당을 세우도록 하라. 그렇지 않으면 장차 벌레들이 사람들의 귀로 들어가는 재앙을 내리리라.」

얼마 후 마치 등에같이 생긴 작은 벌레가 그 귀로 들어가 사람들을 죽게 하였는데, 의원도 이를 고치지 못하는 것이었다. 이에 백성들은 더욱 두려움에 떨었으나, 손권은 이를 믿지 아니하였다.

그러자 장자문이 다시 무축의 입을 빌어 이렇게 말하였다.

「만약 나를 받들어 모시지 않으면, 장차 다시금 큰 화재로 재앙을 일으키리라.」

그해 화재가 크게 일어나 하루에도 수십 곳에 불이 났으며, 나중에는 그 화재가 공실(公室)과 궁중에까지 번졌다. 그리하여 관원들이 서로 의논을 하여, 귀신은 돌아가 어디엔가 붙어 있어야 해악을 끼치지 않으므로 마땅히 그 귀신을 위로해 주어야 한다고 여겼다.

이에 사자를 보내어 장자문을 중도후(中都侯)에 봉하고, 그의 아우 장자서(蔣子緒)를 장수교위(長水校尉)에 임명하여 모두 인수(印綬)를 더해 주었으며, 묘당(廟堂)까지 세워 주었다. 그리고 그가 죽은 곳인 종산(鍾山)도 이름을 바꾸어 〈장산(蔣山)〉이라 불렀다.

지금의 건강(建康) 동북쪽에 있는 장산이 바로 그곳이다. 그로부터 재앙이 그쳤으며, 백성들 또한 그를 크게 받들어 모셨다.

· 인수(印綬): 신분이나 벼슬의 등급을 나타내는 관인(官印)을 몸에 차기 위한 끈.

· 선주(先主): 오(吳)나라 개국군주인 손권(孫權).

· 무축(巫祝): 묘축(廟祝). 축인(祝人). 사묘(祠廟)에서 제사를 주관하는 사람. 귀신(鬼神)의 말을 대신 전하거나 풀이해 주는 사람.

· 중도후(中都侯): 여기서는 신(神)의 직위(職位).

· 장수교위(長水校尉): 장수(長水)는 물 이름. 여기서도 역시 신직(神職)의 허위(虛位).

유적보(劉赤父)라는 자가, 꿈에 장후(蔣侯, 蔣子文)의 부름을 받고 그의 주부(主簿)가 되기로 하였다. 그런데 임명 날짜가 촉급하여, 이에 장자문의 사당에 가서 이렇게 진정하며 빌었다.

「어머니는 늙고 아들은 아직 어려서 사정이 절박합니다. 비옵건대 저를 불쌍히 여기셔서 벗어나게 해주십시오. 회계(會稽)의 위과(魏過)가 재주가 많고 신을 잘 섬기니, 청컨대 위과를 천거하여 저를 대신하도록 하시면 어떨는지요.」

그러면서 머리를 찧어 피가 나도록 애걸하였다.

그러나 묘축(廟祝)의 입을 통해 장자문은 이렇게 말하였다.

「오직 원하는 것은 그대를 굴복시키는 일. 위과가 어떤 인물이기에 네가 이렇게 추천한단 말인가?」

유적보가 끝까지 청하였지만 끝내 허락을 얻어내지 못하였다. 그리고 유적보는 아무 일 없이 얼마 후 죽고 말았다.

함녕(咸寧) 연간에 태상경(太常卿) 한백(韓伯)의 아들 모씨(某氏), 그리고 회계내사(會稽內史) 왕온(王蘊)의 아들 모씨, 광록대부(光祿大夫) 유탐(劉耽)의 아들 모씨가 함께 장산묘(蔣山廟)에 놀이를 갔다.

그곳 사당에 몇 개의 부인상(婦人像)이 모셔져 있었는데, 그 모습이 아주 단정하였다. 그리하여 이들 모두가 술에 취한 채 각자 그 여인상을 손가락질하며 서로 하나씩 배필로 하자고 희롱하며 놀았다.

그런데 그날 밤 세 사람의 꿈에 장후(蔣侯)가 보낸 전교(傳敎)라 하면서 이런 말을 들려 주는 것이었다.

「집안의 딸들이 모두 못생겼는데, 그대들의 영광스런 주목을 받게 되었습니다. 즉시 모일(某日)에 모두 그대들을 맞이하러 갈 것입니다.」

이들은 꿈속에서 가리킨 바가 심상치 않다고 여겨 서로에게 물어보았다. 과연 모두가 그런 꿈을 꾸었으며, 하나같이 내용 또한 똑같았다. 이에 크게 두려워하며 삼생(三牲)을 갖추어 그 사당을 찾아 사죄하며 애걸하였다.

그러자 다시 꿈속에 장후가 직접 내려와 그들에게 이렇게 말하는 것이었다.

「그대들은 이미 내 딸들을 돌아보아 마음을 주었으니, 이는 실제 서로 짝이 되어 만나기를 탐구(貪求)한 것이다. 기한된 날짜가 곧 다가왔는데, 어찌 다시금 바야흐로 도중에 후회하는 것을 용납할 수 있겠는가?」

잠시 시간이 흐른 후, 그들 모두가 죽었다.

· 함녕(咸寧): 진(晉)나라 무제(武帝) 사마염(司馬炎)의 연호(年號). 275~280년.
· 태상(太常): 관직 이름. 구경(九卿)의 하나. 종묘(宗廟) 등의 제사를 맡은 벼슬.
· 광록대부(光祿大夫): 상벌 포폄을 맡은 관직.
· 장산묘(蔣山廟): 장자문(蔣子文)의 사당(祠堂) 앞장 참조.
· 삼생(三牲): 우(牛)·양(羊)·시(豕)를 잡아 제사지내는 일.

 회계군(會稽郡) 무현(鄮縣)의 동쪽 교외에 어떤 여자가 살고 있는데, 그 성은 오씨(吳氏)이며 자는 망자(望子)라 하였다. 나이는 열여섯에, 그 자

태와 용모가 참으로 아름다웠다.

그 고을에 굿 잘하는 이가 있어 이 망자를 초청하니, 망자가 그를 찾아 길을 나서게 되었다. 그리하여 강 언덕을 따라가다가 도중에 홀연히 어떤 귀인(貴人)을 만났는데, 그 단정한 모습이 보통 사람이 아니었다.

그 귀인은 배를 타고 가는 중이었으며, 손으로 힘써 노를 젓고 있는 시종이 10여 인이나 되었다. 그 귀인의 모습은 무척 단정하고 훌륭하였다.

그러한 귀인이 망자에게 물었다.

「어디로 가고자 하는가?」

이에 망자가 사실을 들어 대답하자, 귀인이 이렇게 제의하였다.

「지금 나도 그곳으로 가는 길이니, 어서 이 배를 타고 함께 가자.」

망자는 사양하며, 감히 그럴 수 없노라고 하였다. 그러자 갑자기 그 귀인의 모습이 사라지고 마는 것이었다.

망자가 무당의 집에 이르러 신좌(神座)에 배례하고 쳐다보니, 그는 바로 배에 타고 있던 그 귀인이었다. 엄연하고 단정히 앉은 모습이 바로 장후(蔣侯)의 상(像)이었던 것이다.

그 신상(神像)이 망자에게 물었다.

「어찌 이리 늦었는가?」

그리고는 귤 두 개를 망자에게 던져 주었다.

장후는 자주 그 모습을 드러내었다. 그리하여 드디어 망자와는 깊은 감정이 통하게 되었다. 망자가 마음속에 하고자 하는 바가 있으면, 즉시 공중에서 원하는 물건이 떨어졌다.

한번은 망자가 잉어가 먹고 싶다고 생각하자, 한 쌍의 신선한 잉어가 그의 마음에 딱 맞게 나타나는 것이었다. 그리고 망자의 몸에서 향기가 나기 시작하였으며, 그 향기가 수 리나 퍼져 나갔

다. 게다가 신비한 영험이 있어 그 읍(邑)의 사람들이 모두 그를
받들어 섬겼다.

이렇게 3년이 지나자, 망자에게 갑자기 다른 욕심이 생기게 되
었다. 그러자 신은 즉시 그 왕래를 끊고 말았다.

진군(陳郡)의 사옥(謝玉)이 낭야내사(瑯邪內史)
가 되어 경성(京城)에 머물고 있었는데, 그해 호
환(虎患)이 극심하여 호랑이에게 물려죽은 자가
심히 많았다.

그런데 어떤 이가 작은 배 한 척에 젊은 아내를 싣고서, 큰 칼
하나만을 배에다 꽂은 채 밤에 순찰을 도는 초소(哨所. 邏所)에
이르렀다.

그러자 그 초소의 우두머리가 나와 이렇게 말하였다.

「이곳은 요즈음 많은 잡초가 우거져 있습니다. 그대는 아내를
태우고도 이렇듯 가벼운 차림으로 행동하고 있는데, 그렇게 쉽게
여길 일이 아닙니다. 더 가지 마시고 이곳 초소에서 밤을 보내도
록 하십시오.」

이렇게 서로 묻고 하는 일이 끝나자, 그 순라장(巡邏將)은 돌아
갔다.

그의 아내가 막 언덕을 오르다가 그만 호랑이에게 잡혀가고
말았다. 그 남편은 칼을 빼어들고 소리를 지르며 쫓아갔다. 그런
데 그는 일찍이 장후(蔣侯)를 신봉한 적이 있었던 까닭에, 그 장
후를 부르며 도와 달라고 소리쳤다. 이렇게 10리쯤 내닫자, 갑자
기 검은 옷을 입은 자가 마치 앞에서 인도해 주는 듯하였다. 남
편이 그를 따라 다시 20리를 가니, 그곳에 큰 나무가 한 그루 서

있었다.

이윽고 굴 앞에 이르렀을 때, 그 굴 속의 새끼호랑이들이 바깥의 소리를 듣고 자신들의 어미가 온 줄 알고 모두 기어 나왔다. 남편은 즉시 이들을 죽여 버렸다. 그리고는 다시 칼을 뽑아들고 나무 뒤에 숨어 기다렸다.

한참 후, 그 호랑이가 나타나 자신의 아내를 땅에다 내려 놓은 후, 이를 거꾸로 하여 그 굴 속으로 끌고 들어가는 것이었다.

이에 남편이 칼로 단숨에 그 호랑이의 허리를 쳐서 잘라 버렸다.

이렇게 하여 그 호랑이는 죽고, 아내는 살아났다. 새벽이 되자 그 아내가 정신이 들어 그제서야 말을 할 수 있게 되었다. 남편이 사정을 묻자, 그 아내가 이렇게 설명하였다.

「호랑이가 처음 나를 덮쳐 즉시 그 등에 태우더니, 이곳에 이르러 내려 놓았습니다. 내 사지는 어느 한 곳도 다친 데가 없습니다. 다만 초목에 긁힌 상처가 있을 뿐입니다.」

남편은 아내를 부축하여 그 배로 돌아왔다.

이튿날 밤, 꿈에 어떤 이가 나타나 이렇게 일러 주었다.

「장후께서 너를 돕도록 하였다. 너는 그것을 알고 있는가?」

이에 집으로 돌아와 돼지를 잡아 장후에게 고맙다는 제사를 올렸다.

· 호환(虎患) : 사람이나 가축이 호랑이에게 당하는 재앙.

회남군(淮南郡) 전초현(全椒縣)에 정씨(丁氏) 성의 신부가 있었는데 원래는 단양(丹陽) 정씨의 딸이었으며, 나이는 열여섯으로 전초현의 사씨(謝

氏) 집안에 시집 온 여자였다.

그런데 그 시어머니가 엄하고 혹독하여, 사역을 하는 데 목표량을 정해 놓고 그만큼 해놓지 않으면 매질을 가하여 견뎌낼 수가 없었다.

그리하여 9월 9일, 그만 목을 매어 자결하고 말았다.

그리고 그렇게 죽은 혼령의 음성이 마침내 민간에까지 들리게 되었던 것이다. 그 혼령은 무축(巫祝)의 입을 통해 이렇게 지시하였다.

「남의 집 며느리를 생각해 주어라. 끝없이 일만 하면서 쉬지도 못하는구나. 그들로 하여금 9월 9일은 그 일에서 벗어나도록 하라. 그날만은 일을 시키지 말라.」

그러면서 그 형상을 보여 주기도 하였는데 표의(縹衣)를 입고 푸른 일산(日傘)을 썼으며, 한 여종을 거느리고 있었다.

마침 그 일행은 우저진(牛渚津)에 이르러 강을 건너려던 참이었다. 그때 두 남자가 함께 배를 타고서 고기를 잡고 있었다. 이에 소리를 질러 태워 달라고 하자, 두 남자가 웃으면서 이렇게 농을 하였다.

「내 말을 듣고 내 아내가 되어 주면 당연히 건네 드리지.」

그러자 정희(丁姬)가 이렇게 대답하였다.

「그대들 모두 훌륭한 젊은이라 여겼더니, 아는 바가 없군요. 그대들이 사람이라면 마땅히 진흙 속에 빠져죽게 될 것이요, 귀신이라면 그대들을 물속에 집어넣어 죽게 하리라.」

그리고는 물러서서 강가의 풀 속으로 들어가 버렸다.

잠시 후 어떤 노인이 배에 갈대를 잔뜩 싣고 지나가자, 정희가 그를 불러 강을 건네 달라고 부탁하였다.

그러자 노인이 이렇게 말하였다.

「배에 지붕이 없습니다. 어찌 노천(露天)으로 태울 수 있겠습니까? 아마도 태워 드리기에 적당치 않을 듯합니다.」

이에 정희가 「괜찮습니다」라고 하자, 그 노인은 실었던 갈대를 반쯤 치우고 배 안에 편안한 자리를 마련해 주었다. 그녀는 강을 건너 남쪽 기슭에 이르러 떠나면서 노인에게 이렇게 일러 주었다.

「나는 본래 귀신이며, 사람이 아닙니다. 내 스스로 건널 수도 있지만, 마땅히 민간 사람들로 하여금 나에 대해 조금이라도 알게 하려고 그리하였던 것입니다. 노인께서 이렇듯 후의(厚意)를 품고 싣고 오던 갈대까지 치우면서 나를 건네 주니 부끄럽고 고마운 마음 그지없습니다. 마땅히 걸맞는 감사의 뜻을 드리겠습니다. 지금 만약 노인께서 급히 되돌아가 보시면 반드시 무엇인가를 발견하게 될 것이며, 아울러 마땅히 생기는 것도 있을 것입니다.」

그러자 노인은 이렇게 사양하였다.

「뜨거운 햇볕에 덥고 습한 것조차 제대로 해결해 드리지 못한 것만도 부끄러운데, 어찌 감히 감사의 은혜를 입겠습니까?」

그리고 노인이 되돌아서 서쪽 강가에 이르러 보니, 두 남자가 물속에 거꾸로 엎어져 있었다. 다시 몇 리를 가자, 물고기 1천여 마리가 물가로 튀어 나왔다. 바람이 그 물고기를 몰아 언덕으로 불어올렸던 것이다. 그리하여 노인은 싣고 오던 갈대를 모두 버리고, 대신 그 물고기를 싣고 돌아왔다.

이렇게 하여 정희는 드디어 단양으로 다시 되돌아왔다. 강남(江南) 사람들은 모두 그를 정고(丁姑)라 불렀으며, 매년 9월 9일에는 어떤 일도 하지 않고 쉬는 날로 삼았다. 지금도 그곳에서는 그에게 제사를 올리고 있다.

· 신부(新婦): 위진시대(魏晉時代)에는 기혼녀를 신부라 불렀다.

· 표의(縹衣): 옥색의 옷.
· 우저진(牛渚津): 장강(長江)의 유명한 나루. 지금의 안휘성(安徽省) 복
　도현(當塗縣) 우저산(牛渚山) 아래에 있다.

산기시랑(散騎侍郎) 왕우(王祐)가 병으로 인한
고통이 심해지자, 그 어머니와 이별하고 떠나려
하였다.

그런데 얼마 후 어떤 이가 이렇게 통보해 왔다.

「어느 군(郡) 어느 동네에 사는 모씨(某氏)라는 이가 있습니다.」

그는 일찍이 별가(別駕) 벼슬을 지냈던 인물로서, 왕우 역시 그
의 훌륭한 성(姓)과 자(字)를 들어 알고 있던 터였다.

잠시 후, 갑자기 바로 그가 찾아와서 이렇게 말하였다.

「그대와 나는 같은 선비의 무리로서 서로 연분이 있습니다. 게
다가 같은 고향으로 감정 또한 서로 통하는 사이입니다.

지금 국가에 큰일이 생겨 세 장군을 파견하였으며, 가는 곳마
다 사람을 징발하느라 정신이 없습니다. 우리 10여 인은 조공명
(趙公明) 군부(軍府)의 참좌(參佐)입니다. 창졸간 이런 지경에 처
하여, 그대의 높은 위치와 덕망을 보고 이에 그대에게 의지하고
자 합니다. 그대와 함께 하게 된다면, 그 큰 힘은 말로 할 수 없
을 정도가 될 것입니다.」

이에 왕우는 그들이 귀신이라는 것을 알고 이렇게 허락하였다.

「저는 불행하게도 병이 깊어 아침 저녁 언제 죽을지 모르는 운
명입니다. 다행히 그대를 만났으니, 내 생명을 그대에게 의탁하여
빕니다.」

그러자 그가 이렇게 말하였다.

「사람은 나서 반드시 죽게 되어 있습니다. 이는 어쩔 수 없는 필연의 사실입니다. 그리고 죽은 자는 살아 있을 때의 귀천에 얽매이지 아니합니다. 내 지금 군사 3천이 있으니, 이를 그대가 통솔하여 주십시오. 만약 그대가 이를 허락한다면, 이 명부(名簿)를 그대에게 넘겨 주겠습니다. 이런 기회를 얻기란 그렇게 쉽지 않습니다. 사양하지 말아 주십시오.」

이에 왕우가 다시 말하였다.

「제게는 연로하신 노모가 계시며, 형제 또한 없습니다. 하루 아침에 제가 죽고 없어지면 어머니를 봉양할 자가 없습니다.」

이렇게 말해 놓고, 왕우는 북받치는 울음을 이겨내지 못하였다. 그러자 그가 이를 창연(愴然)히 여기며 이렇게 달래었다.

「그대는 지위가 항상 방백(邦伯)에 이르렀으면서도 그 집안에 남겨둔 재산이 없구료. 방금 듣기로 존부인(尊夫人)과 이별하겠다던 그 말소리가 참으로 애절하기 그지없었습니다. 그런 것을 보면 그대는 이 나라의 국사(國士)인데, 어찌 그대로 죽게 내버려 둘 수 있겠습니까? 내 마땅히 그대를 위해 애써 보겠습니다.」

그리고 일어나 떠나면서 이렇게 일러 주었다.

「내일 다시 오겠습니다.」

그 다음날 그가 다시 오자, 왕우가 말하였다.

「그대가 나를 살려 주겠노라고 하였는데, 정말 그런 은혜를 베풀 수 있습니까?」

그가 대답하였다.

「내가 이미 허락하였는데, 그대를 속이기야 하겠습니까!」

그리고 보니 그를 따르는 자가 수백 인이나 되었는데 모두 키가 겨우 2척 정도에 지나지 않았으며, 검은색 군복을 입었고, 붉은색 기름으로 군장의 표지(標誌)를 쓴 것이었다.

이에 왕우는 집에서 북을 치며 기도의 제사를 지냈다. 여러 귀신들이 북소리를 듣자, 모두가 그 박자에 맞추어 일어나 춤을 추었는데 휘날리는 소매에서 사각사각 소리가 났다. 왕우가 다시 주식(酒食)을 차리려 하자, 그들이「그럴 필요 없다」하며 일어나 모두 떠나면서 왕우에게 이렇게 일러 주었다.

「그대의 몸에 있는 병은 마치 불과 같은 것이니, 마땅히 물로 이를 꺼서 없애면 될 것입니다.」

그리고 나서 물 한 잔을 떠다가 이불을 걷고 그 속에 뿌려 주었다. 그리고는 다시 이렇게 일러 주었다.

「그대를 위해 붉은 붓 10여 자루를 남겨두고 갑니다. 이를 자리 밑에 두었다가 남에게 나누어 주어 비녀로 쓰도록 하십시오. 그러면 어떤 출입에도 재앙을 물리칠 수 있으며, 하는 일마다 모두 탈이 없을 것입니다.」

그리고 또 이렇게 설명하였다.

「왕갑이을(王甲李乙) 모두 내가 잘 사귀어 두었습니다.」

그리고는 왕우의 손을 잡고 이별을 고하였다.

때마침 왕우는 편안한 잠속에 취해 있었는데, 밤중에 홀연히 깨어 보니 꿈이었던 것이다. 이에 옆사람을 깨워 자신의 이불을 펴보도록 하였다.

「신이 나에게 물을 뿌려 주었으니, 크게 젖었을 것입니다.」

이불을 젖혀 보았더니 과연 그와 같았다. 덮는 이불의 아래와 까는 요의 위에 물기가 완연하였으나, 젖지는 않은 채 마치 연잎의 이슬 같았다. 이를 되어 보았더니 석 되 7홉이나 되었다. 이리하여 왕우의 병이 3분의 2는 나은 듯하더니 며칠 지나 완전히 쾌유하였다.

무릇 꿈속에서 그가 함께 데려 가겠다고 거명한 이들은 모두 죽었고, 다만 왕문영(王文英)이라는 자만이 반년이 지난 후에야 죽었다. 그가 말한 붉은 붓을 얻었던 이들은 모두가 질병과 병란(兵亂)을 겪으면서도 한결같이 무사하였다.

당초 《요서(妖書)》에 이런 말이 있었다.

『상제(上帝)께서 조공명(趙公明)·종사계(鍾士季) 등 세 장군을 파견하여, 각각 수만 귀신을 거느리고 사람을 잡으러 내려가리라』

당시 사람들은 이들 장군과 귀신 들이 어디에 있는 누구인지를 알지 못하였다. 왕우의 병이 낫고 나서 그 책을 보니, 왕우가 만나 일러 주었던 조공명이 바로 그 사건과 합치되는 이름이었던 것이다.

· 산기시랑(散騎侍郎): 관직 이름. 규간표조(規諫表詔)를 관장하는 높은 직급.
· 별가(別駕): 자사(刺史)가 주(州)를 순행할 때 수행하는 벼슬. 딴 수레에 따로 가기 때문에 이름.
· 참좌(參佐): 귀신(鬼神) 직책으로 본다.
· 왕갑이을(王甲李乙): 보통 사람. 장삼이사(張三李四)와 같다. 여기서는 저승 세계로 데려가게 된 사람들 이름을 알려 준 것이다.

한(漢)나라의 하비(下邳)에 주시(周式)이라는 이가 있었는데, 일찍이 그가 동해(東海)로 가는 도중에 어떤 관리 하나를 만났다. 그 관리는 책을 한 권 지니고 있었는데, 주식에게 배를 태워 달라고 하여 함께 가게 되었다. 10여 리쯤 갔을 때, 그 관리가 주식에게 이렇게 말하였다.

「내 잠깐 어디 다녀올 곳이 있어서 이 책을 그대의 배 안에 맡

겨둘 테니 절대로 펴보지 마시오.」

그가 떠난 후, 주식은 몰래 그 책을 펴보았다. 책에는 놀랍게도 죽을 사람의 이름들이 가득 기록되어 있었다. 그리고 그 아래에는 주식 자신의 이름도 들어 있었다. 잠시 후 그 관리가 돌아왔을 때까지도 주식은 눈치를 채지 못하고, 여전히 그 책을 들여다보고 있었다.

그러자 관리가 노해서 이렇게 말하였다.

「내 이미 그대에게 일렀거늘 어찌하여 이렇게 보고 있는가?」

주식은 머리를 조아리며 이마에 피가 나도록 애걸하였다.

한참 후, 그 관리는 이렇게 말하였다.

「그대가 이렇듯 먼길까지 나를 태워다 준 것은 고맙게 여기는 바이지만, 그렇다 하더라도 이 책에 있는 그대의 이름을 제거해 줄 수는 없습니다. 오늘 그대는 떠나시오. 그리고 집에 돌아가거든 3년 동안 문 밖으로 나오지 마시오. 이를 지키면 화를 면할 수 있을 것입니다. 그리고 내 책을 보았다는 말을 누구에게도 해서는 안 됩니다.」

주식이 집으로 돌아와, 그의 말대로 문 밖을 나가지 않은 지 이미 2년여가 흘렀다. 그리하여 집안 사람들 모두가 이를 괴이히 여기고 있었는데, 때마침 이웃집 사람이 죽자 그 아버지가 그런 경우조차 문 밖에 나서지 않는 주식에게 노하여 가서 조문을 하도록 하였다.

주식은 어쩔 수가 없었다. 이에 막 문을 나서려 할 때, 지난날의 그 관리가 나타나 이렇게 꾸짖었다.

「내 그대로 하여금 3년 동안 문 밖에 나오지 말도록 하였는데 지금 이렇게 밖으로 나오다니, 이 일이 어떻게 되는지 알기나 하오? 내가 그대가 나오는 것을 보지 못하였다고 거짓 보고를 하면,

나는 그대의 죄에 연루되어 채찍과 곤장을 맞게 됩니다. 내 지금
이렇게 그대를 보았으니 이제는 어쩔 수가 없습니다. 앞으로 사
흘 뒤 일중(日中) 때 그대의 목숨을 거두러 오게 될 것입니다.」

주식이 방으로 되돌아가서 울면서 가족들에게 사실을 털어 놓
았다. 주식의 아버지는 이를 믿지 않았지만, 그의 어머니는 밤낮
으로 주식 곁에서 그를 지켰다. 사흘이 지나 일중이 되자 과연
어떤 이가 주식을 데리러 왔고, 주식은 죽고 말았다.

 남돈(南頓)의 장조(張助)가 어느 날 논에서 벼
를 심다가 오얏씨를 주워, 가지고 갈까 하다가 돌
아보니 뽕나무 고목의 구멍 속에 흙이 들어 있는
지라 그 씨를 그곳에 심고 먹다 남은 국물을 부어 주었다.

뒤에 사람들이 뽕나무 속에 도리어 오얏나무가 자라는 것을
보고서 신비한 것이라 소문을 퍼뜨렸다.

눈병이 나서 고통을 당하던 자가 그 나무 아래에서 쉬다가 이
렇게 중얼거렸다.

「오얏나무여, 내 병을 낫게 해준다면 내 돼지 한 마리를 잡아
보답하리라.」

그의 눈병은 별것 아닌 질환이었고, 역시 저절로 낫는 그러한
병이었다. 그런데 여러 개들이 짖어대자, 봉사가 눈을 떴다는 잘
못된 소문이 퍼져 원근 사람들이 몰려들게 되었다.

그리하여 그 나무 아래에는 수레와 말 들이 항상 수천을 헤아
릴 정도였다. 차려 온 고기와 술도 땅에 가득하였다.

그리고 1년여가 흘러, 멀리 갔던 장조가 돌아와 그 모습을 보
고 놀라 말하였다.

「여기에 무슨 신이 있단 말인가? 이는 내가 심었던 것일 뿐인데.」
그리고는 그 나무를 베어 버렸다.

왕망(王莽)이 섭정의 자리에 군림하자, 유경(劉京)이 이렇게 상언하였다.

「제군(齊郡) 임치현(臨淄縣)의 정장(亭長) 신당(辛當)이라는 자가 있는데, 어떤 이가 그의 꿈속에 자주 나타나 이렇게 말하더라는 것입니다.

『나는 하늘의 사신이다. 섭황제(攝皇帝)가 틀림없이 진짜 황제가 될 것이다. 내 말을 믿지 못하겠거든, 이 정(亭)에 새로운 우물이 하나 생길 터이니 가보아라.』

이에 정장인 신당이 일어나 가보았더니, 과연 그 마을에 새로운 우물이 하나 나타났는데 땅속 깊이가 1백 척이나 되더라는 것입니다.」

수 신 기

　　요괴(妖怪)라고 하는 것은, 대개 정기(精氣, 精靈)가 물체에 의지하여 형성된 것이다. 그 정기는 중심은 혼란시키고, 그 겉으로는 변환(變幻)을 일으킨다.

　형체·정신·원기·본질은 표리(表裏)의 상호작용이다. 이들은 오행(五行)에 그 근본을 두고, 오사(五事)를 통괄한다. 비록 소식(消息)·승강(升降)하여 변화와 움직임이 수만 가지의 단서(端緖)가 있으나, 그 길흉의 징조는 모두가 어느 정도 그 범주를 정해 논할 수는 있다.

· 정기(精氣): 원래는 천지만물(天地萬物)의 원기(元氣). 여기서는 정령(精靈).
· 오행(五行): 금(金)·목(木)·수(水)·화(火)·토(土).
· 오사(五事): 오행(五行)에 대비된 인간사(人間事)의 개념. 모(貌)·언(言)·시(視)·청(聽)·사(思).
· 소식(消息): 소감(消減)과 증식(增殖).

　　하(夏)나라 걸왕(桀王) 때에는 여산(厲山)이 사라졌고, 진(秦)나라 시황제(始皇帝) 때에는 삼산(三山)이 사라져 버렸다.

　그리고 주(周)나라 현왕(顯王) 32년에는 송(宋)나라 대구(大邱)의 토지신 사당이 사라졌으며, 한(漢)나라 소제(昭帝) 말엽에는 진류군(陳留郡) 창읍현(昌邑縣)의 토지신 사당이 사라져 버렸다.

　경방(京房)의 《역전(易傳)》에는 이렇게 실려 있다.

　『산이 아무 말 없이 스스로 옮겨가게 되면, 천하에 병란(兵亂)

이 일어나고 사직(社稷)이 망한다.』

회계군(會稽郡) 산음현(山陰縣) 낭야(瑯邪) 지역에 괴산(怪山)이라는 이름의 산이 하나 있는데, 전해 오기로 이 산은 본래 낭야군(瑯邪郡) 동무현(東武縣) 바다 가운데에 있던 산이었다고 한다. 당시 깊은 밤 풍우가 몰아쳐 캄캄하더니, 이튿날 아침에 동무현에 있던 그 산이 먼 회계군에 와 있더라는 것이다. 백성들이 이를 괴이히 여겨 괴산이라 이름하였다고 한다.

당시 동무현의 그 산이 하룻밤 사이에 스스로 사라져 버렸는데, 그 산의 형상을 기억하고 있던 자들이 비로소 그 산이 옮겨져 그곳에 나타났음을 알게 되었던 것이다.

지금도 그 괴산 아래에 동무리(東武里)라는 이름의 동네가 있어 그 산이 스스로 옮겨왔음을 알게 되었으며, 그 때문에 이름이 그렇게 주어진 것이다.

또 교주(交州)와 취주(脆州) 지역의 산이 청주(靑州)로 옮겨간 것도 있다.

무릇 이처럼 산이 옮겨가는 것은 모두가 정상이 아닌 괴이한 일이다.

이상 두 산이 옮겨간 사실은 어느 시대에 있었던 일인지는 자세하지 않다. 《상서(尙書)》 금등편(金滕篇, 洪範篇의 잘못)에는 이렇게 기록되어 있다.

『산이 옮겨가는 것은 임금된 자가 도의 있는 선비를 임용하지 않고, 현능한 자가 제자리에 오르지 못하기 때문이다. 혹은 봉록이 공실(公室)을 통해 나오지 않고, 상벌이 임금에 의해 결정되지 않으며, 사사로운 문벌이 무리를 이루어 더 이상 구제할 수 없을 때 일어나는 변괴이다. 이는 세대(世代)가 바뀌고, 조대(朝代)의 이름이 바뀐다는 뜻이다.』

이렇게 말할 수 있다.

「하늘의 도리를 잘 설명할 수 있는 자는, 반드시 사람의 일에서 그 근거를 찾는다. 또 사람의 일을 잘 설명할 수 있는 자는, 그 근본을 자연의 도리에서 찾는다.

그러므로 하늘에는 사시(四時)의 변화가 있고, 일월(日月)이 서로 밀어 움직이게 하며, 추위 더위가 차례로 운행된다. 그 운행이 화(和)하면 비가 되고 노(怒)하면 바람이 되며, 흩어지면 이슬이 되고 혼란하면 안개가 되며, 얼어붙으면 서리와 눈이 되고 펼쳐지면 무지개가 된다. 이것이 자연의 상수(常數)이다.

사람에게는 사지(四肢)와 오장(五臟)이 있으며, 깨어 있고 잠자며 숨을 내쉬고 들이쉬어 정기(精氣)가 왕래한다.

이들이 흘러 영위(榮衛, 氣血)가 되고, 드러나서는 기색(氣色)이 되며, 발동하면 소리가 된다. 이 역시 인간에게 있어서의 상수(常數)이다.

만약 사시가 운행을 잃고 추위 더위의 순서가 어그러지면 오위(五緯)가 맞지 않게 될 것이며, 별들의 움직임이 길을 잃고 일식·월식이 끝없이 생기며, 혜패(彗孛)가 마구 날아올 것이다. 이는 천지 자연이 보여 주는 위험의 징조이다.

추위 더위가 때를 지키지 못하면 이는 천지 자연의 증기(蒸氣)가 막혔다는 것이며, 돌이 일어서고 땅이 춤을 추면 이는 천지 자연에 유췌(瘤贅) 같은 몹쓸 병이 들었다는 뜻이다.

또 산이 무너지고 땅이 꺼지면 이는 천지 자연에 옹저(癰疽) 같은 몹쓸 병이 들었다는 것이며, 강한 바람과 폭우는 천지 자연의 기(氣)가 분탕질한다는 뜻이다. 비가 내리지 않아 냇물이 말라 학갈(涸渴)되면, 이는 천지 자연이 타서 말라가고 있다는 뜻이다.」

・영위(榮衛): 동양 의학에서 쓰는 명칭으로 인체(人體)의 혈기(血氣)를 뜻한다.

・오위(五緯): 금(金)・목(木)・수(水)・화(火)・토(土)의 오성(五星).

・혜패(彗孛): 둘 다 혜성(彗星). 소추성(掃帚星). 꼬리가 빗자루 같아 붙인 이름이며, 고대에는 모두 불길한 징조를 보이는 요성(妖星)으로 여겼다.

・유췌(瘤贅): 종기가 맺히는 몹쓸 병.

・옹저(癰疽): 역시 암이나 종양의 몹쓸 병. 난치병.

상(商)나라 주왕(紂王) 때, 큰 거북에 털이 나고 토끼에 뿔이 났다. 이는 곧 전쟁이 일어날 조짐이었다.

주(周)나라 선왕(宣王) 33년에 유왕(幽王)이 태어났다. 이 해에 어떤 말이 여우로 변하였다.

진(晉)나라 헌공(獻公) 2년, 주(周)나라의 혜왕(惠王)이 정(鄭)나라에 거하고 있었다.

정나라 사람들이 옥을 보관해 둔 창고로 들어가 많은 옥을 훔쳐가 버렸다. 그러자 그 옥이 역(蜮, 물여우)으로 변하여 사람들을 독침으로 쏘았다.

・역(蜮): 역(蚑)과 같다. 동물 이름. 물여우・단호(短狐)라고도 한다. 모

래를 머금고 있다가 이를 먹이에게 쏘아 떨어뜨리는 능력을 가지고 있는 수중동물(水中動物)이다.

주(周)나라 은왕(隱王) 2년 4월, 제(齊)나라 땅이 갑자기 팽창해 올라 그 길이가 한 길, 높이가 1척 5촌이나 되었다.

경방(京房)의 《역요(易妖)》에 이렇게 실려 있다.

『땅은 네 계절 언제나 팽창해 오른다. 이를 점쳐 보면 봄여름에 그런 일이 있으면 이는 대체로 길한 징조이며, 가을겨울에 그러한 경우는 흉한 일이 많다.』

역양군(歷陽郡)의 어떤 지역 땅이 하룻저녁에 함몰되어 못으로 변해 버렸는데, 지금의 〈역호(麻湖)〉가 바로 그것이다. 그러나 언제 그렇게 되었는지는 알 수 없다.

《운두추(運斗樞)》에는 이렇게 기록되어 있다.

『읍(邑)이 무너진 것은, 음기가 양기를 삼켜 지하에서 서로 죽였기 때문이다.』

주(周)나라 애왕(哀王) 8년, 정(鄭)나라의 어떤 부인이 한꺼번에 40명의 아이를 낳았다. 그 중 20명은 자라서 어른이 되었고, 20명은 죽었다.

그리고 이듬해인 애왕 9년에는 진(晉)나라의 어떤 돼지가 사람을 낳았다.

또 오(吳)나라 적오(赤烏) 7년에는 어떤 부인이 한꺼번에 세쌍둥이를 낳았다.

 주(周)나라 열왕(烈王) 6년, 임벽양군(林碧陽君)의 시녀가 두 마리의 용을 낳았다.

 노(魯)나라 엄공(嚴公) 8년, 제(齊)나라의 양공(襄公)이 패구(貝邱)에서 사냥을 하다가 돼지를 만나자, 종자(從者)가 이렇게 말하였다.

「이는 공자(公子) 팽생(彭生)입니다.」

이에 양공이 노하여 활을 쏘았다. 그러자 그 돼지가 사람처럼 서서 울었다. 양공이 두려워하다가 수레에서 떨어져 다리를 다쳤으며, 그 신발까지 잃어버렸다.

유향(劉向)은 이를 돼지에 의해 생긴 재앙이라고 여겼다.

 노(魯)나라 엄공(嚴公) 때, 성안의 뱀과 성밖의 뱀이 정(鄭)나라 남문(南門)에서 싸움을 벌여 성안에 살던 뱀이 죽었다.

유향(劉向)은 이를 뱀의 요얼(妖孽)이 일으킨 재앙이라고 하였다.

경방(京房)의 《역전(易傳)》에는 이렇게 실려 있다.

『남의 아이를 데려다 사자(嗣子)로 삼아 놓고 의심을 하였기 때문에, 그 요괴스런 뱀이 정나라의 대문에서 싸움을 벌인 것이다.』

· 요얼(妖孽) : 요사스러운 재앙의 싹. 불상지조(不祥之兆).

· 사자(嗣子): 대(代)를 잇는 아들. 대이음 아들.

노(魯)나라 소공(昭公) 19년, 정(鄭)나라의 시문
(時門) 밖 유연(洧淵)에서 용이 싸움을 벌였다.
유향(劉向)은 이를 용의 요얼이 일으킨 재앙이
라고 하였다.

경방(京房)의 《역전(易傳)》에는 이렇게 실려 있다.

『주위 여러 나라가 불안하여, 그 요괴스런 용이 정나라 읍 가
운데에서 싸움을 벌인 것이다』

· 시문(時門): 정(鄭)나라의 성문(城門) 이름.
· 유연(洧淵): 유수(洧水)의 깊은 곳.

노(魯)나라 정공(定公) 원년, 아홉 마리의 뱀이
기둥을 휘감고 있었다. 점을 쳐보니, 구세조(九世
祖)의 사당에 제사를 지내지 않았기 때문이라 하
였다. 이에 양궁(煬宮)을 세웠다.

· 양궁(煬宮): 궁궐 이름. 제사를 잊지 말라는 경고의 뜻을 나타낸다.

진(秦)나라 효공(孝公) 21년, 말이 사람을 낳았
다. 그리고 소왕(昭王) 20년에는 수말[牡馬]이 새
끼를 낳고 나서 죽어 버렸다.
유향(劉向)은 이 모두를 말이 보여 주는 재앙이라 하였다.

경방(京房)의 《역전(易傳)》에는 이렇게 기록되어 있다.

『제후국들이 분열하여 멸망하자, 그 요괴스런 수말이 새끼를 낳은 것이다. 위로는 천자(天子)가 없고 제후들이 서로 침범하니, 그 요사스런 말이 사람을 낳은 것이다.』

위(魏)나라 양왕(襄王) 13년, 어떤 여자가 변하여 장부(丈夫)가 되었다. 그에게 아내를 맺어 주자 아이까지 낳았다.

경방(京房)의 《역전(易傳)》에는 이렇게 기록되어 있다.

『여자가 장부로 변하는 것을 〈음(陰)이 창성하다〉라고 하며, 이는 천인(賤人)이 임금이 되리라는 징조이다. 장부가 여자로 변하는 것을 〈음이 양을 이기다〉라고 하며, 이는 국가가 장차 멸망하리라는 징조이다.』

혹은 이렇게 풀이하기도 한다.

『남자가 여자로 변하는 것은 궁형(宮刑)이 남발하리라는 징조요, 여자가 남자로 변하는 것은 부녀자가 정치를 휘두르게 되리라는 징조이다.』

· 궁형(宮刑): 고대의 혹형으로 남자의 기능을 제거하였다. 부형(腐刑)이라고도 한다.

진(秦)나라 혜문왕(惠文王) 5년, 임금이 구연(朐衍)을 순유(巡游)할 때 어떤 사람이 다리가 다섯 달린 소를 헌납하였다. 그러자 진나라는 백성의

힘을 대량으로 징용하게 되었고, 그 일로 천하가 진나라를 배반하고 나섰다.

경방(京房)은 《역전(易傳)》에 이렇게 기록하였다.

『요역(繇役)이 흥하여 백성들의 농사 시간을 빼앗게 되자, 요괴스런 오족우(五足牛)를 통해 그 징조를 미리 보인 것이다』

진(秦)나라 시황제(始皇帝) 26년, 어떤 거인이 출현하였는데, 그 키가 다섯 길에 발과 신의 크기는 6척, 모두가 이적(夷狄)의 복장이었다.

이런 거인 12인이 임조(臨洮) 땅에 나타났던 것이다. 이에 12개의 동인(銅人)을 만들어 그들의 형상을 주조하였다.

한(漢)나라 혜제(惠帝) 2년 정월 계유(癸酉)날 아침, 두 마리의 용이 난릉현(蘭陵縣) 정동리(廷東里) 온릉(溫陵)의 집 우물에 나타났다가 을해(乙亥)날 밤에 사라졌다.

경방(京房)의 《역전(易傳)》에는 이렇게 기록되어 있다.

『덕 있는 자가 도리어 해를 만나니, 그 징조는 바로 용이 우물에 나타나는 것이다』

또 이렇게 풀이하였다.

『형벌이 포악하면 흑룡(黑龍)이 우물로부터 나온다』

한(漢)나라 문제(文帝) 12년, 오(吳) 땅의 어떤 말에 뿔이 났는데 그 위치는 귀 앞이며 위로 솟았다. 오른쪽 뿔은 길이가 3치, 왼쪽 뿔은 2치로 전체 크기는 2치 정도였다.

유향(劉向)이 이를 풀이하되 말에는 뿔이 날 수 없는 것이며, 이는 오나라가 부당하게 군사를 일으켜 조정에 대들어 장차 반란을 일으킬 징조라 하였다.

경방(京房)의 《역전(易傳)》에는 이렇게 기록되어 있다.

『신하가 임금 자리를 대신하고 정치가 순하지 않아, 그 요괴스런 말에 뿔이 난 것이다. 이는 현사(賢士)들이 부족하다는 뜻이다.』

또 이렇게 풀이하였다.

『천자가 친히 정벌에 나서야 될 변고가 생기면 말에 뿔이 난다.』

문제(文帝) 후원(後元) 5년 6월, 제(齊)나라 옹성문(雍城門) 밖의 어떤 개에 뿔이 났다.

경방(京房)의 《역전(易傳)》에는 이렇게 실려 있다.

『집정자가 잘못하면 아랫사람이 참다 못해 해를 입힌다. 그런 경우 개에 뿔이 난다.』

한(漢)나라 경제(景帝) 원년 9월, 교동(膠東) 하밀(下密) 땅의 일흔 살 노인에게 뿔이 났다. 그 뿔에는 털까지 나 있었다.

경방(京房)의 《역전(易傳)》에는 이렇게 풀이되어 있다.

『총재(冢宰)가 정치를 독단하면 사람에게 뿔이 나는 요괴가 생긴다.』

《한서(漢書)》 오행지(五行志)에는 사람에게 뿔이 날 수 없으니, 제후가 감히 군대를 일으켜 서울을 침범해서는 안 된다고 여겼다. 그러나 결국 칠국지난(七國之難)이 일어났다.

그뒤 진(晉)나라 무제(武帝) 태시(泰始) 5년, 원성(元城)의 일흔 살 노인에게도 뿔이 났다. 이 역시 조왕(趙王) 사마륜(司馬倫)이 권력찬탈을 위해 난을 일으킬 징조였던 것이다.

· 총재(冢宰): 원래는 주(周)나라 때의 관직. 육경(六卿)의 우두머리로 뒤에 재상(宰相)을 역시 총재(冢宰)라 불렀다.
· 칠국지난(七國之難): 한(漢) 경제(景帝) 삼년(三年)에 오(吳)·초(楚)·조(趙)·교동(膠東)·교서(膠西)·제남(濟南)·치천(淄川) 등 7개 제후국(諸侯國)이 일으킨 난리. 3개월간 지속되었으나 실패하였다.

한(漢)나라 경제(景帝) 3년, 한단(邯鄲)의 어떤 개가 돼지와 교접하였다.

당시 조왕(趙王) 유수(劉遂)가 난을 일으켰고, 드디어 여섯 나라가 들고일어나 밖으로 흉노(匈奴)와 결탁, 그들의 도움까지 받았다.

오행지(五行志)에서는 이렇게 풀이하였다.

『개는 전쟁으로 많은 백성의 지지를 잃게 된다는 징조요, 돼지는 북방 흉노를 상징하는 동물이다. 귀에 거슬리는 말이라 하여 듣지 않으면서 이민족과 교접하여 큰 재앙을 입으리라.』

경방(京房)의 《역전(易傳)》에서는 이렇게 풀이하였다.

『부부 사이가 근엄하지 못하면, 개와 돼지가 교접하는 요괴한 일이 생긴다. 이를 반덕(反德)이라 하며, 나라에 큰 전쟁이 일어날 징조이다.』

경제(景帝) 3년 11월, 목이 흰 까마귀와 검은 까마귀가 무리를 이루어 초(楚)나라 여현(呂縣)에서 싸움을 벌였다.

그리하여 목이 흰 까마귀가 이기지 못하고 사수(泗水)에 떨어져 죽었는데, 그 수가 수천 마리나 되었다.

유향(劉向)은 이러한 현상을 흑색·백색이 일으킨 징조[豫示]라 여겼다.

당시 초왕(楚王) 유무(劉戊)는 포학무도하여 신공(申公)을 형벌로 욕보였으며, 오왕(吳王) 유비(劉濞)와 함께 반란을 일으켰다.

까마귀가 무리를 이루어 싸웠다는 것은 전투를 상징하는 것이다. 흰색의 숫자가 적었다는 것은 적은 자가 패한다는 뜻이다. 그리고 물에 떨어졌다는 것은 장차 물에 떨어져 죽는다는 예고였다.

그런데 초왕 유무는 이를 깨닫지 못하고, 드디어 거병하여 오(吳)나라에 응하였고 한(漢)나라 황실과 전쟁을 벌였다. 결과는 패배하여 도망, 단도현(丹徒縣)에 이르러 월(越)나라 사람에게 목이 잘리고 말았다. 이는 바로 사수에 떨어져 죽었다는 증험이다.

경방(京房)의 《역전(易傳)》에는 이렇게 실려 있다.

『친족을 친히 여겨야 하는 원리를 거역하였다. 그 흑백의 까마귀가 그 나라에서 싸워 이를 예시한 것이다.』

한편 연왕(燕王) 유단(劉旦)이 모반하자, 까마귀와 까치 한 마리가 연궁(燕宮)에 있는 못가에서 싸우다 까마귀가 떨어져 못에 빠져죽었다.

오행지(五行志)에서는 이를 이렇게 여겼다.

『초·연은 모두 한 왕실과 골육의 번신(藩臣)이면서도 교만 방자하여 불의한 일을 도모함으로써, 까마귀·까치의 싸움으로 그 상징을 나타낸 것이다.』

그들의 행동이 모두 점괘와 같았으니, 이는 천인(天人)에게 있어 그 표징이 드러났다는 것이다. 연나라는 음모를 발동시키기 전에 임금 홀로 궁궐 안에서 자살하였다. 그러므로 까마귀 한 마리가 수색(水色, 黑色)으로 죽은 것이다.

그러나 초나라는 양기(陽氣)를 태우며 거병까지 하였다가 그 군대가 들에서 대패하였다. 그 때문에 까마귀 무리들이 금색(金色, 白色)으로 표현되어 죽은 것이다. 이처럼 천도(天道)는 정미(精微)한 상징성이 있는 것이다.

경방(京房)의 《역전(易傳)》에서는 이렇게 풀이하였다.

『정벌과 겁살(劫殺)에 전념하게 되면 까마귀·까치가 싸우는 요사(妖事)로 징조가 나타나게 된다.』

· 수색(水色): 흑색(黑色). 수(水)는 오행(五行)으로는 북방(北方)이며, 색깔로는 흑색(黑色).
· 금색(金色): 백색(白色). 금(金)은 오행(五行)으로는 서방(西方)이며, 색깔로는 백색(白色).

경제(景帝) 16년〔中元, 6년의 오기〕, 양(梁)나라 효왕(孝王)이 북산(北山)에 사냥을 나갔더니 어떤 사람이 등에 발이 달린 소를 바쳤다.

유향(劉向)은 이를 소가 예시하는 재앙이라 여겼다. 그리고 마음속으로 큰 몽란(蒙亂)이 일어날 것이라 여기면서, 밖으로 토목 공사를 분에 넘치게 하기 때문에 소가 그 재앙을 일러 주는 것이라 하였다.

등에 발이 달린다는 것은, 아랫사람이 윗사람을 간범(奸犯)한다는 징조이다.

· 몽란(蒙亂) : 몽매하고 혼란함. 양(梁) 효왕(孝王)이 경제(景帝)와 가깝다는 것과, 자신이 세운 공을 믿고 횡포를 부렸다. 양(梁) 효왕(孝王)은 궁궐을 규정에 어긋나게 짓고 사치와 부를 누렸다.

한(漢)나라 무제(武帝) 태시(太始) 4년 7월, 조(趙)나라에 어떤 뱀이 교외에서 성안으로 들어와서는 효문제(孝文帝)의 사당 아래에서 성안에 사는 뱀과 싸움을 벌여 성안에 살던 뱀이 죽었다.

그로부터 2년 뒤 가을, 위태자(衛太子)의 반란이 일어났는데 그 난은 조나라 사람 강충(江充)이 일으킨 것이다.

한(漢)나라 소제(昭帝) 원봉(元鳳) 원년 9월, 연(燕)나라에 어떤 누런 쥐가 자기 꼬리를 물고 왕궁의 단문(端門)에 나타나 춤을 추는 일이 생겼다.

임금이 가서 볼 때까지도 그 쥐는 계속해서 춤을 추고 있었다. 이에 임금이 관리를 시켜 술과 안주를 가져다 먹여 주었지만, 그 쥐는 춤을 그치지 않더니 하루 밤낮을 지나 죽어 버렸다.

이는 연왕(燕王) 유단(劉旦)이 모반을 하다가 장차 죽을 징조
였다.

경방(京房)의 《역전(易傳)》에서는 이렇게 풀이하였다.

『토벌을 하면서 근본 사정에 근거하지 않으므로, 그 쥐가 궁문
에서 춤을 추는 요괴를 보인 것이다.』

· 단문(端門) : 정문. 왕궁의 정문(正門).

소제(昭帝) 원봉(元鳳) 3년 정월, 태산(泰山)의
무래산(蕪萊山) 남쪽에서 왁자지껄하며 수천 인
이 떠드는 소리가 났다.

주민들이 가서 살펴보았더니 어떤 큰 돌이 스스로 일어서는
것이었다. 높이는 5척 크기는 48아름이나 되었고, 땅속으로는 8
척 길이로 묻혀 있었으며, 3개의 돌을 발로 삼고 있었다. 돌이 일
어선 후, 까마귀 수천 마리가 그 곁에 모여들었다.

이는 선제(宣帝)가 중흥(中興)할 상서로운 징조였다.

소제(昭帝) 때, 상림원(上林苑)의 큰 버드나무가
섞여 땅에 엎어졌나가 하루 아침에 나시 일어나
잎과 가지가 피어나는 것이었다.

그리고 벌레들이 달려들어 그 나뭇잎을 갉자 문자가 나타났다.

「선제 유순(劉洵)이 왕위를 이으리라.」

소제(昭帝) 때, 창읍왕(昌邑王) 유하(劉賀)가 크고 흰 개가 방산관(方山冠)을 쓰고 다니는 것을 보았는데, 그 개에게는 꼬리가 없었다.

또 희평(熹平) 연간에 이르러서는 궁궐 내에서 개에게 관을 씌우고 허리띠와 인수(印綬)까지 매어 주어, 이를 보고서 웃고 즐기는 행위가 유행하였다.

그러던 어느 날 개 한 마리가 튀어나와 곧바로 사공부(司空府)의 정문으로 달려 들어오는 것이었다. 이를 본 자는 누구 하나 놀라고 괴이히 여기지 아니할 수가 없었다.

경방(京房)의 《역전(易傳)》에서는 이렇게 풀이하였다.

『임금이 옳지 못해 신하가 그 자리를 찬탈하고자 하여, 개가 관을 쓰고 조정의 대문으로 뛰어 들어오는 요괴한 일이 생긴 것이다.』

· 방산관(方山冠): 한대(漢代) 종묘에 제사지낼 때 악무(樂舞)하는 사람들이 쓰던 관(冠).
· 인수(印綬): 직인을 꿴 끈. 높은 벼슬을 뜻한다.

한(漢)나라 선제(宣帝) 황룡(黃龍) 원년, 미앙전(未央殿)의 노령(輅鈴, 궁중 동물원) 안에서 기르던 암탉이 수탉으로 변하였고, 그 털의 빛깔까지 변하였다. 그러나 그 닭은 울지도 못하고 암탉을 거느리지도 못하였으며, 뒷발톱 또한 없었다.

원제(元帝) 초원(初元) 원년에는, 승상부(丞相府)의 소사(小史) 왕금(王禁)의 집에서 알을 품고 있던 암탉이 점점 변하여 수탉이

되었다. 이 닭은 벼슬과 뒷발톱도 있고 울기도 하였으며, 무리를 거느리기도 하였다.

또 영광(永光) 연간에는 어떤 사람이 뿔이 난 수탉을 바치기도 하였다.

오행지(五行志)에서는 이를 왕씨(王氏, 王莽) 집안의 득세와 찬탈의 징조라 하였다. 경방(京房)의 《역전(易傳)》에는 이렇게 실려 있다.

『현자가 명이(明夷)의 세상에 살면서 시기 상황을 알고 슬퍼한다. 용렬한 무리가 높은 자리에 있으면 닭에 뿔이 나는 해괴한 일이 생긴다』

그리고 이렇게 풀이하기도 하였다.

「부녀자가 정치를 독단하여 나라가 안정되지 못하면 암탉이 수탉처럼 울게 되니, 이는 군주된 자가 영광을 잃는다는 뜻이다.」

· 노령(輅鈴): 미앙전(未央殿)의 작은 동물원 축사.
· 명이(明夷): 《주역(周易)》의 괘명(卦名). 명(明)은 광(光), 이(夷)는 상(傷)의 뜻. 해가 땅에 너무 강하게 비치면 만물을 다치게 한다는 뜻. 뒤에는 임금이 어리석어 현인이 세상을 피한다는 뜻으로 쓰인다.

선제(宣帝) 때, 언(燕)·내(代) 사이에서 어떤 남자 셋이 동시에 한 여자를 부인으로 취하여 네 아들까지 낳았다. 이들이 헤어지면서 아내와 아들을 나누려 하였으나 고르게 나눌 수가 없자 소송이 벌어졌다.

이에 정위(廷尉) 범연수(范延壽)가 이렇게 판결하여 품신하였다.

「이는 인간의 무리가 아니라 금수(禽獸)들이니 그 아이들은 모두 어머니를 따르게 하며, 그 아버지에게는 맡길 수가 없습니다.
청컨대 이 세 남자를 죽이고, 아이들은 그 어머니에게 돌려 줄
수 있도록 해주십시오.」
　선제가 이를 보고서 이렇게 차탄(嗟嘆)하였다.
　「이런 군혼(群婚)이 고대에만 있었던 것이 아니로구나. 그렇게
만 판결한다면 가히 천리(天理)에도 합당할 뿐더러 인정(人情)으
로 보아도 만족할 만한 결정이로다.」
　범연수는 인사(人事)에 밝고 형벌의 사용에 대해서도 아는 사
람이었다. 그러나 사람이 저지른 그 해괴한 일을 통하여 장래 일
어날 응험에 대해서는 모르는 자라 할 수 있다.

・정위(廷尉): 한대(漢代) 구경(九卿)의 하나. 형옥(刑獄)을 담당하였다.

　한(漢)나라 원제(元帝) 영광(永光) 2년 8월, 하
늘에서 풀이 비처럼 쏟아졌는데 그 잎들이 서로
달라붙어 크기가 탄환(彈丸)만하였다.
　다시 평제(平帝) 원시(元始) 3년 정월에도 하늘에서 풀이 쏟아
졌는데, 그 상태 또한 앞서 영광 때 내린 것과 같았다.
　경방(京房)의《역전(易傳)》에는 이렇게 실려 있다.
　『임금이 봉록에 대해 인색하면 믿음이 사라져 어진 이들이 떠
나게 된다. 그런 경우 하늘에서 풀이 쏟아지는 해괴한 일이 일어
난다.』

원제(元帝) 건소(建昭) 5년, 연주자사(兗州刺史) 호상(浩賞)은 백성들이 사사로이 전사(田社)를 세우는 것을 금지하였다.

그리하여 산양군(山陽郡) 탁현(橐縣) 모향(茅鄉)의 신사(神社)에 있던 큰 회화나무를 관리가 베어 버렸다. 그런데 그날 밤, 그 나무가 다시 본래의 자리에 서 있는 것이었다.

이를 두고서 이렇게 풀이하였다.

「무릇 잘린 고목이 다시 제자리에 서는 것은, 폐한 것이 다시 부흥한다는 상징이다. 이는 세조(世祖, 光武帝)의 중흥에 대한 응험이다.」

• 사(社): 25가(家)를 1사(社, 村社)로 하였으나 민간 스스로 10가(家), 혹은 5가(家)를 1전사(田社)로 조직하였다. 그리고 그 단위별로 토지신(土地神)의 사당(祠堂)을 세웠다.

한(漢)나라 성제(成帝) 건시(建始) 4년 9월, 장안성(長安城) 남쪽의 어떤 쥐 한 마리가 누런 볏짚과 잣나무 잎을 물고, 어떤 백성의 무덤 곁에 있는 잣나무와 느릅나무 위로 올라가 둥지를 틀었다. 특히 동백정(桐柏亭)에 그렇듯 괴이한 일이 많이 나타났다.

그러나 그 둥지 속에 새끼는 없고, 다만 바짝 마른 쥐똥만 몇 되씩 들어 있었다.

당시 조정의 대신들은 수재(水災)가 일어날 징조라 여겼다. 쥐란 작은 벌레를 몰래 잡아먹으며, 밤에는 나타나고 낮에는 숨는 동물이다. 그런데 대낮에 굴을 버리고 나무에 오른다고 하는 것은 천한 사람이 높은 자리를 차지한다는 조짐이다.

또 동백정은 위사후(衛思后)의 능원(陵園)이 있는 곳이다.

그뒤 조후(趙后, 趙飛燕)가 미천한 신분으로 지존의 황후에 올라 위후(衛后)와 같은 등급이 되었다. 하지만 조후는 끝내 자식 없이 비참한 최후를 마쳤다.

그 이듬해, 소리개가 자신의 둥지를 넘어뜨려 그 새끼를 죽이는 일이 일어났다고 하였다.

경방(京房)의 《역전(易傳)》에서는 이렇게 풀이하였다.

『신하가 자신의 봉록에 얽매어 임금을 속이면, 쥐가 둥지를 트는 요괴한 일이 생긴다.』

성제(成帝) 하평(河平) 원년, 장안(長安)에 석량(石良)과 유음(劉音)이라는 두 남자가 동거를 하고 있었다.

어느 날 자신들의 방안에 사람처럼 생긴 물체가 있어 이를 두드려 잡았더니, 개로 변하여 도망쳐 나가는 것이었다. 그리고 그 개가 나간 다음, 갑옷을 입고 활을 든 몇 사람이 석량의 집으로 들이닥쳐 결국 전투가 벌어져 죽기도 하고 다치기도 하였는데 모두가 개였다.

이런 일이 2월부터 6월까지 계속되다가 그쳤다.

홍범(洪範)을 근거로 보면, 이는 모두 개가 일으킨 재앙으로 남의 의견을 잘 따르지 않을 때 일어나는 현상이다.

성제(成帝) 하평(河平) 원년 2월 경자(庚子)*에, 태산(泰山) 산상곡(山桑谷)의 어떤 매가 자신의 둥지를 불살랐다.

손통(孫通) 등 남자들이 산속에서 여러 마리의 새, 즉 매와 까치 소리가 나는 것을 듣고 찾아가 보았더니 그 둥지가 불에 타면서 모두가 그 밑 못에 떨어져 있고, 매의 새끼 3마리가 타죽어 있는 것이었다. 그 나무는 둘레가 네 아름 정도였으며, 그 둥지로부터 5장 5척 정도 떨어진 곳에 있었다.

《역(易)》에서는 이렇게 풀이하였다.

『자신의 보금자리를 태우고 나그네가 먼저 웃는다. 그리고 나서 울부짖는다.』

뒤에 마침내 세대가 변하는 재앙이 나타났다.

* B.C. 28년. 하력(夏曆)으로 2월 30일에 해당한다.
· 역(易):《주역(周易)》 유괘(旅卦)의 상구(上九)에 있는 기록. 먼저 환락에 빠졌다가 뒤에 후회한다는 뜻을 담고 있다.

성제(成帝) 홍가(鴻嘉) 4년 가을, 신도현(信都縣)에 하늘에서 물고기가 비오듯 떨어졌는데 그 몸길이는 5촌 이하였다.

다시 영시(永始) 원년 봄, 북해(北海)에 큰 물고기가 출현하였는데 그 몸길이는 6장 높이는 1장, 모두 4마리였다.

그후 애제(哀帝) 건평(建平) 3년, 동래군(東萊郡) 평도현(平度縣)에 다시 큰 물고기가 출현하였는데, 그 몸길이는 8장 높이는 1장 1척으로 7마리였으며 모두 죽었다.

그리고 영제(靈帝) 희평(熹平) 2년, 동래군 바닷가에 또다시 큰 물고기 2마리가 출현하였는데, 그 몸길이는 8,9장 높이는 2장 남 짓이었다.

경방(京房)의 《역전(易傳)》에서는 이렇게 풀이하였다.

『바다에 큰 물고기가 자주 출현한다는 것은, 사악한 자가 등용 되고 어진 자는 소원함을 입는다는 뜻이다.』

성제(成帝) 영시(永始) 원년 2월, 하남군(河南郡) 가우역(街郵驛)의 가죽나무에 가지가 나왔는 데 그 모습이 마치 사람의 머리 같았으며, 눈썹과 눈·수염이 모두 갖추어져 있었으나 머리카락만 없었다.

또 애제(哀帝) 건평(建平) 3년 10월에는, 여남군(汝南郡) 서평 현(西平縣) 수양향(遂陽鄉)에 있는 나무 한 그루가 땅으로 엎어 져 가지가 나왔는데, 그 역시 사람의 머리와 같았으며 몸체는 청 황색(靑黃色), 얼굴은 희고 머리에는 수염과 머리털도 있어 점점 자라기까지 하여 그 길이가 6촌 1푼이나 되었다.

경방(京房)의 《역전(易傳)》에서는 이렇게 풀이하였다.

『임금의 덕이 쇠하여 낮은 사람이 장차 일어서게 되면 나무에 사람 형상이 생겨난다.』

그뒤 왕망(王莽)의 찬탈이 있었다.

성제(成帝) 수화(綏和) 2년 2월, 황궁의 마구간 에 있던 말에 뿔이 났는데 그 위치는 좌우 귀 앞 쪽이었으며 둘레는 각 2촌씩이었다.

이해에 왕망(王莽)이 대사마(大司馬)가 되어, 재앙의 싹이 이때에 시작된 것이다.

・대사마(大司馬): 삼공(三公)의 하나로 군사 최고 책임자. 그뒤 왕망(王莽)은 평제(平帝)를 독살하고 유자(孺子) 영(嬰)을 섭정하여 섭황제(攝皇帝)가 되었다.

성제(成帝) 수화(綏和) 2년 3월, 천수군(天水郡) 평양현(平襄縣)에서 어떤 제비가 참새를 낳았다. 이 참새는 먹이를 받아먹고 크게 자라자 일제히 날아가 버렸다.

경방(京房)의 《역전(易傳)》에서는 이렇게 풀이하였다.

『적신(賊臣)이 조정에 있으면 제비가 참새를 낳는 변괴가 생기며, 제후들이 모두 소멸되고 만다.』

또 이렇게 풀이하였다.

『자기 족류(族類)가 아닌 것을 낳는다는 것은, 그 세대가 계승되지 못한다는 뜻이다.』

・적신(賊臣): 여기서는 왕망(王莽)을 지칭한다.

한(漢)나라 애제(哀帝) 건평(建平) 2년, 정양군(定襄郡)의 어떤 수말이 망아지를 낳았는데 그 다리가 셋이었으며, 다른 무리에 섞여 먹고 마시는 것이었다.

오행지(五行志)에서는 이렇게 여겼다.

『말이란 나라의 무기이다. 발이 셋이라는 것은 인재가 임용되지 못한다는 뜻이다.』

 애제(哀帝) 건평(建平) 3년, 영릉군(零陵郡)의 어떤 나무 한 그루가 땅에 쓰러졌는데 그 둘레는 1장 6척이었으며, 길이는 10장 7척이었다.

주민들이 그 줄기를 잘랐더니, 그 길이만도 9척 남짓하였다. 이리하여 그 나무가 말라죽었다. 그런데 3월에 갑자기 그 나무가 원래의 자리에 서 있는 것이었다.

경방(京房)의《역전(易傳)》에는 이렇게 실려 있다.

『정도를 버리고 음란한 짓을 하면 나무가 끊어졌다가 다시 붙는다. 비후(妃后)가 정치를 독단하면 나무가 쓰러졌다가 다시 일어나고, 끊어져 고목이 된 나무가 다시 살아난다.』

 애제(哀帝) 건평(建平) 4년 4월, 산양군(山陽郡) 방여현(方與縣)의 전무색(田無嗇)이라는 여자가 아이를 가졌다.

그런데 출산 예정일 두 달 전부터 아이가 뱃속에서 울며 보채는 것이었다. 이에 그가 태어나자, 이를 기르지 않으려고 길가에 묻어 버렸다.

그로부터 사흘 후, 어떤 사람이 그 곁을 지나다가 어린아이의 울음소리를 듣게 되었다. 이리하여 그 어머니는 이를 파내어 다시 거두어 길렀다.

애제(哀帝) 건평(建平) 4년 여름, 서울과 군국(郡國)의 백성들이 각각 그들의 마을 골목길에 모여, 각종 도박과 오락 기구를 차려 놓고서 노래하고 춤추며 서왕모(西王母)를 기리는 축제를 벌였다.

또 서왕모가 백성에게 전하는 편지를 이렇게 썼다.

『왕모가 백성에게 고하노니, 이 편지를 차고 다니는 자는 죽지 않을 것이다. 내 말을 믿지 못하겠거든 문의 지도리 밑을 보라. 틀림없이 흰 머리털이 그곳에 있을 것이다』

이런 행사는 가을에 이르러서야 끝났다.

애제(哀帝) 건평(建平) 연간에 예장(豫章)의 어떤 남자가 여자로 변하여, 시집을 가서 부인이 되어 아들 하나까지 낳았다.

장안(長安) 사람 진봉(陳鳳)이 이를 두고 이렇게 풀이하였다.

「양이 변해서 음이 되었으니 장차 계사(繼嗣)가 없으리라. 이는 그 스스로 상생(相生)한다는 뜻이다.」

혹은 이렇게 말하였다.

「그 여자가 시집을 가서 부인이 되어 아들 하나를 낳았다는 것은, 장차 다시 한 세대를 지나 끊어진나는 뜻이다.」

뒤에 애제가 죽고 평제(平帝)도 죽어, 왕망(王莽)이 한(漢)나라를 찬탈하게 되었다.

 한(漢)나라 평제(平帝) 원시(元始) 원년 2월, 삭방군(朔方郡) 광목현(廣牧縣)의 조춘(趙春)이라는 여자가 병으로 죽었다.

이미 염습을 하여 입관한 지 이레 만에 그 여자가 관 밖으로 나와, 죽은 후 이미 돌아가신 시아버지를 보았는데 그 시아버지가 이렇게 말하더라는 것이었다.

「너의 나이 이제 겨우 스물일곱으로 아직 죽을 때가 아니다.」

태수인 담씨(譚氏)가 이를 상부에 보고하였다.

어떤 이가 이렇게 풀이하였다.

「음이 지극해지면 양으로 변한다. 그리하여 천한 자가 윗자리에 앉게 된다. 그러한 경우 죽은 사람이 다시 살아나는 해괴한 일이 생긴다.」

그뒤 왕망(王莽)이 드디어 왕위를 찬탈하는 일이 생겼다.

 한(漢)나라 평제(平帝) 원시(元始) 원년 6월, 장안(長安)의 어떤 여자가 아이를 낳았는데 머리와 목이 둘씩으로 얼굴이 서로 마주 보고 붙었으며, 네 팔이 같은 가슴에 붙어 모두 앞으로 나와 있었고, 궁둥이에 눈이 붙어 있는데다 그 길이가 두 치쯤 되었다.

경방(京房)의 《역전(易傳)》에는 이렇게 실려 있다.

『어그러져 홀로 있는 자는, 돼지가 진흙을 뒤집어쓰고 있는 것을 보게 된다』고 하였다. 머리가 둘인 아이를 낳는 것이 그 조짐이다. 신하가 좋은 것을 독점해도 역시 그렇듯 해괴한 일이 일어난다.

사람이 육축(六畜)처럼 머리와 눈이 아래에 붙어 있다면, 이는 위가 없다는 뜻으로 장차 정치가 변경된다는 뜻이다. 그렇듯 해괴한 일이 일어나는 것은, 군주가 정도(正道)를 잃은 것을 견책하기 위한 것으로서 각각 그 위치를 상징한다.

목이 둘이라는 것은 신하가 한마음으로 뭉치지 못한다는 뜻이요, 팔이 많다고 하는 것은 사악한 사람이 벼슬길에 임용된다는 뜻이다. 또 다리가 적다는 것은 신하로서 그 임무를 이겨내지 못하거나, 혹은 임금이 신하를 임용할 줄 모른다는 뜻이다.

무릇 아래에 날 부분이 위에 붙었다는 것은 불경(不敬)스러운 일이다. 또 위에 있어야 할 부분이 아래에 났다는 것은 외설스럽고 더러운 것이다. 같은 족류(族類)를 낳지 않았다는 것은 음란(婬亂)을 뜻한다. 낳자마자 바로 커졌다는 것은 임금이 서두른다는 뜻이며, 낳자마자 능히 말을 한다는 것은 허망한 것을 좋아한다는 뜻이다.

여러 가지 요괴한 일은 이를 미루어보면 알 수 있다. 그러므로 이를 바로잡지 않으면 흉조(凶兆)가 되고 만다』

한(漢)나라 장제(章帝) 원화(元和) 원년, 대군(代郡) 고류현(高柳縣)에서 까마귀가 새끼를 낳았는데, 발 셋에 닭만한 크기로 붉은색이었고 머리에는 뿔이 나 있었으며, 그 뿔의 길이가 1촌 남짓이나 되었다.

한(漢)나라 환제(桓帝)가 즉위하자, 어떤 큰 뱀 한 마리가 덕양전(德陽殿)에 나타났다. 낙양시령(洛陽市令) 순우익(淳于翼)이 이를 두고 이같이

풀이하였다.

「뱀에 비늘이 있으니 이는 전쟁이 일어날 징조요, 그 뱀이 궁전 안에 나타났으니 이는 초방(椒房)의 대신이 장차 그 병화(兵禍)를 입을 징조로다.」

그리고는 관직을 버리고 은거해 버렸다.

연희(延熹) 2년이 되자 환제가 대장군 양기(梁冀)를 주벌하고, 그 가속까지 모두 잡아들이느라 서울에 병사들이 들끓었다.

· 시령(市令): 시장을 관리하는 직책. 당시 낙양(洛陽)에는 남(南)·북(北) 두 곳의 시장이 있었다.
· 초방(椒房): 원래 후비(后妃)들이 거하는 방. 주로 꽃과 산초[혹은 고추씨]를 섞은 풀로 벽을 발랐다. 뒤에는 후궁(後宮), 혹은 외척(外戚)을 지칭하는 뜻으로도 쓰였다.

한(漢)나라 환제(桓帝) 건화(建和) 3년 가을 7월, 북지군(北地郡) 염현(廉縣)에 고깃덩어리가 비처럼 내렸는데 마치 양의 갈빗대 같았으며, 어떤 것은 손만큼 큰 크기였다.

이해에 양태후(梁太后)가 섭정을 시작하였고, 양기(梁冀)가 정권을 독점하여 태위(太尉) 이고(李固)와 두교(杜喬) 등을 마구 죽였다. 그리하여 천하가 이를 원망하였고, 그뒤 양씨(梁氏)는 주멸당하였다.

한(漢)나라 환제(桓帝) 원가(元嘉) 연간, 서울의 부녀자들에게 수미(愁眉)·제장(啼妝)·타마계(墮馬髻)·절요보(折腰步)·우치소(齲齒笑) 등의 화장과 몸치장·표정을 하고 다니는 것이 유행하였다.

〈수미〉란 눈썹을 가늘게 그려 곡선으로 꺾은 화장이며, 〈제장〉이란 눈 아래를 얇게 칠하여 마치 울고 나온 듯한 모습의 화장법이다. 또 〈타마계〉란 머리를 묶어 한쪽 가로 늘어뜨리는 것이며, 〈절요보〉란 다리가 하체를 감당해 내지 못하는 듯한 걸음걸이다. 그리고 〈우치소〉란 마치 치통이 있는 듯이 웃을 때도 지나치게 이를 드러내 놓고 웃지 못하는 표정법이다.

이러한 화장과 표정은 대장군 양기(梁冀)의 아내인 손수(孫壽)에게서 비롯되어, 서울 안에 유행처럼 퍼져 다른 주변 지역에서도 모두 이를 흉내내기에 이르렀다.

이는 하늘이 이렇게 경계한 것이다.

「병마(兵馬)가 장차 달려가 붙잡아들이게 될 것이므로 부녀자들이 근심 찬 표정을 꾸미며, 눈썹은 찡그려 울었던 자국을 남기게 되고, 이졸(吏卒)이 드디어 잡게 되니 그 허리와 척추가 꺾이게 되며, 머리채를 비스듬히 늘어뜨리게 된다. 비록 강한 말로 웃고 싶으나 다시 그럴 기운도 맛도 없게 된다는 상징이다.」

과연 연희(延熹) 2년, 양기의 집안은 그 종족까지 모두가 주살을 당하게 되었다.

환제(桓帝) 연희(延熹) 5년, 임원현(臨沅縣)의 어떤 소가 닭을 낳았는데 머리 둘에 다리가 넷이었다.

한(漢)나라 영제(靈帝)는 자주 서원(西園)에 나가 노닐면서, 후궁의 채녀(采女)들로 하여금 객사(客舍)의 주인으로 분장하고 옷도 술 파는 여자의 모습처럼 갖추게 하였다. 그리고 황제 자신은 그 술집들 사이를 오가면서 채녀들에게 술집 여자가 되어 술과 안주를 차리게 하여, 함께 먹고 마시는 것으로 즐거운 놀이를 삼았다.

이렇게 되자 천자는 그 권위가 실추되어, 자신을 검은 띠 두른 노예처럼 낮은 지위로 내려서 그들의 노래를 부르며 노니는 꼴이 되었다.

그뒤 천하에 대란이 일어났다. 옛 기록에는 이렇게 실려 있다.

『붉은색이 3, 7로 나타나 액(厄)이 되리라』

여기서 3, 7이란 210년이 지나면 외척의 찬탈이 있으며, 붉은 눈썹의 요괴가 나타나 왕위를 빼앗아 그 왕조의 복록이 짧아진다는 뜻이다. 그러나 그 찬탈하여 차지하는 기간은 길어야 18〔3 ×6＝18〕년이며, 이어서 비룡(飛龍)의 뛰어난 자〔秀〕, 즉 광무제(光武帝, 劉秀)가 나타나 종실을 다시 부흥시키게 된다. 그리고 다시 3, 7이 지나면 머리를 누렇게 한 요괴가 나타나 천하가 대란에 휘말린다는 것이다.

고조(高祖, 劉邦)가 한(漢)나라를 건립하여 평제(平帝) 말까지 210년이며, 왕망(王莽)이 이를 찬탈하였다. 이는 대개 왕망이 평제 모후(母后)의 친척이었기 때문이다.

그리고 18년이 지나 산동(山東)의 도적 번자도(樊子都, 樊崇)가 난을 일으켰다. 그들 모두가 눈썹을 붉게 칠하였기 때문에 천하에서는 그를 〈적미(赤眉)〉라 불렀다. 이에 광무제 유수(劉秀)가 다시 나라를 일으켜 동한(東漢)이 되었는데, 그 이름이 바로 〈수

(秀)〉였던 것이다.

그뒤 영제(靈帝) 중평(中平) 원년에 장각(張角)이 난을 일으켜 36방으로 세력이 퍼졌으며, 호응하는 무리가 수십만이었고, 모두가 누런 수건을 둘러 천하가 그들을 〈황건적(黃巾賊)〉이라 불렀다.

지금까지도 도사(道士)의 복장이 누런색인 것은 여기에서 유래한 것이다. 그들은 처음 업성(鄴城)에서 기병하여 진정(眞定)에 모여들어 이렇게 백성들을 속이고 미혹시켰다.

「창천(蒼天)은 이미 죽었고, 황천(黃天)이 들어선다. 갑자년(甲子年)에 천하가 크게 길(吉)하여질 것이다.」

업성에서 기병한 것은, 천하의 업(業, 鄴)을 시작하여 진정(眞定)에서 마무리된다는 뜻이라는 것이었다. 소민(小民)들은 서로 그들을 향해 무릎 꿇어 절하고 휩쓸려 따르며 믿었다. 형주(荊州)와 양주(陽州) 지역이 특히 심하였는데, 이들은 재산까지 다 버렸다. 그러나 도로를 유랑하여 죽은 자가 헤아릴 수 없을 정도였다.

장각의 반란은 2월에 시작되어 겨울 12월에야 모두 진압되었다.

다시 광무제의 중흥(中興)으로부터 황건적의 난이 있기까지는 아직 210년이 차지도 않았다. 그런데도 천하가 대란에 휩쓸린 것은, 한나라의 운명이 폐절(廢絶)된다는 것을 의미한다. 바야흐로 3, 7의 운세가 응험한 것이다.

· 채녀(采女): 동한시대(東漢時代) 후궁(後宮)의 궁녀를 부르는 칭호. 황후(皇后) · 귀인(貴人) 외에 미인(美人) · 궁인(宮人) · 채녀(采女) 등 3등급이 있었다.
· 객사(客舍): 의관(旅館). 술집.
· 비룡(飛龍):《주역(周易)》건괘(乾卦)의 구오효(九五爻). 제왕(帝王)의

지위.

· 수(秀): 동한(東漢) 광무제(光武帝) 유수(劉秀). 유방(劉邦)의 구세손
  (九世孫).

영제(靈帝) 건녕(建寧) 연간, 남자들에게 윗도
리는 길게 아랫도리는 아주 짧게 입는 옷차림이
유행하였다. 여자들은 도리어 긴 치마에 아주 짧
은 저고리를 좋아하였다.

이는 양(陽)으로서는 아래가 없고, 음(陰)으로서는 위가 없다는
것으로 천하가 평(平)을 얻지 못하도록 하는 것이다. 뒤에 큰 난
(亂)이 일어났다.

영제(靈帝) 건녕(建寧) 3년 봄, 하내군(河內郡)
의 어떤 부인이 그 남편을 잡아먹었다. 또 하남군
(河南郡)에서는 어떤 남편이 그 아내를 잡아먹는
일이 발생하였다.

부부란 음양 이의(二儀)로서 서로 정이 깊은 관계이다. 그런데
지금 도리어 서로 잡아먹어 음양을 침범하고 있으니, 일식·월식
과 같은 재앙이 아니겠는가?

영제가 죽고 천하에 대란이 일어나서 군주가 마구 사람을 죽
이는 포악한 사건이 생기고, 신하가 그 윗사람을 죽이는 반역이
일어나며, 전쟁으로 서로 죽이고, 골육지간이 서로 원수가 되어
백성들의 재앙이 극에 달하게 되었다.

그래서 사람들의 요사스런 일이 먼저 발생한 것이다. 한스럽기

는 신유(辛有)·도서(屠黍) 같은 예언자들이 그러한 사정을 미리 예측하지 못하였다는 점이다.

·이의(二儀): 양의(兩儀). 천지(天地). 음양(陰陽). 이기(二氣).

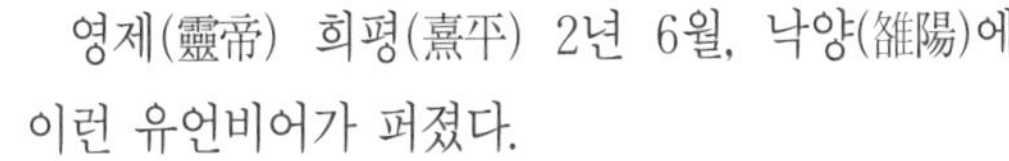

영제(靈帝) 희평(熹平) 2년 6월, 낙양(雒陽)에 이런 유언비어가 퍼졌다.

호분사(虎賁寺) 동쪽 벽에 어떤 누런 사람이 나타났는데 그 형상과 얼굴, 수염과 눈썹이 모두 훌륭하고 틀림이 없었다. 이를 구경하려고 수만 명이 나왔고, 궁궐 내의 사람들도 모두 나와 도로가 꽉 차서 걸어갈 수가 없었다는 것이다.

그뒤 중평(中平) 원년 2월이 되자, 장각(張角) 형제가 기주(冀州)에서 난을 일으켜 스스로를 〈황천(黃天)〉이라 하였다.

36방향, 사방에서 모두 나와 그들에게 호응하여 장수가 별처럼 포진하였으며, 관리와 선비조차도 모두 그에게 귀속하였다. 그러나 너무 많은 숫자여서 지치고 먹을 것이 없어 그 기회를 틈타 그들을 이겨낼 수 있었다.

영제(靈帝) 희평(熹平) 3년, 우교령(右校令)의 별관에 가죽나무 두 그루가 있었는데 모두가 4척쯤 되는 나무였다. 그 중 한 그루가 하룻밤 사이에 갑자기 자라 그 길이가 한 길, 그 굵기도 한 아름이나 되었다. 그리고 그 모습은 이민족 호인(胡人)의 얼굴로 머리·눈·구레나룻·수염·머리카락이 모두 갖추어져 있었다.

희평 5년 10월 임오(壬午)에는, 정전(正殿) 곁의 6,7아름이나 되는 회화나무가 저절로 뽑히더니 거꾸로 뿌리가 위로, 가지가 아래로 하여 서는 것이었다.

다시 중평(中平) 연간에는, 장안성(長安城) 서북 6,7리쯤의 빈 나무 속에 사람 얼굴을 한 어떤 물체가 들어 있었으며, 구레나룻이 자라고 있었다.

이를 홍범(洪範)에 근거하여 보면, 모두가 나무의 곡직(曲直)이 바르지 못하여 생기는 변괴이다.

· 우교령(右校令): 대장(大匠)을 관장하던 한(漢)나라 때의 관직.
· 호인(胡人): 서역(西域)의 이인(異人).

영제(靈帝) 광화(光和) 원년, 남궁(南宮) 시중시(侍中寺)의 암탉이 수탉으로 변하면서 온몸의 털이 모두 수탉과 같이 되었는데, 다만 그 볏만은 변하지 아니한 상태였다.

영제(靈帝) 광화(光和) 2년, 낙양(洛陽) 상서문(上西門) 밖에서 어떤 여자가 아이를 낳았는데, 머리 둘에 어깨는 서로 나뉘어져 있었으나 가슴은 하나로서 모두가 앞을 향하고 있었다. 그리하여 이를 상서롭지 못하다 여겨 길에 던져 버렸다.

이로부터 조정에 재앙과 혼란이 겹쳐 정치는 사문(私門)에 의해 좌지우지되었으며, 상하의 구별이 없어져 머리 둘의 상징과 같았다.

뒤에 동탁(董卓)이 하태후(何太后)를 죽였으며, 하태후는 불효하다는 죄명을 뒤집어쓰게 되었다. 또한 동탁은 천자(天子, 少帝)를 폐위시켜 내쫓았다가 뒤에는 결국 소제를 독살하고 말았다.

한(漢)나라 건국 이래 이보다 더 큰 재앙은 없었다.

광화(光和) 4년, 남궁(南宮)의 중황문시(中黃門寺)에 어떤 남자가 나타났는데, 키가 9척에 흰옷을 입고 있었다.

이에 중황문(中黃門) 해보(解步)가 꾸짖어 물었다.

「너는 어떤 인물이냐? 흰옷을 입고 어찌 망령되이 이 궁액(宮掖)에 들어왔느냐?」

그러자 그가 이렇게 말하였다.

「나는 양백하(梁伯夏)의 후예다. 하늘이 나로 하여금 천자가 되게 하였다.」

해보가 쫓아가 잡으려 하자, 갑자기 어디론가 사라져 버렸다.

·중황문시(中黃門寺): 환관(宦官)을 관리하는 부서.
·궁액('宮掖): 궁내(宮內)의 액정(掖廷). 방사(旁舍). 비빈이 거처하는 곳.

광화(光和) 7년, 진류군(陳留郡)의 제양현(濟陽縣)과 장원현(長垣縣), 그리고 제음군(濟陰郡) 및 동군(東郡)의 원구현(寃句縣)과 이호현(離狐縣)

경계 지역의 길가에 풀이 났는데, 모두가 사람의 형상을 하였으며 무기와 활을 들고 있는 모습이었다.

그외에 소·말·용·뱀·새·짐승의 형상도 있어 각각 그 색깔도 흑백이 원래 본체와 같았고, 깃털·머리·눈·발·날개 또한 다 갖추고 있어 흡사할 뿐만 아니라 그 형상이 너무나 꼭 닮아 있었다.

이런 경우를 두고서 옛날에는 이렇게 말하였다.

「이는 아마 풀이 보여 주는 재앙의 조짐일 것이다.」

그해에 황건적(黃巾賊)이 들고일어나 한(漢)나라는 결국 쇠락의 길로 들어서게 되었다.

영제(靈帝) 중평(中平) 원년 6월 임신(壬申), 낙양(雒陽)에 유창(劉倉)이라는 남자가 있었는데 상서문(上西門) 밖에서 살았다. 그의 아내가 아들을 낳았는데, 몸 하나에 머리가 둘이었다.

건안(建安) 연간에 이르러 어떤 여자가 아들을 낳았는데, 역시 머리 둘에 몸 하나였다.

중평(中平) 3년 8월, 회릉(懷陵)에 1만 여 마리의 참새떼가 모여들어 먼저 지극히 슬피 울다가, 이윽고 그 울음을 그치고는 서로 뒤섞이어 싸우다가 죽이기까지 하는 것이었다. 이리하여 참새들은 모두 머리가 끊어져 나뭇가지와 탱자나무 가시에 걸려 있었다.

중평 6년에 이르자 영제(靈帝)가 죽었다. 무릇 〈능(陵)〉이란 높고 큰 것을 상징하고, 참새는 작위를 상징한다.

그리하여 하늘이 이렇게 경계한 것이다.

「작록을 얻어 높은 자리에 오르려는 욕망을 품은 자들이 서로 상대를 해치다가, 끝내 멸망에 이르게 되리라.」

한(漢)나라 때, 서울의 손님맞이나 혼례 등의 좋은 모임에서는 모두가 꼭두각시놀음의 노래를 불렀다. 그리고 술이 취한 후면, 그 뒤를 이어 만가(挽歌)를 즐겨 불렀다. 괴뢰(魁櫑)는 원래 상가(喪家)의 음악이며, 만가는 상여가 나갈 때 관을 묶은 끈을 잡고 서로 짝을 이루어 주고받는 음악이다.

이에 하늘이 이렇게 경계한 것이다.

「국가가 급해져서 피폐하고 지쳐 있는데, 여러 귀족이 이런 음악으로 즐기니 모두 죽고 망하리라.」

이리하여 영제(靈帝)가 죽고 나서 서울이 괴멸(壞滅)되고, 집집마다 시신을 파먹는 구더기가 들끓어 서로 잡아먹는 일이 생겼다.

괴뢰와 만가는 바로 이의 응험이 아니겠는가?

· 괴뢰(魁櫑): 꼭두각시. 천운어의 물명. 괴뢰(傀儡)로도 표기한다. 원래는 상여 나갈 때 실시하는 꼭두각시놀음의 음악이었다고 한다.

영제(靈帝) 말엽 서울에 이런 노래가 퍼졌다.

후(侯)가 후가 아니며

왕(王)이 왕이 아닐세.
천승만기가 북망산으로 가네.

  중평(中平) 6년에 이르러 사후(史侯) 유변(劉辯)이 지존(至尊,
황제)에 등극하였다. 그 당시 헌제(獻帝, 劉協)는 아직 작위가 없
었다. 중상시(中常侍) 단규(段珪) 등이 헌제를 위협하여 묶고, 공
경 백료들로 하여금 그 뒤에 따르게 하면서 황하(黃河)까지 가서
야 돌아가도록 풀어 주었다.

• 사후(史侯): 영제(靈帝)의 아들 유변(劉辯). 소제(少帝). 하황후(何皇
  后) 소생으로 도인(道人) 사자묘(史子眇)의 집에서 길러졌다.

  한(漢)나라 헌제(獻帝) 초평(初平) 연간, 장사
(長沙)에 환씨(桓氏) 성을 가진 어떤 사람이 죽어
염을 하여 관에 넣은 지 한 달이 지난 상태였다.
그런데 그 어머니가 관 속에서 어떤 소리가 나는 것을 듣고는
열어 주어 다시 살아날 수 있었다.
  점을 쳐보았더니 이와 같았다.
「음(陰)이 극성하여 양(陽)이 되도다. 아랫사람이 윗자리에 오
르리라.」
  그뒤 조조(曹操)가 서인의 선비로서 일어서게 되었다.

 헌제(獻帝) 건안(建安) 7년, 월휴군(越嶲郡)의 어떤 남자가 여자로 변하였다.

이때 주군(周群)이 이렇게 상서를 올렸다.

「애제(哀帝) 때에도 이러한 변고가 있었습니다. 이는 곧 조대(朝代)가 바뀐다는 사실을 알리는 것입니다.」

그뒤 25년에 이르러 헌제는 산양공(山陽公)으로 강등되고 말았다.

 건안(建安) 초, 형주(荊州)에 이런 동요(童謠)가 퍼졌다.

8,9년 사이 쇠락이 시작되어
13년에는 혈유(孑遺)조차 없으리.

광무제(光武帝) 중흥(中興) 이래 오직 형주만이 온전하였다. 그뒤 유표(劉表)가 형주자사가 되자 백성들은 풍요와 즐거움을 누렸으나, 건안 9년에 쇠락하기 시작하였다.

쇠락이 시작된다는 것은, 유표의 아내가 죽고 형주의 장수들도 차례로 쇠락해진다는 뜻이었다. 또한 13년에는 혈유조차 없으리라고 한 것은, 유표가 죽음을 당하여 모두 다 잃고 만다는 뜻이었다.

이때 화용현(華容縣)의 어떤 여자가 갑자기 울면서 이렇게 부르짖는 것이었다.

「장차 큰 상사(喪事)가 있으리라.」

그의 말이 지나치자, 현에서는 이를 요언(妖言)이라 하여 잡아 옥에 가두어 버렸다. 한 달쯤 뒤, 그 여자가 옥중에서 갑자기 울면서 다시 이렇게 말하는 것이었다.

「형주자사 유표가 오늘 죽었다.」

화용현과 형주는 수백 리 먼 거리였다. 이에 관리를 말에 태워 사실인가 알아보도록 파견하였다. 유표는 과연 죽었던 것이다.

그리하여 현에서는 그 여자를 풀어 주었다. 그 여자는 다시 이렇게 노래를 불렀다.

「생각지도 않게 이립(李立)이 귀인이 되리라.」

그뒤 얼마 지나지 않아 조조(曹操)가 형주를 평정하고, 탁군(涿郡) 출신의 자가 건현(建賢)인 이립이 형주자사에 임명되었다.

건안(建安) 25년 정월, 위(魏)나라 무제(武帝) 조조(曹操)가 낙양(洛陽)에 건시전(建始殿)을 짓고 있었다. 그리하여 탁룡사(濯龍祠)의 나무를 베어 쓰려고 하자, 그 나무에서 핏물이 나왔다. 다시 오얏나무를 캐어 옮겨 심으려 하자, 그 뿌리를 다친 곳에서도 피가 나왔다.

무제는 이를 불길하게 여기고 드디어 병들어 누웠다가, 결국 그 달에 죽었다. 이해가 바로 위(魏)나라 문제(文帝, 曹丕) 황초(黃初) 원년이다.

위(魏)나라 황초(黃初) 원년, 미앙궁(未央宮)의 어떤 매 한 마리가 제비집에서 새끼를 낳았는데 주둥이와 발톱이 모두 붉은색이었다.

다시 청룡(靑龍) 연간에 이르러 명제(明帝)가 능소각(凌霄閣)을 건립하였는데, 처음 건축을 시작할 때 까치가 그 위에 둥지를 트는 것이었다.

명제가 이를 고당륭(高堂隆)에게 묻자, 고당륭이 이렇게 풀이하였다.

「《시(詩)》에 『까치가 둥지 트니, 비둘기가 차지하네』라고 하였습니다. 지금 궁실을 짓고 있는데 까치가 와서 둥지를 틀고 있으니, 궁실이 완성되기 전에 이런 일이 있는 것은 임금께서 장차 이 안에 거할 수 없다는 것을 미리 가르쳐 주는 것입니다.」

· 곡(斛): 한대(漢代)에 십두(十斗)를 일곡(一斛)으로 계산하였다.

위(魏)나라 제왕(齊王, 曹芳) 가평(嘉平) 초에 백마하(白馬河)에서 요상한 말(馬)이 나왔는데, 그 말이 밤에 관목장(官牧場) 주변에 다가와 울자 그곳의 말들이 모두 다 이에 응하는 것이었다.

이튿날 그 말의 발자국을 따라가 보니 크기가 곡(斛)만하였으며, 수 리를 뻗쳐 결국 다시 물 안으로 들어간 흔적이 있었다.

위(魏)나라 경초(景初) 원년, 위(衛)나라 땅 이개(李蓋)의 집에서 제비가 아주 큰 새끼를 부화하였는데, 모습은 마치 매처럼 생겼으나 부리는 제비 그대로였다.

고당륭(高堂隆)이 이렇게 풀이하였다.

「이는 위(魏)나라 왕실의 큰 이변을 예고하는 것이다. 마땅히 조정 안[蕭牆之內]에서 무력을 자랑하는 신하[鷹揚之臣]를 방비하여야 할 것이다.」

그뒤 선제(宣帝, 司馬懿)가 일어나 조상(曹爽)을 죽이고, 위나라 왕실의 실권을 잡았다.

촉(蜀)나라 경요(景耀) 5년, 궁궐 안의 큰 나무가 아무런 까닭 없이 저절로 부러졌다. 이에 촉나라 대신인 초주(譙周)가 심히 걱정하면서 무어라 말은 하지 못하고 기둥에다가 이렇게 썼다.

「무리도 많고 힘도 세다. 모두가 그에게 합류하기를 바라며 모든 것이 갖추어 그에게 주고 있으니, 어찌 능히 촉나라가 회복될 수 있으랴?」

이는 조조(曹操)는 군사가 많고, 그가 세운 위(魏)나라는 힘이 세다는 뜻이며, 무리가 많고 힘이 세어 천하가 마땅히 그에게 모여들게 된다는 뜻이었다. 또 하늘이 이것저것 모두 갖추어 그에게 주고 있으니, 다시 어떻게 촉나라가 일어설 수 있겠는가라는 말이다.

촉나라가 망하자, 모두가 주초의 말이 응험이 되었다고 여겼다.

오(吳)나라 손권(孫權) 태원(太元) 원년 8월 초하루, 큰 바람이 불었다. 강수(江水)와 바다가 솟구치고 해일이 일어 평지에 밀려든 물이 8자 깊이나 되었다.

그리고 고릉(高陵)의 나무 2천 그루가 뽑혀 나갔고, 그 무덤

앞의 석비(石碑)까지 뒤틀려 버렸다. 그런가 하면 오나라 성문 두 곳이 바람에 날아갔다.

이듬해 손권이 죽었다.

· 고릉(高陵): 손권(孫權)의 아버지인 손견(孫堅)의 능묘.

오(吳)나라 손량(孫亮) 오봉(五鳳) 원년 6월, 교지군(交阯郡)의 패초(稗草)가 변하여 벼가 되었다.

옛날 삼묘(三苗)가 망하기 전 오곡(五穀)의 변종(變種)이 있었다.

이는 풀의 요괴였다. 그후 손량은 폐출되고 말았다.

· 패초(稗草): 논에 나는 잡초. 피의 일종.
· 삼묘(三苗): 고대 중국 남서쪽의 이민족.

오(吳)나라 손량(孫亮) 오봉(五鳳) 2년 5월, 양선현(陽羨縣) 이리산(離里山)의 큰 돌이 스스로 일어섰다.

이는 손호(孫皓)가 허물어졌던 선조의 가문을 계승하여, 다시 그 지위를 복위할 때임을 알려 준 것이다.

오(吳)나라 손휴(孫休) 영안(永安) 4년, 안오현(安吳縣)의 평민 진초(陳焦)가 죽은 지 이레 만에 다시 살아나 무덤을 뚫고 나왔다.

이는 오정후(烏程侯) 손호(孫皓)가 망했던 자신의 가문을 이어 받아 왕위에 오를 상서로운 징조였다.

　　　　　손휴(孫休)가 죽은 후, 오나라 사람들의 의복 모습이 위는 길고 아래는 짧았다. 게다가 윗옷은 대여섯 벌을 겨입으면서 치마는 한두 벌밖에 입지 않는 것이었다.

이는 대개 윗사람은 풍요와 사치를 누리나 아랫사람은 빈궁과 고생 속에 살며, 윗사람은 여유가 있으나 아랫사람은 부족하게 된다는 징조였다.

수
신
기

7

처음 한(漢)나라 원제(元帝)·성제(成帝) 시대에 식견 있는 선비들이 이렇게 말하였다.

「위(魏)나라 연호에 〈화(和)〉자가 있을 것이며, 그때가 되면 서쪽 3천 리 지역의 어떤 돌이 열릴 것이다. 그리고 그 돌 위에 다섯 마리 말의 도안(圖案)이 그려져 있을 것이다. 또한 이런 문자도 새겨져 있을 것이다.『크게 조씨(曹氏)를 토벌하라.』」

그뒤 위나라가 흥성하기 시작하자, 장액군(張掖郡) 유곡(柳谷)의 어떤 돌이 열렸다. 이는 건안(建安) 때에 시작하여 황초(黃初) 때에 점점 뚜렷해져서, 태화(太和) 때에는 문양이 다 갖추어졌다. 둘레는 7길, 중간 높이는 1길이었다. 푸른색 바탕에 하얀 문양이었으며, 거기에 나타난 용마·인록(麟鹿)·봉황·신선의 도상이 찬연하고 모두 뚜렷하였다.

이 사건은 바로 위나라를 이어 진(晉)나라가 흥성해진다는 증거의 부명(符命)이었다. 그뒤 진나라 태시(泰始) 3년, 장액태수(張掖太守) 초승(焦勝)이 이렇게 상서하였다.

「우리 군에서 보관하고 있던 도안을 근거로 지금의 석문(石文)을 비교해 보았더니, 문자의 일부가 약간 다릅니다. 이에 삼가 도안을 그려 올립니다.」

그 문자와 도안을 고찰해 보았더니, 오마상(五馬象) 중 한 마리에는 위가 평평한 두건을 쓰고 창을 잡은 사람이 타고 있었고, 다른 한 마리는 말의 형상 같기는 하나 온전치 않았다. 그리고 문자 속에는 〈금(金)〉·〈중(中)〉·〈대사마(大司馬)〉·〈왕(王)〉·〈대길(大吉)〉·〈정(正)〉·〈개수(開壽)〉 등의 문자가 있었다. 또한 글자는 한 행을 이루어『금(金)이 이를 취하리라』고 실려 있었다.

진(晉)나라 무제(武帝) 태시(泰始) 초의 의복은 위는 좁고 아래는 풍성하였는데, 옷을 입을 때도 누구나 허리를 꽉 매어 치마를 내리덮었다. 이 모습은 임금은 쇠약해지고 신하는 방종해진다는 뜻이다.

그러다가 원강(元康) 말년에 이르러 부인들이 땀받이로 속에 입는 두 겹의 조끼를 겉으로 목에 교차로 걸쳐입었다. 이는 속에 있어야 할 것이 밖으로 나온다는 뜻이다.

그런가 하면 수레도 구차스러울 정도로 가볍고 세밀하게 만든 것을 귀히 여겼으며, 게다가 왕왕 그 수레의 형태까지 바꾸어 모두가 흰 대나무로 만든 것을 좋은 것이라 여겼다. 이러한 모습은 고대 상여 수레의 유풍으로서, 진나라가 재앙을 입을 징조를 미리 보여 준 것이다.

호상(胡床)과 맥반(貊槃)은 이적(夷狄)의 가구이며, 강자(羌煮)와 맥자(貊炙)는 이적의 음식이다.

그런데 태시(泰始) 이래 중국(中國)에서 이를 즐겨먹는 풍조가 생겼다. 또한 귀한 이나 부잣집에서는 반드시 그러한 가구를 쌓아두었다가, 좋은 행사나 손님을 모실 때면 누구나 서로 다투어 내놓고 자랑하였다.

이는 융(戎)·적(翟)이 중국을 침략해 올 전조(前兆)였다.

· 호상(胡床): 북쪽 이민족의 좌구(坐具). 교의(交椅)라고도 한다.
· 맥반(貊槃): 맥족(貊族)의 가구로 목분(木盆)의 일종.
· 맥자(貊炙): 맥족(貊族)의 불고기. 음식.

 진(晉)나라 태강(太康) 4년, 회계군(會稽郡)의 팽기(蟛蚑, 蟛蜞)와 게가 모두 쥐로 그 형상을 바꾸어, 온 들을 뒤덮으며 벼를 먹어치워 재앙거리가 되었다.

처음 그들이 바뀔 때는 털과 살은 그대로 있으나 뼈가 없어, 다닌다 해도 밭두둑을 넘지 못하였다. 그러다가 며칠 후면 모두가 수컷으로 변해 퍼져 나가는 것이었다.

·팽기(蟛蚑): 작은 새우. 방게. 팽기(彭蜞)·팽기(彭蚑) 등으로도 표기된다.

 태강(太康) 5년 정월, 무기고(武器庫)에 있는 우물에서 두 마리 용이 출현하였다. 무기고란 제왕(帝王)의 위어지기(威御之器)가 보물처럼 소장된 곳이다. 또 그 건물은 깊고 좁아 용이 처할 곳이 못 된다.

그로부터 7년 뒤 번왕(藩王)들이 서로 싸우는 팔왕지란(八王之亂)이 일어났고, 28년 뒤에는 2명의 호인(胡人, 石勒과 石虎)이 제왕의 지위를 훔쳤다. 그 두 호인은 자(字)에 용(龍, 世龍·季龍)자가 들어 있었다.

·위결탁하여 권신 양준(楊駿)을 죽이자, 여남왕(汝南王) 사마량(司馬亮)이 정치를 보필하였다. 그러나 가후(賈后)는 다시 사마위(司馬瑋)로 하여금 사마량(司馬亮)을 죽이게 하고, 그 죄를 사마위(司馬瑋)에게 뒤집어씌워 죽였다. 이 일이 발단이 되어 16년간의 난이 일어났다.

*갈족(羯族) 출신의 석륵(石勒)과 그 조카 석호(石虎). 석륵(石勒)은 오호십육국(五胡十六國) 후조(後趙)의 건립자. 319~330년 재위. 석호(石

虎)는 334~349년 재위. 영가(永嘉) 5년(311)에 전조(前趙)의 임금 유총(劉聰)이 석륵(石勒)을 장수로 삼아 서진(西晉)의 10만 대군을 죽이고 재상 왕연(王衍) 등을 사로잡아 갔다.

진(晉)나라 무제(武帝) 태강(太康) 6년, 남양군(南陽郡)에서 다리가 두 개뿐인 호랑이가 잡혔다.

호랑이란, 음(陰)의 정(精)으로 양(陽)에 거하는 금수(金獸, 방위로 西)이다. 그리고 남양은 그 이름으로 보아 오행(五行)에서는 화(火)에 해당한다. 따라서 금정(金精)이 불에 들어가니 그 형상이 녹아 없어진 것으로 왕실에 난이 일어날 조짐을 예시한 것이다.

태강 7년 11월 병진(丙辰)에는 뿔 넷 달린 짐승이 하간(河間) 땅에 출현하였다. 하늘이 이렇게 계고(戒告)한 것이다.

「뿔은 무기를 상징하며, 넷이란 숫자는 사방(四方)을 뜻한다. 마땅히 사방에서 전쟁이 일어날 것이다.」

뒤에 하간왕(河間王)이 사방의 병사들과 연합하여 질서를 무너뜨리는 난을 일으켰다.

· 금수(金獸): 금(金)은 오행(五行)으로 남방(西方). 동물로는 호(虎).
· 화(火): 오행(五行)으로는 남방(南方). 남양(南陽)의 지명을 풀이한 것.

태강(太康) 9년,* 유주(幽州)의 변방 북쪽에서 어떤 죽은 소의 머리가 말을 하는 것이었다.

당시 황제(晉, 武帝)는 병이 많아 뒷일을 매우 걱정하였으나, 결국 지극히 공정하지 못한 방법으로 뒷일을 부탁하고 말았다. 생각건대 재앙을 예측한 응험이었다.

*288년에 해당한다.

태강(太康) 연간에 어떤 잉어 두 마리가 무기고의 지붕 위에 출현하였다. 무기고는 병기를 보관하는 창고이며, 물고기는 비늘이나 껍질이 있어 역시 그 인갑(鱗甲)은 무기를 상징한다. 또 물고기는 지극한 음(陰)을 상징하고, 지붕 위는 지극한 양(陽)을 의미한다. 그런데 물고기가 지붕 위에 나타났으니, 이는 지음(至陰)이 병란(兵亂)의 재앙을 일으켜 태양(太陽, 지극한 陽)을 못살게 군다는 뜻이다.

그뒤 혜제(惠帝) 초에 이르자, 양황후(楊皇后)의 부친인 양준(楊駿)이 주살당하고 궁궐에 화살이 교차되는 전투가 벌어졌다. 그리하여 결국 양황후를 서인으로 폐위시키고,* 끝내 궁궐에 유폐시켜 죽이게 된다.

원강(元康) 말에는 다시 가후(賈后)가 정권을 독단하여 태자를 비방한 끝에 죽였으며, 결국 가후도 죽어 폐위되고 말았다.

이렇게 10년 사이 모후(母后)의 죽음이 두 차례나 일어났으니, 바로 물고기가 무기고에 나타난 사건의 응험이다.

이로부터 화란(禍亂)이 뒤얽히게 되었다.

경방(京房)의 《역요(易妖)》에는 이렇게 실려 있다.

『물고기가 물을 떠나 길가로 날아들면, 곧 병란(兵亂)이 일어난다.』

*양준(楊駿)의 딸인 무제(武帝)의 황후(皇后, 楊皇后)는 당시 태후(太

197

后)였으나, 가후(賈后)에 의해 양준(楊駿)이 피살되고 태후(太后)는 서인으로 폐위되어 영녕궁(永寧宮)에 갇혀 굶어죽었다. 또한 가후(賈后)는 태자(太子) 사마휼(司馬遹)이 자신의 소생이 아니라 하여 폐출시킨 다음 죽여 버렸다.

처음 나막신을 만들었을 때 부인들의 것은 앞을 둥글게 하고, 남자들의 것은 네모나게 하였다. 이는 만든 자가 남녀의 것이 구별되어야 한다는 의도에서 그렇게 한 것이다.

그런데 태강(太康) 연간에 이르자, 부인들도 모두가 네모난 나막신을 신게 되어 남자의 것과 구별이 되지 않았다. 이는 가후(賈后)가 질투로 정권을 휘어잡을 징조였다.

진(晉)나라 때 부인들은 머리를 묶어 빗질까지 끝내면 비단실로 이를 바짝 동여매어 둥글게 꾸몄는데, 이를 〈힐자계(擷子髻)〉라 하였다. 이는 원래 궁중에서 시작되었지만 천하가 모두 그러한 유형에 휩쓸리게 된 것이다.

진나라 말기에 이르러 결국 회제(懷帝)·민제(愍帝)가 포로되는 사건이 일어나게 되었다.

태강(太康) 연간에 천하가 〈진세녕(晉世寧)〉이라는 춤을 추었다. 그 춤은 손을 아래로 하여 잔을 잡은 형태로 이를 뒤집었다 바로 폈다 하는

동작이었다. 그리고는 이렇게 노래를 불렀다.

진나라 이 세상 편안하여라,
술잔으로 이렇게 춤을 추도다.

이를 뒤집는 동작은 지극히 위험함을 뜻하며, 배반(杯盤)이란 술잔이다. 게다가 그 춤 이름을 〈진세녕〉이라 한 것은, 당시 사람들이 구차스럽게 먹는 일에만 정신을 쏟고 그 지혜는 멀리까지 미치지 못함이, 마치 술잔이 손에서 떠나지 않는 것과 같다는 뜻이었다.

태강(太康) 연간에 천하 사람들이 털실로 머리띠와 허리띠, 그리고 바지 아랫단을 만들어 썼다. 이에 백성들이 서로 우스갯소리를 해댔다.
「이러다가는 중국(中國)이 반드시 오랑캐에게 먹히고 말리라.」
무릇 털실 담요는 오랑캐 나라에서 나는 물건이다. 그런데 천하가 이를 가지고 머리띠와 허리띠·바지단을 만들었던 것이다. 이는 오랑캐가 이미 세 가지를 제압한 것이니, 어찌 능히 그들에게 패하지 않을 수 있으리요!

태강(太康) 말, 경락(京洛, 洛陽) 지역에 〈절양류(折楊柳)〉라는 노래가 유행하였다. 이 노래의 내용은 앞부분은 전쟁의 고통에 대한 것이며, 끝부분은 잡고 죽이는 일을 읊은 것이다.

그뒤 양준(楊駿)이 피살되고, 양태후(楊太后)는 유폐되어 죽었
으니 이 노래의 응험이었다.

진(晉)나라 무제(武帝) 태희(太熙) 원년, 요동
(遼東)의 어떤 말에 뿔이 났는데 그 위치는 귀 아
래였으며 길이는 세 치였다.
그 일이 있고 나서 무제가 죽고, 왕실은 병화(兵禍)에 휘말렸다.

진(晉)나라 혜제(惠帝) 원강(元康) 연간에 부인
들이 다섯 가지 무기 형상의 장식물을 차고 다니
는 것이 유행하였다. 즉 금·은·상아·대모(瑇
瑁) 등속으로 작은 도끼와 큰 도끼, 창과 긴 창의 형상을 만들어
이를 머리에 꽂아 비녀로 삼는 것이다.
남녀가 구별되여야 하는 것은 국가의 대절(大節)이다. 그 때문
에 복식(服食)에는 차이와 등급이 있는 것이다. 그런데 부인들이
오히려 병기 모습의 장식을 만들어 수식하고 다니니, 이는 지나
치게 심한 요사(妖事)라 할 수 있다.
이에 드디어 가후(賈后)가 정권을 농단하고 대신을 참살하는
사건이 일어나고 말았다.

진(晉)나라 원강(元康) 3년 윤2월, 궁전 앞에
있는 6개의 종(鐘) *이 모두 눈물을 흘리기 시작
하더니 오각(五刻)이 되어서야 그치는 것이었다.

　이는 1년 전 가후(賈后)가 금용성(金墉城)에서 양태후(楊太后)를 죽이는, 이같은 악행을 저지르고도 개전의 정이 없었기 때문에 종이 눈물을 흘려 이를 슬퍼한 것이다.

* 낙양(洛陽) 태극전(太極殿) 앞 좌우에 3개씩의 동종(銅鐘)이 있다.

　진(晉)나라 혜제(惠帝) 때, 경락(京洛)의 어떤 사람이 몸은 하나에 남녀 두 가지 기관(器官)을 함께 가지고 있었으며, 남녀의 성능(性能, 性徵) 또한 갖추고 있었다. 그는 특히 성이 음란하였다.

　천하가 병란에 휩싸이게 되는 것은, 남녀의 기(氣)가 혼란을 일으켜 요괴(妖怪)가 그러한 형상을 만들어내기 때문이다.

　진(晉)나라 혜제(惠帝) 원강(元康) 연간 안풍군(安豐郡)에 주세녕(周世寧)이라는 여자가 있었는데, 여덟 살 때부터 점점 남자로 변하여 열일고여덟 살쯤에는 기질과 성분이 완전히 갖추어졌다.

　그런데 그의 여자로서의 신체 부분의 변화는 완전히 사라지지 못하였고, 남자로서의 신체 부분도 완전히 이루이지지 못해 이내를 얻기까지 하였지만 아이는 낳지 못했다.

　　원강(元康) 5년 3월, 임치(臨淄)에 큰 뱀 한 마리가 나타났다.

　　그 길이가 10장쯤 되었는데 새끼뱀 둘을 업은 채 성의 북문으로 들어와서는, 곧바로 시장을 통해 한양성(漢陽城)에 있는 경왕(景王)의 사당(祠堂)*으로 들어가 더 이상 보이지 않았다.

*춘추시대(春秋時代) 제(齊)나라 경공(景公)의 사당(祠堂).

　　원강(元康) 5년 3월, 여현(呂縣) 땅에 피가 흐르는 변괴가 나타났는데 동서로 1백여 보나 되는 범위였다.

　　그뒤 8년 만에 봉운(封雲)이 서주(徐州)에서 난을 일으켜 수만 인이 살상되었다.

　　원강(元康) 7년, 벼락이 성 남쪽 고매사(高禖祠)의 석단(石壇)을 깨뜨렸다. 고매사는 황궁 내의 여자들이 아들을 낳게 해달라고 비는 곳이다.

　　가후(賈后)가 투기를 부려 장차 회제(懷帝)와 민제(愍帝)를 죽이려 하자, 하늘이 그 가후에게 노하여 장차 주벌을 내릴 것을 예시한 것이다.

・고매사(高禖祠): 고매(高禖)는 신(神)의 이름. 제왕(帝王)의 비(妃)가 아들을 낳게 해달라고 비는 신(神). 그 신(神)을 모신 사당(祠堂).

　　　원강(元康) 연간에 천하 사람들이 서로 오장(烏杖)이라는 지팡이를 만들어, 이를 겨드랑이에 끼고 다니는 풍조가 시작되었다. 그뒤 점점 그 지팡이 끝에 평평한 쇠붙이를 달아 쉴 때는 이를 땅에 꽂아두기까지 하였다.

　회제(懷帝)·민제(愍帝) 때에 이르자 왕실에 사고가 많아졌으며, 중도(中都, 洛陽)를 잃고 패배하게 되었다.

　진(晉)나라 원제(元帝, 司馬睿)가 제후의 신분으로 동방(東方, 建康·東晉)에 덕을 심어 천하를 유지하게 되었으니, 이것이 바로 겨드랑이를 받치던 그 지팡이가 응험한 것이다.

　·오장(烏杖): 검은 지팡이. 혹은 지팡이 끝에 까마귀 도안을 넣은 것.

　　　원강(元康) 연간에 직업 없는 귀족 자제들이 서로 머리를 산발하고 알몸으로 술을 마시는 놀이를 즐기면서, 술자리에 데리고 온 비첩들을 희롱하며 노니는 풍조가 생겼다.

　이에 거역하는 자는 같이 어울리지도 못하게 하였으며, 비방하는 자는 그들의 따돌림을 받았다. 하지만 지조 있는 선비들은 이를 부끄럽게 여기고 거들떠보지노 않았나.

　호(胡)·적(狄)의 중국(中國) 침범의 싹이 그때 시작된 것이며, 그후 드디어 이호지란(二胡之亂)이 발생하였다.

　·이호지란(二胡之亂): 십육국(十六國) 가운데 전조(前趙)는 흉노인(匈奴人) 유연(劉淵)·유총(劉聰)·유요(劉曜)였으며, 후조(後趙)는 갈족(羯族)의 석륵(石勒)·석호(石虎)였다. 각각 낙양(洛陽)·장안(長安)을

함락하고, 회제(懷帝)와 민제(愍帝)를 포로로 잡아갔다.

진(晉)나라 혜제(惠帝) 태안(太安) 원년, 단양군 (丹陽郡) 호숙현(湖熟縣)의 하가호(夏架湖)에서 큰 돌이 물 위로 떠오르더니 2백 보를 나와 호숫 가로 올라왔다.

백성들이 놀라 서로 이렇게 말하였다.

「돌이 걸어온다!」

얼마 후 석빙(石氷)이 건업(建鄴)을 공격해 왔다.

태안(太安) 원년 4월, 어떤 사람이 운룡문(雲龍 門)으로부터 궁전 앞으로 들어와 북면(北面) 재배 하면서 이렇게 외쳤다.

「중서감(中書監)은 마땅히 내가 되어야 한다.」

이에 그를 즉시 붙들어 목을 쳐버렸다. 금정(禁庭)은 지극히 존 엄한 자의 비밀스러운 곳이다. 천한 사람이 들어왔는데도 문을 지키던 자들이 알아차리지 못했다는 것은, 장차 궁실이 비게 되 어 아랫사람이 윗사람을 밟고 올라선다는 징조이다.

뒤에 민제(愍帝)가 장안(長安)으로 천도하자* 궁전이 비게 되 었다.

· 중서감(中書監): 중서령(中書令). 기밀문서(機密文書)를 관장하며, 재 상(宰相)과 같다.

· 금정(禁庭) 금중(禁中). 즉 궁궐.

＊유요(劉曜, 前趙)가 낙양(洛陽)을 점령하여 회제(懷帝)가 포로가 되자,

민제(愍帝)가 장안(長安)으로 도망하여 제위에 올랐다.

태안(太安) 연간, 강하군(江夏郡)의 공조(功曹) 장빙(張騁)이 타고 가던 소가 갑자기 말을 하는 것이었다.

「천하가 바야흐로 큰 난리에 휩쓸리리라. 나는 이를 심히 다급하게 생각하는데, 나를 타고 어디를 가려는가?」

장빙과 그의 부하 몇 사람이 이를 듣고서 모두가 놀라워하였다. 이에 장빙은 우선 이렇게 거짓으로 달래었다.

「너를 되돌아가게 해주마. 더 이상 그러한 말을 하지 말아라.」

그리고는 돌아서서 집으로 왔다. 아직 수레를 풀기도 전에 그 소가 다시 입을 열었다.

「어찌하여 이렇듯 일찍 귀가하였는가?」

장빙은 더욱 걱정스럽고 두려웠다. 그러나 그 사실을 비밀로 하고 남에게는 발설하지 않았다.

당시 안륙현(安陸縣)에 점을 잘 보는 자가 있어 장빙은 그를 찾아가 풀이해 달라고 하였다. 점괘는 이렇게 나왔다.

「크게 흉하다. 이는 한 집안의 재앙이 아니다. 천하가 장차 병화를 입으리라. 이 군(郡) 내의 모든 사람이 다 파망(破亡)하리라!」

장빙이 집으로 돌아오자, 그 소가 다시 사람처럼 두 발로 서서 걸어다니는 것이었다. 이에 백성들이 몰려들어 이를 구경하였다.

그해 가을 과연 장창(張昌)이 변란을 일으켜 먼저 강하군을 공략, 백성을 유혹하고 부추겼다. 한(漢)나라 국운이 다시 부흥할 것이며, 봉황(鳳凰)의 서응(瑞應)이 나타나 성인이 이 세상에 출현한다는 것이었다.

　백성들은 이에 혹하여, 그들 군대에 따라 나선 자들은 모두 머리에 붉은 띠를 매었다. 이는 화덕(火德)을 상징적으로 드러내어 밝힌 것이었다.

　백성들은 동요하기 시작하였고, 그 반란에 참가하는 것이 마지막 돌아갈 곳인 양 여겼다. 장빙의 형제도 이에 참가하여 장군과 도위(都尉)가 되었지만 얼마 되지 않아 패배하고 말았다.

　이에 강하군 전체가 파잔(破殘)되어 사상자가 반이 넘었으며, 장빙의 가족은 멸족당하고 말았다.

　경방(京房)의 《역요(易妖)》에는 이렇게 실려 있다.

　『소가 능히 말을 하면, 그 말과 같은 일이 일어난다. 소의 말로써 길흉을 점칠 수 있다.』

· 봉황(鳳凰): 장창(張昌)이 자신의 궁궐 옆 바위에 대나무로 새 모양을 만들어 놓고 오채(五綵) 무늬를 입혔다. 그 곁에 고기를 놓아 많은 새들이 모여들게 하여, 이를 봉황(鳳凰)이 새들을 모았다고 하였다.
· 화덕(火德): 한대(漢代)는 화덕(火德)으로 임금이 되었다 여겨, 장창(張昌)이 한대(漢代)를 계승한다는 뜻으로 붉은색 두건을 썼다.

　원강(元康)·태안(太安) 연간, 장강(長江)·회수(淮水) 지역에서 어떤 낡은 미투리들이 저절로 길에 모여들었는데 많게는 4,50켤레나 된 곳도 있었다.

　사람들이 혹 이를 치워 없애려고 수풀 속에 던져 버렸으나, 이튿날 보면 모두가 다시 그곳에 모여 있는 것이었다. 어떤 사람들은 그 미투리를 살쾡이가 물어다 모아두는 것을 보았다고도 하였다.

세상에 전하는 바는 다음과 같다.

「미투리라는 것은 사람이 천하게 신는 것이며, 노고로움과 욕됨을 당하는 물건이다. 그러므로 이는 하층 백성을 상징한다. 낡아 못 신게 되었다는 것은 피폐함을 뜻한다. 길(道)이라는 것은 땅으로 사방이 교통하는 곳이며, 임금의 명령을 받은 자들이 왕래하는 곳이다.

그런데 지금 낡은 미투리가 길에 모여 있다 하였으니, 이는 하층 백성이 피폐하고 병들어 장차 서로 모여 난을 일으켜 사방의 교통을 끊고, 임금의 명령을 막게 된다는 뜻이다.」

진(晉)나라 혜제(惠帝) 영흥(永興) 원년, 성도왕(成都王, 司馬穎)이 장사왕(長沙王, 司馬乂)을 공격하여 승리를 거두고 건업(建鄴)으로 되돌아와서 그 내외에 진을 쳤다.

그런데 이날 밤, 병사들의 창 끝마다에서 불빛이 나는 것이었다. 멀리서 보면 마치 등불을 매달아 놓은 것 같았으나, 가까이 다가가 보면 없어지는 것이었다.

그뒤 성도왕은 끝내 패망하고 말았다.

진(晉)나라 회제(懷帝) 영가(永嘉) 원년, 오군(吳郡) 오현(吳縣)의 만상(萬祥)이라는 자의 집 비녀(婢女)가 아이를 낳았는데, 새의 머리에 두 발은 말굽이 달려 있고 한 손에는 털이 없었으며, 꼬리는 노란색

으로 크기가 밥공기만하였다.

 영가(永嘉) 5년, 부한현(枹罕縣) 현령 엄근(嚴根)의 비녀가 용 한 마리와 딸 하나, 거위 한 마리를 한꺼번에 낳았다.

경방(京房)의 《역전(易傳)》에는 이렇게 실려 있다.

『사람이 다른 물체를 낳는다는 것은 자주 나타나는 일이 아니다. 모두 천하에 큰 전쟁이 일어날 징조이다』

당시는 진(晉)나라 혜제(惠帝)의 뒤를 이어 회제(懷帝)가 즉위한 후였는데, 사해(四海)가 들끓어 얼마 후 회제는 포로가 되어 평양(平陽)으로 끌려갔다가 호적(胡賊)에게 피살되고 말았다.

 영가(永嘉) 5년, 오군(吳郡) 가흥현(嘉興縣)의 장림(張林)이라는 사람의 집 개가 갑자기 사람처럼 서서 이렇게 말하는 것이었다.

「천하 사람들이 모두 굶어죽을 것이다.」

이에 과연 이호지란(二胡之亂)이 일어나 천하가 기황(饑荒)에 허덕였다.

 영가(永嘉) 5년 11월, 언서(鼴鼠)가 연릉(延陵)에 출현하였다.

곽박(郭璞)이 이를 두고 점을 쳐서 임괘(臨卦)와 익괘(益卦)를 얻었는데, 그 풀이는 이와 같았다.

「이 군(郡)의 동쪽 현(縣)에 어떤 요인(妖人)이 나타나 스스로를 천자라 칭하고 싶어하다가, 얼마 후 저절로 죽어 없어지리라.」

·언서(鼴鼠) : 언서(鼨鼠). 두더지의 일종.
·임괘(臨卦) : 《주역(周易)》의 괘(卦) 이름. 태하곤상(兌下坤上).
·익괘(益卦) : 역시 괘(卦) 이름. 진하손상(震下巽上).

영가(永嘉) 6년 정월, 무석현(無錫縣)에 홀연히 네 가지의 수유나무가 나서 서로 얽혀 자라는 것이 마치 연리지(連理枝) 같은 모습이었다.

이에 앞서 곽박(郭璞)이 연릉(延陵)에 나타난 언서(鼴鼠)를 두고 점을 쳐 임괘(臨卦)와 익괘(益卦)를 얻었을 때, 그 괘상이 이러하였었다.

「뒤에 틀림없이 요수(妖樹)가 나타나리라. 마치 상서로운 듯해 보이나 사실은 그렇지 않다. 이는 맵고 독이 있는 나무이다. 이런 나무가 생겨나면 동서 수백 리 땅에 반드시 역모를 꾸미는 자가 나타나리라.」

그 나무가 출현하자, 그뒤 오흥현(吳興縣)의 서복(徐馥)이 난을 일으켜 태수인 원수(袁琇)를 죽이는 사건이 발생하였다.

·연리지(連理枝) : 두 나무의 가지가 맞닿아서 결이 서로 통한 것.

영가(永嘉) 연간 수춘(壽春) 성내의 어떤 집돼지가 사람을 낳았는데 그 머리가 둘이었으며, 이내 죽고 말았다. 이에 주복(周馥, 曹操)이 이를 가

져다가 살펴보았다.

그때 어떤 식자(識者)가 이렇게 풀이하였다.

「돼지는 북방을 상징하는 가축으로 호(胡)·적(狄)을 뜻합니다. 머리가 둘인 것은 위가 없다는 뜻이요, 태어나자마자 죽었다는 것은 완성을 이루지 못하였다는 뜻입니다. 즉 하늘이 이렇게 계고(戒告)하는 것이지요. 『사람이 쉽게 이익만을 남기려고 도모하다가는 스스로 멸망을 자초하게 되리라』」

잠시 후 주복은 원제(元帝)에게 패망하고 말았다.

영가(永嘉) 연간 사대부들이 다투어 생견(生絹)으로 홑옷을 해입었다. 식자(識者)가 이를 해괴하게 여겨 이렇게 말하였다.

「이는 고대의 세최(繐衰), 즉 상복을 지을 때 쓰는 방법이다. 제후들이 천자의 상복을 입을 때 그렇게 하였던 것이다. 지금 아무런 까닭 없이 그러한 옷을 해입으니, 이는 무슨 응험이 있으려고 그러는가?」

과연 그뒤 회제(懷帝)와 민제(愍帝)가 죽었다.

· 세최(繐衰): 마(麻)로 만든 상복(喪服).

옛날 위(魏)나라의 무제(武帝, 曹操)가 군중(軍中)에서 아무런 까닭 없이 백갑(白帢)이라는 모자를 쓰고 다녔다. 이는 흰색의 상복을 상징하는 것이었다.

이러한 모자를 처음 만들었을 때는, 그 모자의 앞쪽을 비스듬히 바느질하여 뒤쪽과 구별할 수 있도록 하였다. 그 이름을 〈안(顔)〉이라 하였으며, 민간에서도 유행되었다.

그런데 영가(永嘉) 연간에 이르러 점점 그 바느질 자리를 없애었고, 이름도 〈무안갑(無顔帢)〉이라 바뀌게 되었다.

게다가 부인들이 머리를 묶으면서 점점 느슨하게 하여 그 묶은 머리가 스스로 형태를 지켜 뻗쳐 있을 수가 없었으며, 이 때문에 머리카락이 이마로 흘러내려 겨우 눈만 보일 뿐이었다.

얼굴이 없다[無顔]는 것은 부끄럽다는 뜻이요, 이마를 덮는다[覆額]는 것은 창피하게 여길 때의 모습이다. 그리고 머리를 지나치게 느슨하게 묶었다는 것은 천하에 예(禮)와 의(義)가 없다는 뜻이다. 이렇게 자기 하고 싶은 정성(情性)을 방종하게 하여 그 끝까지 내달았으니, 대치(大恥)에 도달한 것이다.

그후 2년, 영가지란(永嘉之亂)이 터져 사해(四海)가 분열되고 무너졌다. 아래 백성들이 슬픔과 고통 속에서 얼굴을 들고 살아갈 수 없는 지경에 이르게 된 것이다.

· 백갑(白帢): 흰색 모자. 두건. 조조(曹操)가 처음 만들어 썼다고 한다.

 진(晉)나라 민제(愍帝) 건흥(建興) 4년, 서도(西都, 長安)가 무너지자 원황제(元皇帝, 東晉의 첫 임금)가 다시 동진(東晉)의 임금이 되어 사해가 그에게 귀의하였다.

그해 10월 22일, 신채현(新蔡縣)의 현리(縣吏)인 임교(任喬)의 아내 호씨(胡氏)가 나이 스물다섯 살에 두 딸을 낳았다. 그런데

그 두 딸이 얼굴을 마주하고 배와 가슴은 붙었으며, 허리 이상과 배꼽 이하는 각각 떨어져 있었다. 이는 아마도 천하가 하나로 통일될 수 없다는 징조였을 것이다.

그때 내사(內史)인 여회(呂會)가 이런 상서를 올렸다.

「《서응도(瑞應圖)》를 관찰해 보면, 『서로 다른 뿌리이면서 한 몸이 된 것을 〈연리(蓮理)〉라 하며, 다른 싹이면서 한 이삭인 것을 〈가화(嘉禾)〉라 한다』 하였습니다. 이렇듯 초목의 무리조차도 오히려 상서로운 일이라 하였습니다.

그런데 지금 하늘이 이렇듯 신령스런 형상을 내려 주셨습니다. 그래서 《주역(周易)》에 『두 사람이 같은 마음이면 그 날카롭기가 쇠도 끊을 수 있다』 하였습니다. 이 길상(吉祥, 休顯)이 섬동지국(陝東之國)에 나타났으니, 이는 사해가 한마음이 된다는 상서로움일 것입니다. 이 기쁨을 이기지 못하여 이에 이를 그림으로 그려 올립니다.」

당시의 식견 있는 자들이 이를 보고서 비웃었다. 어떤 군자는 이렇게 비평하였다.

「안다고 하는 것은 참으로 어려운 일이다. 장문중(臧文仲)같이 똑똑하다는 사람도 오히려 원거(爰居, 海鳥)를 보고 귀한 신(神)인 줄 알고 제사를 지냈을 정도이니 말이다. 장문중의 그 사건이 책마다 기록마다 실려 있어, 지혜에는 다함이 없음을 1천 년을 두고 잊지 않고 있다. 그러므로 선비란 배우지 않으면 안 된다.

옛사람들은 이렇게 말하였다. 『나무에 가지와 잎이 없으면 이를 외(瘣)라 하고, 사람이 배우지 않으면 고(瞽, 文盲)라 한다』 자기가 모르는 바가 있으면 마땅히 그대로 비워두어야 한다. 그것이 바로 힘써야 할 일이 아닌가!」

• 서응도(瑞應圖): 책(冊) 이름. 영이상서(靈異祥瑞) 등의 비결(秘訣)을 적은 것으로 여겨진다. 실전(失傳).《개원점경(開元占經)》은 이 책을 많이 인용하였다.

진(晉)나라 원제(元帝) 건무(建武) 원년 6월, 양주(揚州)에 큰 가뭄이 들었다. 그리고 12월에는 하동(河東)에 지진이 일어났다.

그에 앞서 1년 전 12월에 독운령사(督運令史) 순우백(淳于伯)을 참수하였더니, 그 피가 거꾸로 흘러 기둥을 타고 2장 3척이나 올라갔다가 다시 아래로 4척 5촌이나 흘러내리는 일이 있었다. 이렇듯 순우백이 억울하게 죽어, 드디어 잦은 가뭄이 3년이나 계속되었던 것이다.

형벌을 마구 쓰게 되면 각종 음기(陰氣)가 서로 엉겨붙어 제구실을 하지 못한다. 그 때문에 양기(陽氣)가 지나치게 승하여 조화를 이루지 못하게 된다.

가뭄이 3년 동안 계속되었던 징벌은 그 원기(冤氣)의 응험이었던 것이다.

• 독운령사(督運令史): 군량(軍糧)을 조운(漕運)하는 임무를 맡은 사람.

진(晉)나라 원제(元帝) 건무(建武) 원년 7월, 진릉군(晉陵郡) 동문(東門)에서 어떤 소 한 마리가 송아지를 낳았는데 한 몸에 머리가 둘이었다.

경방(京房)의《역전(易傳)》에는 이렇게 실려 있다.

『소가 새끼를 낳아 머리 둘에 몸이 하나로다. 천하가 장차 분열될 상이로다.』

원제(元帝) 태흥(太興) 원년 4월, 서평군(西平郡)에 지진이 일어나 물이 세찬 기세로 치솟았다.

그리고 12월에는 여릉군(廬陵郡)·예장군(豫章郡)·무창군(武昌郡)·서릉군(西陵郡)에도 역시 지진이 일어나 물이 솟아오르고 산이 무너졌다.

이는 왕돈(王敦)이 임금을 능멸할 징조였다.

태흥(太興) 원년 3월, 무창태수(武昌太守) 왕량(王諒)의 집에서 기르던 소가 새끼를 낳았는데 머리 둘에 다리가 여덟이며, 두 개의 꼬리는 하나의 배에 같이 붙어 있었다.

어미 스스로 낳을 수가 없어 10여 인이 끈으로 이를 묶어 잡아당겼다. 그리하여 새끼는 죽고 어미만이 살아났다.

그로부터 3년 뒤 황궁의 후원(後苑)에서 역시 소가 새끼를 낳았는데, 다리 하나에 꼬리가 셋이었으며 낳자마자 즉시 죽고 말았다.

태흥(太興) 2년, 단양군(丹陽郡)의 관리 복양(濮陽) 사람 양연(楊演)의 집에서 말이 망아지를 낳았는데 그 머리가 둘이었으며, 목 아래에는 두 몸

체로 떨어져 있었다. 그러나 망아지는 낳자마자 죽었다.

이는 정치가 사문(私門)으로 간다는 것으로서, 머리 둘의 모습이 그 상징이다. 그뒤 왕돈(王敦)이 임금을 능멸하였다.

태흥(太興) 초, 어떤 여자의 음부(陰部)가 배에 붙었는데 그 배꼽의 아래쪽이었으며, 중국(中國)에서 강동(江東)으로 옮겨와 살았다. 그 여자는 성이 음란하였으며, 아이를 낳지 못하였다.

또 다른 여자는 음부가 머리에 붙어 양주(揚州)에 살고 있었으며, 역시 음란한 것을 좋아하였다.

경방(京房)의 《역요(易妖)》에는 이렇게 실려 있다.

『사람이 딸을 낳아 머리에 음부가 있게 되면 천하에 대란이 일어나고, 배에 있게 되면 천하에 사고가 나며, 등에 있게 되면 천하에 후사가 없게 된다.』

태흥(太興) 연간, 왕돈(王敦)이 무창(武昌)을 진수(鎭守)하고 있었다.

그런데 그 무창에 화재가 발생하여 큰 불길이 솟았다. 무리를 불러 껐지만 한 곳을 끄고 나면 또 다른 곳에 불길이 일어 동서남북 수십 곳이 모두 불이 붙어 며칠 동안 끊이지 않는 것이었다.

예로부터 전해 오는 말로 「재앙이 마구 일어나니 군대를 일으켜도 구제할 길이 없다」라고 한 그대로였다. 이는 신하이면서 임금처럼 굴어 항양(亢陽)이 그 절도를 잃었기 때문이었다.

이해는 왕돈이 임금을 능멸하여 〈임금이란 없다〉는 방자한 마음을 갖게 되었기 때문에 그러한 재앙이 발생한 것이다.

· 항양(亢陽): 양(陽)의 기(氣)가 최고로 극성하다는 뜻.

태흥(太興) 연간, 병사들이 붉은 주머니로 머리를 묶고 다녔다.

식자(識者)가 이를 보고서 이렇게 예견하였다.

「머리를 묶어 이를 건(乾)으로 삼는 것은 군도(君道)를 상징하는 것이요, 주머니를 곤(坤)으로 삼는 것은 신도(臣道)를 상징하는 것이다.

그런데 지금 붉은색 주머니로 머리를 묶고 있으니, 이는 신도가 군도를 침해하게 되는 것이다.」

당시 사람들의 옷 또한 웃옷은 매우 짧아 겨우 겨드랑이에 이를 뿐이었고, 모자는 그 목을 묶을 정도로 파묻혔다. 아래가 위를 핍박하니, 이는 윗사람이 있을 자리가 없다는 뜻이다. 바지 또한 그 폭이 곧바로 바지단에 닿게 내려진 채로 조금도 자르지 않았으니, 이는 아래가 장대함을 상징한다.

얼마 후 왕돈(王敦)이 역모하여 다시금 경사(京師)를 공격해 왔다.

· 경사(京師): 서울. 여기서는 동진(東晉)의 수도(首都)인 건강(建康). 왕돈(王敦)이 영창(永昌) 원년(元年, 322)에 건강(建康)을 공격하였으며, 2년 후〔太寧 二年〕 다시 공격하자 명제(明帝)가 왕돈(王敦)을 토벌케 하였다.

태흥(太興) 4년, 왕돈(王敦)이 무창(武昌)에 있을 때 그를 호위하던 부하의 의장(儀仗)에서 꽃이 피었는데, 마치 연꽃 같았으며 5,6일이 지나자 시들어 떨어지는 것이었다.

어떤 이가 이렇게 말하였다.

「《역(易)》에 『시든 버드나무에 꽃이 핀들 그것이 얼마나 가랴?』 하였는데 지금 미친 꽃이 마른 나무에 피었고, 그것도 호위 병사들이 있는 누각에서 일어난 일이니, 이는 위의(威儀)가 풍성하고 영화가 풍성한들 모두가 미친 꽃 같으니 가히 오래 갈 수가 없다.」

그뒤 왕돈은 임금의 명령을 거역한 죄로 육시(戮屍)의 형벌이 가해졌다.

· 육시(戮屍): 죽은 후 그 시신을 꺼내어 욕보이는 형벌. 부관참시(剖棺斬屍)와 같다.

옛날 우선병(羽扇柄, 우선이라는 부채의 손잡이)을 만들었을 때는 나무에 뼈 모양의 형상을 새겼으며, 그 깃의 숫자도 10개를 써서 완전수(完全數)를 상징하였다.

당초 왕돈(王敦)이 남정(南征)할 때 처음으로 이를 고쳐 만들어 아래로 그 자루를 늘여 이를 잡을 수 있게 하고, 그 깃의 숫자도 8개로 하였다.

식견 있는 자가 이를 보고서 이렇게 탓하였다.

「무릇 우선(羽扇)이란 날개를 상징하는 말이다. 왕돈이 이 자루를 길게 늘였으니, 이는 그 자루를 잡고 그 날개를 제압하겠다는 뜻이다. 또 10이라는 숫자를 8로 줄였으니, 이는 미비(未備)한 자가 완비(完備)한 자의 것을 빼앗으리라는 뜻이다. 아마 왕돈이 권력을 찬탈하여 조정의 힘을 제압하고, 장차 덕 없는 자가 차지해서는 안 될 왕위를 훔치려는 뜻이리라.」

· 우선병(羽扇柄): 새의 깃으로 만든 부채의 손잡이.
· 남정(南征): 서진(西晉) 말(末) 왕돈(王敦)이 정남장군(征南將軍)이 되어 형주(荊州)·양주(襄州)를 평정한 일.

 진(晉)나라 명제(明帝) 태녕(太寧) 초, 무창(武昌)에 큰 뱀이 나타나 옛 신사(神祠)의 빈 나무 속에 살고 있었는데, 매번 머리를 내밀어 사람이 주는 음식을 받아먹는 것이었다.

경방(京房)의 《역전(易傳)》에는 이렇게 실려 있다.

『뱀이 읍내에 나타나면, 3년 이내에 큰 전쟁이 일어나 나라에 큰 근심거리가 생긴다.』

그로부터 얼마 후 왕돈(王敦)의 역모 사건이 일어났다.

수신기

우(虞)나라 순(舜)임금이 역산(歷山)에서 농사를 짓다가 하수(河水)가의 바위 틈에서 옥력(玉歷)을 주웠다.

이에 순임금은 천명이 자기에게 왔다는 것을 알고 천도를 실천하기를 게을리 하지 아니하였다. 순임금은 용안(龍顏)에 입이 컸으며, 손에는 〈포(襃)〉라는 글자를 쥐고 있었다.

송균(宋均)이 이를 이렇게 주석(註釋)하였다.

「손에 포를 쥐고 있다는 것은 손바닥에 포자가 씌어 있었다는 뜻으로서, 이는 온갖 노력과 고생을 바탕으로 포상(襃賞)을 받아 큰 복을 누리게 된다는 의미이다.」

· 옥력(玉歷): 개조환대(改朝換代)의 시기와 날짜를 적은 부적, 혹은 그 기록이 쓰인 옥첩(玉牒)이라 한다.

탕(湯)임금이 하(夏)나라를 이기고 나자, 큰 가뭄이 7년간이나 계속되어 낙수(洛水)가 고갈되고 말았다.

탕임금은 이에 친히 상림(桑林)에 가서 기도를 드렸다. 그 손톱과 머리를 깎고, 자신을 희생물로 삼아 상제(上帝)에게 복을 빌었던 것이다.

그러자 즉시 큰비가 내려 사해(四海)를 적셔 주었다.

　　여망(呂望, 姜太公)이 위수(渭水)의 북쪽 언덕에서 낚시질을 하고 있을 때, 문왕(文王)이 사냥을 나가면서 점을 쳤더니 다음과 같은 점괘가 나왔다.

「오늘 사냥에서 짐승 하나를 얻으리니, 이는 용도 이무기도 아니며 곰도 큰곰도 아니고 제왕의 스승되기에 합당한 자로다.」

　　과연 태공(太公)을 위수의 북쪽에서 만나 서로 이야기를 나누어 보고는 크게 기뻐하며 수레에 함께 태우고 돌아왔다.

　　무왕(武王)이 주(紂)를 벌하러 나서서 하수(河水)가에 이르렀을 때, 비가 심하게 내리고 천둥이 치며 날이 갑자기 컴컴해지더니 하수에 파도가 이는 것이었다.

　　무리들이 무서움에 크게 떨자, 무왕이 이렇게 말하였다.

「내가 여기 있는데, 천하에 누가 감히 나를 대적하려는가!」

　　그러자 즉시 바람이 멎고 파도가 잠잠해졌다.

　　노(魯)나라 애공(哀公) 14년, 공자(孔子)의 꿈에 삼괴지간(三槐之間)이 보이더니 풍(豐)·패(沛) 지역에서 붉은 연기가 일어나는 것이었다.

　　이에 공자가 안회(顏回)와 자하(子夏)를 불러 함께 그곳을 보러 떠났다. 수레를 몰아 초(楚)나라 서북쪽 범씨묘(范氏廟)에 이르자, 어떤 아이가 인(麟)을 두드려 그 왼쪽 앞다리에 상처를 내고는 섶을 묶어 덮어둔 것이 보였다.

공자가 물었다.

「애야, 이리 오너라! 너의 성은 무엇이며 누구냐?」

아이는 이와 같이 대답하였다.

「나의 성씨는 적송(赤松)입니다. 이름은 시교(時喬)라 하며, 자는 수기(受紀)입니다.」

그러자 공자가 다시 물었다.

「너는 방금 무슨 물건인가를 보았겠지?」

「나는 방금 어떤 짐승 하나를 보았습니다. 마치 노루 같았으나 양(羊)의 머리에 뿔이 나 있었고, 그 뿔의 끝은 살로 되어 있었습니다. 방금 서쪽으로 달아났습니다.」

아이의 이 말에 공자가 다시 이렇게 일렀다.

「천하는 이미 주인이 있단다. 그 주인은 바로 적류(赤劉)라고 한다. 진섭(陳涉)과 항우(項羽)가 그를 보필하고 있지. 오성(五星)이 정수(井宿)로 들어가 세성(歲星)을 따르고 있단다.」

그러자 아이가 섶을 들추어 그 인을 공자에게 보여 주었다.

이에 공자가 내달려 다가갔다. 인은 공자를 마주하자 자신의 귀를 가리고 나서 3권의 도서(圖書)를 토해 내었다. 그 책은 너비가 3촌 길이는 8촌이었으며, 매권마다 24자씩 씌어 있었다. 그 내용은 이러하였다.

『적류(赤劉)가 일어나는 날에 주(周)나라는 망하리라. 붉은 기운이 일어나 화덕(火德)이 밝게 비치리라. 공자가 천명을 정하니, 그 황제의 성씨는 묘금(卯金, 劉)이로다』

·삼괴지간(三槐之間): 주(周)나라 때 궁궐 밖에 세 그루의 괴(槐)나무를 심어 놓고 천자(天子)가 정치를 듣던 곳. 여기서는 천자(天子)의 궁궐을 뜻한다.

· 인(麟): 고대의 상상의 동물. 신수(神獸). 인(麟)이 나타나면 천하(天下)에 성인(聖人)이 나타난다 하였다.
· 적류(赤劉): 한(漢) 고조(高祖) 유방(劉邦)을 가리킨다. 그는 적제(赤帝, 南方)의 아들로 백제(白帝, 秦)를 죽이고 천하(天下)를 차지하였다.
· 정수(井宿): 성수(星宿). 이십팔수(二十八宿)의 하나. 동정(東井)이라고도 한다.
· 세성(歲星): 목성(木星).
· 묘금(卯金): 묘금도(卯金刀). 즉 유(劉)자의 파자(破字)풀이.

공자(孔子)가 《춘추(春秋)》를 수정(修正)하고 《효경(孝經)》을 지었는데, 다 이루어지자 재계(齋戒)하고 북극성을 향해 배례하며 하늘에다가 다 완비되었음을 고하였다.

하늘은 이에 흰 안개를 크게 피어오르도록 하여 땅과 맞닥뜨리게 하였으며, 붉은 무지개가 하늘로부터 내리뻗게 하여 이것을 황옥(黃玉)으로 화하게 하였다. 그 옥의 길이가 석 자나 되었으며, 그 위에는 글이 새겨져 있었다.

공자가 무릎을 꿇고 이를 받아 읽었다.

「보물에 문자가 나타나리니, 유계(劉季)가 천하를 장악하리라. 묘금도(卯金刀, 劉)가 진(軫)의 북쪽에 나타나리니, 자는 화자(禾子, 季)이며 천하가 그에게 복종하리라.」

· 진(軫): 성수(星宿). 이십팔수(二十八宿)의 하나.

진(秦)나라 목공(穆公) 때에 진창(陳倉) 사람이 땅을 파다가 이상한 물건을 발견하였는데, 마치 양(羊) 같기도 하였으나 양은 아니었으며 돼지 같기도 하였으나 역시 돼지도 아니었다.

이를 목공에게 바치려고 끌고 가다가 길에서 두 어린아이를 만났다. 어린아이가 이렇게 말하였다.

「이 짐승은 온(媼)이라 합니다. 땅속에 있다가 죽은 이의 뇌를 파먹지요. 만약 이를 죽이고 싶거든 그 머리에 잣나무를 꽂으면 됩니다.」

그러자 그 온이라는 짐승이 입을 열었다.

「저 두 어린아이의 이름은 진보(陳寶)라 합니다. 그 수컷을 잡으면 임금이 되고, 그 암컷을 잡으면 백(伯)이 됩니다.」

그러자 진창 사람이 온을 놓아 주고 두 아이를 잡으러 쫓아갔다. 두 아이는 꿩으로 변해 평림(平林)이라는 숲으로 날아가 버렸다. 진창 사람이 이를 목공에게 알렸다.

이에 목공이 사냥꾼들을 풀어 끝내 그 암컷을 잡게 되었다. 그러자 그것이 이번에는 돌로 변하는 것이었다. 그래서 그 돌을 주워다가 연수(汧水)와 위수(渭水) 사이에 안치하였다.

세월이 흘러 문공(文公) 때에 이르자, 그곳에 사당을 세워 이름을 진보사(陳寶祠)라 하였다. 그런데 그 수컷이 멀리 남양(南陽)으로 날아가 버렸다. 지금의 남양(南陽) 치현(雉縣)이 바로 그곳이다. 진(秦)나라가 들어서서 그 비결(秘訣)과 맞아떨어지는가를 보기 위해 현의 이름을 그렇게 붙인 것이다.

그런데 진창현(陳倉縣)에서 제사를 지낼 때마다 길이가 열 길이 넘는 빛이 그 치현으로부터 비쳐 와서 진창의 진보사 사당으로 들어가며, 그 속에서 마치 수꿩이 우는 것 같은 은은한 소리가 들려 오는 것이었다.

그뒤에 광무제(光武帝)가 과연 그 남양 땅에서 나왔다. 모두가
그 예언과 같았던 것이다.

· 온(媼): 원래는 노파. 여기서는 괴물의 이름.

송(宋)나라 대부 형사자신(邢史子臣)은 천도(天
道)에 밝았다.

주(周)나라 경왕(敬王) 37년에 경공(景公)이 물
었다.

「천도에 어떤 길흉의 징조라도 있습니까?」

형사자신은 이렇게 설명하였다.

「앞으로 50년 후인 5월 정해(丁亥)에 저는 장차 죽게 됩니다.
제가 죽은 지 5년 후인 5월 정묘(丁卯)에 오(吳)나라가 망하고,
오나라가 망한 후 다시 5년 만에 임금께서 죽게 됩니다. 그리고
임금께서 돌아가신 지 4백 년 후, 주씨(邾氏)가 천하의 임금이 될
것입니다.」

이윽고 모든 것이 그의 예언과 같았다.

그 중에 「주씨(邾氏)가 천하의 임금이 된다」는 것은 위(魏)나
라가 흥함을 말한 것이다. 주(邾)는 조성(曹姓)이며, 위나라 역시
조씨 성으로 모두가 주(邾)의 후손이다. 그러나 그가 말한 연대는
맞지 않으니, 이는 형사자신이 그 숫자를 잘못 헤아린 것인지 알
수 없다. 아니면 연대가 너무 길어 이를 기록해 오던 자가 잘못
전해서인지도 모르겠다.

오(吳)나라가 국가를 창건하자, 나라에 대한 믿음이 굳건하지 못해 변방에 주둔하던 장수들은 누구나 그 아내와 자식을 볼모로 두고 가야 하였는데, 이들을 〈보질(保質)〉이라 일컬었다.

남아 있는 이들 볼모의 어린아이들은 서로 비슷한 사이끼리 쏘다니며 놀았는데, 매일 10명 이상씩이 어울렸다.

그런데 손휴(孫休) 영안(永安) 2년* 3월의 어느 날, 그들 가운데 이상한 아이가 하나 나타나 섞였다. 키가 4척 남짓하였으며, 나이는 예닐곱 정도로 푸른 옷을 입고 있었다. 그 아이가 갑자기 여러 아이들이 노니는 틈에 끼이자, 아이들 누구도 그 아이와 아는 사이가 아니었기에 모두들 물었다.

「너는 뉘 집 아이냐? 오늘 어찌 갑자기 나타났느냐?」

그 아이는 이렇게 대답하였다.

「너희들이 모여 즐겁게 노니는 것을 보고, 나도 끼어들고 싶어 찾아온 것이다.」

그런데 그 아이를 자세히 보니 눈에서 빛이 나는데 번쩍번쩍하기가 마치 밖으로 내쏘는 것 같았다. 이에 아이들이 두려워 거듭 캐묻자, 그 아이는 이렇게 설명하였다.

「너희들은 내가 두려운가? 나는 세상 사람이 아니다. 나는 형혹(熒惑)이라는 별에서 왔다. 내 너희들에게 한 가지 비밀을 일러 주겠다. 삼공(三公)이 모두 사마씨(司馬氏)에게 귀의할 것이다.」

여러 아이들이 모두 놀라 어떤 아이는 집으로 달려가 어른들에게 이 사실을 고하였다. 어른들이 달려가 보았더니 그 아이가 이렇게 소리쳤다.

「너희들을 두고 떠난다!」

그리고는 몸을 곧추세우더니 뛰어올라 즉시 변화하여 공중으로 날아올랐다. 쳐다보았더니 마치 한 필의 비단을 끌면서 하늘을 오르는 것 같았다.

그곳으로 달려왔던 어른들도 직접 눈으로 그 광경을 볼 수 있었다. 펄럭펄럭 점점 높아지더니 이윽고 사라져 버렸다.

당시 오나라의 정치는 공포스럽고 급하여 누구도 감히 그런 사실을 퍼뜨리지 못하였다. 그후 4년 만에 촉(蜀)이 망하고, 다시 6년 뒤에 위(魏)가 망하였으며,* 21년이 지나자 오나라도 평정되어* 사마씨(司馬氏, 晉)에게 귀속되고 말았다.

· 보질(保質): 변방에 출정한 장수들의 처자(妻子)를 도성(都城)에 모여 살게 하면서 인질과 담보의 역할로 삼았다.
· 형혹성(熒惑星): 화성(火星)의 별칭.
· 사마씨(司馬氏): 진(晉)나라 왕실(王室)의 사마씨(司馬氏).
*263년 11월에 촉(蜀)이 망하였다.
*265년 12월에 위(魏)가 진(晉)에게 망하였다.
*280년 3월에 진(晉)의 사마염(司馬炎)에게 망하였다.

도수(都水) 마무(馬武)가 대양(戴洋)을 추천하여 도수령사(都水令史)로 삼아 주었는데, 그 대양이 급한 일로 휴가를 내어 고향으로 돌아오는 길에 낙양(洛陽)에 이르렀다.

그날 밤 꿈에 어떤 신인(神人)이 나타나 이렇게 일러 주는 것이었다.

「낙양은 틀림없이 함락된다. 사람들은 모두 남쪽으로 건너갈 것이다. 그리고 5년 후 양주(揚州)에 천자(天子)가 나타날 것이다.」

대양은 이 꿈을 믿고 더 이상 나아가지 아니하였다. 이윽고 과연 그 꿈과 같은 사건이 일어나고 말았다.

· 도수(都水): 주운(舟運)을 관장하던 직책 이름.
· 천자(天子): 동진(東晉)의 원제(元帝) 사마예(司馬睿)를 가리킨다. 당시 그는 안동장군(安東將軍)·도독양주강남제군사(都督揚州江南諸軍事)의 직함을 가지고 있었다.

수신기

후한(後漢) 중흥(中興) 초, 여남(汝南)에 응씨(應氏) 집안의 할머니가 있었는데 아들 넷을 낳은 과부였다.

어느 날 한낮에 사당(社堂)으로 신의 빛〔神光〕이 들어가는 것을 목격한 응씨 할머니가, 그 빛을 보고서 놀라 점쟁이에게 물어 보았다.

점쟁이는 이렇게 풀이해 주었다.

「이는 하늘이 길상(吉祥)을 내리는 것입니다. 당신의 자손이 흥성하게 될 것입니다!」

이에 응씨 할머니는 그 빛이 비치는 곳을 찾아가 황금을 얻게 되었다. 그로부터 그 자손들이 벼슬길로 나아가 학문이 높아졌으며, 아울러 그 재명(才名)까지 드날렸다. 그후 응창(應瑒)에 이르러 7세를 두고 그 명성이 드러났다.

거기장군(車騎將軍) 파군(巴郡) 사람 풍곤(馮緄)의 자는 홍경(鴻卿)이었다.

그가 처음 의랑(議郎)이 되어 인수(印綬)의 상자를 열어 보니, 그 속에 붉은 뱀 두 마리가 들어 있는 것이었다. 그 길이가 두 자쯤 되는 이 뱀은, 상자를 나와 각각 남쪽과 북쪽으로 한 마리씩 도망쳐 버렸다.

이에 풍곤은 크게 두려움을 느꼈다.

당시 허계산(許季山)의 손자 허헌(許憲)은 자가 영방(寧方)으로, 그 선대부터 내려오던 비결(秘訣)을 가지고 있었다. 그리하여 풍곤이 그에게 점을 쳐달라고 청하자, 이렇게 풀이해 주었다.

「이는 길상(吉祥)입니다. 그대는 3년 뒤에 틀림없이 변방의 장수가 되어 동북 4,5천 리를 지휘할 것이며, 관직에는 〈동(東)〉자가 들어갈 것입니다.」

그로부터 5년 후 그는 대장군을 따라 남쪽 정벌에 나서게 되었고, 다시 얼마 후 상서랑(尙書郎)·요동태수(遼東太守)·남정장군(南征將軍)에 배수되었다.

· 거기장군(車騎將軍): 장군(將軍)의 칭호.
· 의랑(議郎): 한(漢)나라 때의 관직(官職) 이름.

상산(常山)의 장호(張顥)가 양왕(梁王)의 승상(丞相)으로 있을 때, 새롭게 봄비가 내린 후 마치 때까치처럼 생긴 새들이 저자로 날아들다가 갑자기 땅에 떨어지는 것이었다.

이에 사람들이 다투어 이를 주우니, 그 새들이 동그란 돌멩이로 변하였다.

장호도 이를 주워 망치로 깨어 보았더니, 그 속에 황금으로 만든 도장이 들어 있었고 〈충효후인(忠孝侯印)〉이라는 문자가 새겨져 있었다.

장호가 이를 임금에게 알려 비부(秘府)에 소장하게 되었다. 그 뒤 의랑(議郎)인 여남(汝南) 사람 번형이(樊衡夷)가 이렇게 상주(上奏)하였다.

「요순(堯舜)시대인 옛날에는 충효후(忠孝侯)라는 관직이 있었습니다. 지금 하늘이 그 도장을 내려 주었으니, 그런 작위를 다시 두는 것이 마땅할 줄 압니다.」

장호는 뒤에 관직이 태위(太尉)에까지 오르게 되었다.

·비부(秘府): 궁궐 내에 서적·도서를 보관하는 곳.
·태위(太尉): 군사를 담당하는 최고 책임자.

경조(京兆) 장안(長安)에 장씨(張氏) 성을 지닌 이가 있었는데, 홀로 방안에 있을 때 어떤 비둘기 한 마리가 밖에서 날아들어 그의 책상머리에 앉는 것이었다.

장씨가 이를 보고서 이렇게 빌었다.

「비둘기야, 나에게 화를 내리려거든 저 승진(承塵)으로 날아가고, 복을 주려거든 내 품으로 들어오렴.」

그러자 비둘기가 그의 품속으로 들어왔다. 이에 손으로 이를 더듬어 보았으나 그 비둘기는 어디 있는지 찾을 수 없고, 품속에서 금구(金鉤) 하나가 나오는 것이었다.

장씨는 이를 보물로 여겼다. 그로부터 그 자손들이 점점 부자가 되어 재산이 1만 배나 늘어났다.

그런데 촉(蜀)의 어떤 장사꾼이 장안에 이르러 이런 소문을 듣고서, 장씨의 비녀(婢女)에게 많은 뇌물을 주고 그것을 훔쳐 오도록 하였다. 이에 비녀는 그 금구를 훔쳐 장사꾼에게 주어 버렸다.

장씨는 금구를 잃고 나서 점점 쇠락해 갔다.

그런데 그 촉의 장사꾼 역시 궁액(窮厄)에 걸려드는 일이 잦았다. 이에 그는 금구가 자신에게 이로운 것이 아니라고 여기게 되었다.

어떤 이가 그에게 이렇게 일러 주었다.

「하늘의 뜻입니다. 억지로 구해서 될 일이 아닙니다.」

이에 그 금구를 가져다가 장씨에게 되돌려 주었다. 장씨는 다시 번창하였다. 그래서 관서(關西) 지역에 〈장씨 집안에 전해 오는 금구〉라는 이야기가 있는 것이다.

· 승진(承塵): 천장. 마루나 툇마루 위 등에 먼지가 앉지 않도록 쳐놓은 천막.
· 금구(金鉤): 금으로 된 허리띠의 고리 부분.

한(漢)나라 정화(征和) 3년 3월, 큰비가 내렸다. 하비간(何比干)이라는 자가 한낮에 집에서 낮잠을 자다가 꿈을 꾸었는데, 귀객(貴客)의 수레와 가마가 자기 집 문 앞에 가득한 것이었다.

꿈에서 깨어 아내에게 말하자, 그 말이 채 끝나기도 전에 문 앞에 어떤 노파가 찾아왔다. 나이는 80여 세에 머리가 하얗게 센 노파가 비 좀 피할 수 있게 해달라는 것이었다.

그런데 비가 심하게 퍼부었는데도 그 노파의 옷은 전혀 젖어 있지 않았다. 비가 그치자, 그가 노파를 대문까지 배웅하였다.

그러자 노파가 하비간에게 이렇게 일러 주는 것이었다.

「그대가 이렇듯 음덕(陰德)을 베풀었으니, 하늘이 이제 그대에게 부책(符策)을 하사하여 그대 자손의 앞날을 훤히 트이게 할 것입니다.」

그리고는 품속에서 부책을 꺼냈다. 그 부책은 마치 간책(簡策) 같은 모습이었고 길이는 9촌, 대략 9백90매나 되었는데, 이를 비간에게 주면서 다시 이렇게 일렀다.

「자손 중에 인수(印綬)를 차는 자가 틀림없이 이 부책의 산명(算命)대로 되리라.」

· 인수(印綬): 벼슬자리에 임명될 때 임금에게서 받는 신분이나 벼슬의 등급을 나타내는 관인(官印)을 몸에 차기 위한 끈. 관직을 뜻한다.

위서(魏舒)의 자는 양원(陽元)이며, 임성(任城) 번읍(樊邑) 사람이다.

어려서 고아가 된 그가, 한번은 야왕현(野王縣)이라는 곳에 이르러 어떤 집에 묵게 되었는데, 마침 주인의 아내가 그날 밤 출산을 하였다.

그런데 잠시 후 수레와 말이 달려오는 소리가 들리더니 서로 이렇게 묻는 것이었다.

「아들이오, 딸이오?」

「아들입니다.」

「기록하시오. 열다섯 살에 병기(兵器)에 다쳐 죽는다구요.」

그리고 다시 물었다.

「이 집에 와서 자고 있는 인물은 누구요?」

「위공(魏公, 魏舒)입니다.」

이렇게 자신을 공공이라 칭하는 것이었다.

위서는 그로부터 15년이 흐른 후, 그 주인을 다시 찾아가 그때 낳았던 그 아이가 어찌 되었는가를 물었다.

그러자 그 집에서 이렇게 설명하는 것이었다.

「뽕나무 가지를 치러 갔다가 도끼에 다쳐 죽었습니다.」

위서는 이로써 자신이 공(公, 三公)이 될 것임을 알았다.

가의(賈誼)가 장사왕(長沙王)의 태부(太傅)로 있던 4월 경자일(庚子日)에, 복조(鵩鳥)라는 새가 그의 집으로 날아들어 자신의 자리 귀퉁이에 앉았다가 한참 후에야 날아가는 것이었다.

이에 가의가 책을 꺼내어 점을 쳐보았더니 이렇게 나오는 것이었다.

「들새가 집 안으로 날아 들어오니 주인이 장차 떠나야 하리라.」

가의가 꺼려 하며 이에 〈복조부(鵩鳥賦)〉를 지어 죽음과 삶은 같은 것이며, 화와 복도 똑같은 것으로 목숨은 이미 정해진 것이라는 뜻을 밝혔다.

· 복조(鵩鳥): 새 이름. 밤에 우는 소리를 사람들이 매우 싫어하였다. 산효(山鶚)라고도 한다.

왕망(王莽)이 섭정할 때, 동군태수(東郡太守) 적의(翟義)는 왕망이 장차 한(漢)나라를 찬탈하리라는 것을 알고 의병을 모아 거사할 모의를 꾸미고 있었다.

마침 그의 형 적선(翟宣)은 교수(敎授)로서, 그의 집에 학생들이 가득하였다. 그런데 그의 집에 거위와 집기러기 수십 마리가 뜰에서 노닐고 있을 때, 갑자기 개 한 마리가 밖에서 달려 들어와 거위와 집기러기를 모두 물어죽여 버리는 것이었다.

적선이 놀라 달려갔지만 모두 머리가 잘려 죽고 말았다. 개는 문을 거쳐 도망쳤고, 이를 잡으러 달려갔지만 어디로 사라졌는지 알 수가 없었다. 적선은 대단히 불길하게 생각하였다.

며칠 뒤 왕망이 그의 집안 삼족(三族)을 멸하는 사건이 터졌다.

 위(魏)나라 태부(太傅) 사마의(司馬懿)가 공손연(公孫淵)을 평정하여 그 부자를 참수(斬首)해 버렸다.

앞서 공손연의 집안에는 괴이한 일이 자주 일어났는데, 개가 관책(冠幘)과 진홍색 옷을 입고 지붕 위로 올라가는가 하면 갑자기 아이가 시루에 들어가 쪄죽기도 하였다.

그런가 하면 양평(襄平)의 북쪽 시장에 생고기 덩어리가 나타났는데, 그 길이와 둘레가 각각 수 척이나 되었으며, 그 머리와 눈·입·주둥이는 있으나 손발은 없으면서도 꿈틀거리는 것이었다.

점치는 자가 이렇게 풀이하였다.

「형태는 있으나 자라지 못하고 몸체는 있으나 소리가 없으니, 그런 형상과 같은 나라인 공손연은 망하고 말리라.」

· 관책(冠幘) : 책(幘)은 모자 안에 묶는 두건의 일종.

 오(吳)나라의 제갈각(諸葛恪)이 회남(淮南)을 정벌하고* 돌아와 장차 임금을 조현(朝見)하려던 밤이었는데, 정신이 어수선하고 요동하여 밤새 잠을 이룰 수가 없었다.

그런데 이튿날 의관을 단정히 하고 나가려 할 때, 개가 그의 옷자락을 물고서 놓아 주지를 않는 것이었다.

그러자 제갈각이 이렇게 말하였다.

「개가 나를 가지 못하게 하는구나.」

그리고 되돌아와서 자리에 앉았다. 잠시 후 다시 일어서려 하자, 이번에도 개가 옷을 물고서 놓아 주지를 않는 것이었다.

이에 제갈각이 시종에게 명하여 개를 쫓아 버리도록 하였다. 그 길로 그는 궁궐에 들어가 과연 피살되고 말았다.

그런 줄도 모르고 집에 있던 그의 아내가 이상히 여겨 비녀(婢女)에게 이렇게 물었다.

「너에게서 어찌하여 피냄새가 나는가?」

「아닙니다.」

잠시 후에는 그 냄새가 더욱 심하게 나는 것이었다. 그래서 다시 물었다.

「너 눈 좀 치떠보아라. 어찌 평상시와 다른가?」

그러자 그 비녀가 펄쩍 뛰어올라 그 머리를 기둥에 찧으며 팔을 걷어붙이고 이를 갈면서 이렇게 소리쳤다.

「제갈공께서 손준(孫峻)에게 죽음을 당하였습니다.」

그제서야 온 식구가 제갈각이 죽은 것을 알게 되었다. 뒤이어 관리와 병사 들이 들이닥쳤다.

* 건안(建興) 2년(253) 제갈각(諸葛恪)이 위(魏)를 신성(新城)에서 맞아 싸운 일. 많은 장졸이 죽어 실패한 채로 돌아왔다.

오(吳)나라의 수장(戍將) 등희(鄧喜)가 돼지를 잡아 신에게 제사를 올렸다.

그리고 제사 의식이 끝나자 그 돼지고기를 매

달아 두었는데, 갑자기 어떤 사람의 머리가 보이더니 그 고기 있는 곳으로 달려가 뜯어먹기 시작하는 것이었다.

등희는 이를 훔쳐먹는 줄로 여기고 활을 당겨 쏘아 버렸다. 그런데 그 쩝쩝거리며 먹는 소리가 사흘 동안 그의 집을 맴돌았다.

뒤에 어떤 사람이 등희를 모반을 꿈꾸는 자라고 고발하여 그의 가문 모두가 주살당하고 말았다.

가충(賈充)이 오(吳)나라를 칠 때 항성(項城)이라는 곳에 주둔하고 있었는데, 그 군중(軍中)에 있던 가충이 갑자기 어디론가 사라지고 말았다.

가충의 부하인 도독(都督) 주근(周勤)이 마침 낮잠을 자고 있었는데, 꿈에 보니 1백여 인이 가충을 체포하여 좁은 오솔길로 끌고 들어가는 것이었다. 이에 주근이 놀라 깨어났다가 가충이 어디로 사라졌다는 말을 듣고서 여기저기 찾아 나섰다. 그랬더니 홀연히 꿈에서 본 그 오솔길이 눈앞에 나타나는 것이었다. 주근이 그 길로 가보았더니, 과연 가충이 그곳에 있었다.

주근은 어느 큰 집 하나를 찾아 가충을 그곳에 모셔 놓고 엄중한 경계를 폈다. 그런데 그 집의 주인은 남쪽을 향해 앉아 있었고, 목소리와 태도가 심히 무서웠다. 그가 가충을 보고서 이렇게 말하였다.

「장차 우리 집을 망칠 자가 틀림없이 너와 순욱(荀勖)이로다. 이미 내 아들[武帝, 司馬炎]을 미혹시켜 놓고, 또다시 내 손자[惠帝, 司馬衷]까지 흔들어 놓는구나. 그 사이 내가 임개(任愷)로 하여금 너를 내쫓으라 하였는데, 너는 떠나기를 거부하였다. 또 유순(庾純)을 시켜 너를 꾸짖게 하였는데도 너는 조금도 달라진 게 없다.

지금 오나라 무리는 틀림없이 평정될 것이다. 그런데도 너는 표(表)를 올려 장화(張華)를 참수하였다. 너의 그 혼암 우둔한 모습은 모두가 이와 같다. 만약 개전(改悛)하여 삼가지 않으면 내 당장 너를 죽여 없애리라.」

가충은 잘못을 비느라 머리를 찧어 피를 흘릴 정도였다. 그 주인은 다시 이렇게 일렀다.

「네가 지금 이렇게 세월을 연기하여 그 생명이 연장되어 명예와 지위를 아직도 누리고 있는, 것은 모두가 네 집안 공훈이 보위해 주고 있기 때문일 뿐이다.

그러나 끝내 너의 후사(後嗣)들은 종가(鐘架)에서 죽을 것이며, 너의 큰딸은 금주(金酒)를 먹고 죽게 되며, 막내딸은 고목나무 밑에서 고통을 당하다 죽을 것이다. 순욱도 마찬가지이다. 그러나 순욱은 그 선조가 베푼 덕이 그래도 조금은 있어 너보다는 나중에 화를 만날 것이다. 몇 세대 후에 그의 후손이 받은 봉지도 역시 바뀌고 말 것이다.」

말을 마치자, 그는 가충을 내보냈다. 가충은 허겁지겁 병영으로 되돌아왔다. 안색이 초췌하고 정신이 혼착(昏錯)하더니 하루쯤 지나 겨우 회복되었다.

그 이후 가충의 아들 가밀(賈謐)은 종(鐘) 밑에 숨었다가 죽음을 당하였고, 가충의 딸 가후(賈后)는 금주를 사약으로 받아먹고 죽었으며, 막내딸 가오(賈午)는 옥중에서 고문을 받다가 큰 고목 몽둥이를 맞고 생을 마쳤다. 모두가 그 주인의 말과 같이 되었던 것이다.

· 도독(都督): 군사를 담당하는 관직.

• 후사(後嗣) : 가충(賈充)은 딸만 셋을 두어 그 중 둘은 후(后)가 되었
다. 가충(賈充)은 이에 셋째딸 가오(賈午)가 낳은 아들을 후계로 삼았
다. 이가 곧 가밀(賈謐)이다.

유량(庾亮)의 자는 문강(文康)이며, 언릉(鄢陵)
사람이다.

그가 형주(荊州)를 진수(鎭守)하고 있을 때, 무
심결에 변소엘 갔더니 갑자기 어떤 물체가 눈에 띄었는데 그 모
양은 방상(方相) 같았으며, 두 눈은 붉고 몸에는 광채가 나는 것
이 점점 흙 속에서 솟아오르는 것이었다.

이에 팔을 걷어붙이고 주먹으로 갈겨 보았다. 칠 때마다 소리
가 나더니 다시 줄어들어 땅속으로 사라지고 마는 것이었다. 그
일로 유량은 병이 들어 눕고 말았다.

이에 술사(術士) 대양(戴洋)이 이렇게 풀이하였다.

「옛날 소준(蘇峻)이 난을 일으켰을 때, 그대는 백석사(白石祠)
에서 복을 빌면서 소 한 마리를 내놓기로 허락한 적이 있었지요.
그런데도 그뒤 그 약속을 지키지 않았지요. 그 때문에 이 귀신이
못살게 구는 것입니다. 구제할 수가 없군요.」

그 이듬해 과연 유량은 죽고 말았다.

• 방상(方相) : 고대 악귀를 물리치기 위한 신상(神像). 흉악한 모습으로
조각하였다. 나례(儺禮)에 쓰이며, 우리 나라의 처용(處容)과 같다.

 동양(東陽) 사람 유총(劉寵)의 자는 도화(道和)
이며, 호숙현(湖熟縣)에 살고 있었다. 그런데 매일
밤마다 그의 집 문에서 피가 몇 되씩이나 흘러내
리는 것이었다. 하지만 어디서부터 흘러내리는지 알 수가 없었다.

이런 일이 서너 번 있고 나서, 뒤에 유총은 절충장군(折衝將軍)
이 되어 북쪽 정벌에 파견되었다. 그가 장차 떠나려 할 때 밥을
지었더니, 그 밥알이 모두 벌레로 변하는 것이었다. 그리고 그의
집안 사람들이 마른밥을 지었더니 그 역시 벌레로 변하였으며,
불을 세게 지필수록 그 벌레는 더욱더 커지는 것이었다.

유총이 드디어 북정에 나섰으나, 그의 군대는 단구(壇丘)에서
패배하여 서감(徐龕)에게 죽음을 당하고 말았다.

수신기

 한(漢)나라의 화희(和熹) 등황후(鄧皇后)가 일찍이 사다리를 타고 하늘에 올라 그 하늘을 만지는 꿈을 꾸었는데, 천체(天體)가 넓고 청활(淸滑)하여 마치 종유석(鍾乳石) 형상 같았다. 이에 황후가 이를 우러러보며 그것을 빨아 마셨다.

깨어나 이를 점몽(占夢)하는 이에게 물어보았더니 이렇게 풀이하였다.

「요(堯)임금은 하늘을 붙잡고 오르는 꿈을 꾸었고, 탕(湯)임금은 그에게 하늘이 다가와 핥아 주는 꿈을 꾸었습니다. 이는 모두가 성왕(聖王)이 되기 전에 미리 꿈으로 점지한 것으로서, 그 길상은 말로 다 표현할 수가 없습니다.」

 손견(孫堅)의 부인 오씨(吳氏)가 임신을 하였을 때 달이 자기의 품으로 들어오는 꿈을 꾸고서, 이윽고 손책(孫策)을 낳았다.

그리고 손권(孫權)이 뱃속에 있을 때는 해가 자신의 품으로 들어오는 꿈을 꾸었다. 이에 손견에게 이렇게 말하였다.

「제가 지난번 책(策)을 가졌을 때는 꿈에 달이 품으로 들어왔습니다. 지금은 다시 해를 꿈꾸었으니 어쩐 일일까요?」

그러자 손견이 이렇게 설명하였다.

「해와 달이라는 것은 음양(陰陽)의 정(精)으로서 지극히 귀한 상징입니다. 내 자손이 흥할 징조이겠지요?」

한(漢)나라 채무(蔡茂)의 자는 자례(子禮)이며, 하내군(河內郡) 회현(懷縣) 사람이다.

그는 처음 광한군(廣漢郡)에 살았는데, 어느 날 큰 궁전에 앉은 꿈을 꾸었다. 그 궁전 꼭대기에 벼이삭 셋이 있어 채무가 이를 취하려고 올라가, 그 중 가운데 이삭을 얻었으나 그만 잃고 마는 꿈이었다.

채무가 이런 꿈 이야기를 들려 주며 주부(主簿)인 곽하(郭賀)에게 물었더니 이렇게 풀이해 주었다.

「큰 궁전이라는 것은 관부(官府)의 형상입니다. 그 꼭대기에 벼가 있다고 하였는데, 이는 신하에게 중요한 봉록(俸祿)을 뜻합니다. 그 중에 가운데 이삭을 취하였다고 한 것은 중태(中台)의 상징입니다.

글자로 보아 〈화(禾)〉자에 〈잃었다〉〔失〕 하였으니, 이는 〈질(秩)〉자가 됩니다. 비록 잃었다 하였으나 그대가 봉록을 받는다는 뜻입니다. 곤직(袞職, 임금)이 잘못하여 그르치는 일이 있으면, 그대가 보필해 주어야 한다는 뜻입니다.」

한 달이 지난 후, 채무는 임금의 부름을 받았다.

· 중태(中台): 삼태(三台)의 하나. 사도(司徒)의 벼슬. 승상(丞相)이라고 부른다.
· 곤직(袞職): 곤(袞)은 천자(天子)의 옷. 황제(皇帝)를 지칭한다.

주람책(周攬嘖)이라는 사람은 가난하였지만 도를 좋아하였다.

어느 날 밤늦게 농사일을 마친 그들 부부가 곤

히 잠이 들었는데, 꿈에 하느님(天公)이 그의 집 앞을 지나다가 이를 불쌍히 여겨 밖에 있는 관리로 하여금 그들을 도와 주도록 명하였다.

그러자 사명(司命)이 장부를 뒤져 보고는 이렇게 아뢰었다.

「이 사람은 본래 가난하게 타고나 그 한계가 이를 넘어설 수 없습니다. 오직 장거자(張車子)라는 자가 수천만 금을 누릴 운명이기는 하나 아직 세상에 태어나지 않았으니, 그의 몫을 빌려 주어야겠습니다.」

이에 하느님이 「좋다」라고 하였다.

주람책이 날이 밝아 꿈에 있었던 일을 아내에게 들려 주었다.

이리하여 부부가 더욱 힘써 노력하여 밤낮으로 열심히 생업에 매달리자, 하는 일마다 번번이 이득이 생겨 재산이 1천만 금에 이르게 되었다.

그에 앞서 장씨(張氏) 성을 가진 어떤 여자가 있어 일찍이 이 주람책의 집에서 고용살이를 하였는데, 그만 다른 사람과 야합하여 임신을 하고 말았다. 달이 다 차서 아이가 태어나게 되었을 때, 여자는 그 집에서 쫓겨나 수레 곳간 아래에서 아이를 낳았다.

주람책이 소식을 듣고 찾아가서 보고는, 그 외롭고 추운 사정을 불쌍히 여겨 죽을 쑤어 가져다 주면서 물었다.

「이 아이의 이름은 무어라고 지었는고?」

그러자 그 여자가 이렇게 말하였다.

「지금 이 수레 곳간 아래에서 태어난데다가, 꿈에 하늘이 나에게 명하되 이름을 거자(車子)라 하도록 하였습니다.」

주람책이 이에 옛일을 상기시키며 이렇게 말하였다.

「지난날 꿈속에 하늘로부터 남의 몫의 돈을 바꾸어 내게 준다 하였소. 밖에 있던 관리가 아뢰기를 장거자의 돈을 내게 준다 하였는데, 틀림없이 이 아이일 것이오. 틀림없이 나의 재산은 그에게 되돌아갈 것이오.」

그로부터 그의 집은 날이 갈수록 쇠락해졌다. 그리고 거자가 장성하자, 주람책의 집보다 더 부유해졌다.

• 사명(司命): 사명지신(司命之神). 인간의 수명과 길흉화복을 관장하는 신(神).

하양현(夏陽縣)의 노분(盧汾)은 자가 사제(士濟)로서 개미굴에 들어가는 꿈을 꾸었다. 그 꿈속에서 당우(堂宇) 삼간이 보였는데, 그 형세가 심히 우뚝하면서 넓었다.

그리고 그 편액에는 〈심우당(審雨堂)〉이라 씌어 있었다.

• 심우당(審雨堂): 개미의 세상은 지하이므로 빗물의 양을 살핀다는 뜻이다.

오(吳)나라의 선조령사(選曹令史)인 유탁(劉卓)이 심한 병을 앓고 있었는데, 꿈속에 어떤 사람이 나타나 백월포(白越布)로 만든 단삼(單衫)을 주면서 이렇게 말하는 것이었다.

「그대는 이 단삼을 입다가 더러워지면 불에 쬐어 입으시오. 그러면 곧바로 깨끗해질 것이오.」

유탁이 깨어나 보니, 과연 그 곁에 단삼이 놓여 있는 것이었다. 이에 옷이 더러워지자 불을 쬐어 깨끗이 하였다.

· 선조령사(選曹令史): 선조(選曹)는 관서 이름. 이부(吏部)의 별칭. 령
  사(令史)는 선조의 속관.
· 백월포(白越布): 월(越) 땅에서 나는 흰색 옷감.

회남국(淮南國)의 서좌(書佐)인 유아(劉雅)는, 파란 도마뱀이 지붕에서 떨어져 자기 뱃속으로 들어가는 꿈을 꾸고 복통이 생겨 고생을 하였다.

· 서좌(書佐): 서리(書吏). 문서를 관리하는 직책.

후한(後漢)의 장환(張奐)이 무위태수(武威太守)로 있을 때였다.

그 아내가 장환의 인수(印綬)를 차고 누대에 올라 노래 부르는 꿈을 꾸었다. 꿈에서 깨어난 아내가 이를 장환에게 알리자, 장환이 점치는 자를 불러 점을 치게 하였다. 그러자 이런 점괘가 나왔다.

「부인이 시내아이를 낳게 될 것입니다. 뒤에 그 아이는 이 군을 다스리게 될 것이며, 그의 목숨도 이 누대에서 끝날 것입니다.」

뒤에 아들 장맹(張猛)을 낳았으며, 과연 건안(建安) 연간에 그는 무위태수가 되었다. 그리고 그는 당시 자사(刺史)인 한단상(邯鄲商)을 죽였다가, 주군(州軍)의 포위가 급해지자 사로잡히는 것을 치욕으로 여겨 그 누대에 올라 스스로 분신 자살해 버렸다.

· 자사(刺史): 한(漢)나라 때 주군(州郡)의 최고 군사 책임자.

한(漢)나라 영제(靈帝)가 꿈을 꾸었는데, 그 꿈 속에 환제(桓帝)가 나타나 노한 모습으로 이렇게 꾸짖는 것이었다.

「송황후(宋皇后)가 무슨 죄가 있기에 사악한 간신배들의 말을 듣고 그 목숨을 끊었는가? 또 발해왕(渤海王) 유회(劉悝)가 이미 스스로 잘못했다고 하였는데도 그를 죽였단 말인가?

지금 송씨와 유회가 하늘에 호소하여 상제(上帝)께서 진노하고 계시니, 그 죄는 더 이상 구제해 주기 어렵다.」

꿈은 너무나 명확하였다. 영제는 깨어나서 두려움에 떨다가 얼마 후 역시 붕어(崩御)하고 말았다.

오(吳)나라 때 가흥현(嘉興縣)의 서백시(徐伯始)라는 이가 병이 들자, 도사(道士)인 여석(呂石)에게 신좌(神座)를 설치해 달라고 청하였다.

여석에게는 대본(戴本)과 왕사(王思)라는 두 제자가 있었는데, 해염현(海鹽縣)에 살고 있었다. 서백시는 그들까지 불러들여 여석을 도와 함께 일을 해달라고 하였다.

그런데 여석이 낮에 잠시 누웠다가 꿈을 꾸었다. 그가 꿈속에서 하늘에 올라 북두성(北斗星)의 문 아래 이르렀더니, 그 문 밖에 안장을 지운 말 세 필이 있었다. 그리고 그곳 사람들이 서로 이런 말을 주고받는 것이었다.

「내일 이 가운데 한 필은 여석을 맞이하러 가고, 한 필은 대본 한 필은 왕사를 맞이하러 간다.」

여석이 꿈에서 깨어 대본과 왕사에게 이렇게 말하였다.

「이와 같다면 우리가 죽을 시기가 온 것이다. 어서 급히 고향으로 가서 가족들과 이별의 정을 나누어라.」

그래서 그들은 신좌의 설치를 끝내지도 않은 채 떠나 버렸다. 서백시가 괴이히 여겨 만류하자, 그들이 이같이 말하였다.

「이러다가는 집안 식구도 보지 못할까 두렵소.」

그리고 하루가 지나 세 사람은 동시에 죽었다.

· 신좌(神座): 신상(神像)을 모시는 좌실(座室). 신감(神龕).

회계(會稽)의 사봉(謝奉)과 영가태수(永嘉太守) 곽백유(郭伯猷)는 아주 절친한 사이였다.

사봉의 꿈속에 곽백유가 절강(浙江)에서 어떤 사람과 저포(樗蒲)를 하다가, 그 돈 때문에 싸우고 있는 것이었다. 그리하여 결국 수신(水神)의 질책을 받고 물에 빠져죽어 사봉 자신이 곽백유의 장례까지 치러 주는 그런 꿈이었다.

사봉은 꿈에서 깨어나자, 즉시 곽백유가 있는 곳으로 찾아가 함께 바둑을 두었다. 한참 시간이 흐른 뒤, 사봉이 곽백유에게 물었다.

「그대는 내가 온 이유를 알고 있소?」

그리고는 꿈속의 이야기를 들려 주었다. 곽백유는 그 말을 듣고 창연(悵然)히 이렇게 털어 놓았다.

「나도 어젯밤에 남과 돈을 놓고 다투는 꿈을 꾸었는데, 그대가 꾼 꿈과 똑같소. 어쩌면 그렇게 교묘할 수가 있을까!」

잠시 후 그는 변소에 갔다가 그만 기절하여 거꾸러지고 말았으며, 이에 사봉이 그의 장례를 치러 주어야 하였다. 한결같이 꿈과 같았던 것이다.

· 저포(樗蒲): 도박의 일종. 옛날에 저(樗)·포(蒲)의 열매로 주사위를
  만들었으므로 이름.

가흥현(嘉興縣)의 서태(徐泰)는 어릴 때 부모를
여의고 숙부인 서외(徐隗)에게서 양육되었는데,
숙부는 서태를 자신의 소생보다 더 아꼈다. 그러
던 숙부가 병이 나자, 서태 역시 병구완을 극진히 하였다.

그런데 어느 날 밤 삼경(三更)에, 서태는 두 사람이 상자를 들
고 배를 타는 꿈을 꾸었다. 그리고 그 상자를 서태의 침대 위에
올려 놓고, 상자를 열어 장부를 꺼내 보여 주면서 이같이 말하는
것이었다.

「너의 숙부가 죽게 되리라.」

서태는 꿈속에서도 머리를 조아리며 살려 달라고 애걸하였다.
한참 후, 그 두 사람이 이렇게 물었다.

「그렇다면 네가 사는 현(縣)에 너의 숙부와 성명이 같은 자가
있느냐?」

서태가 생각을 떠올린 후, 그 두 사람에게 이렇게 말하였다.

「장외(張隗)라는 사람이 있지만 성씨는 서씨(徐氏)가 아닙니다.」

그러자 두 사람이 이렇게 말하였다.

「역시 억지로 맞추는 수밖에 없군. 네가 숙부에게 그토록 정성
을 다하는 것을 생각해서 너를 위해 살려 주마.」

그리고는 더 이상 보이지 않는 것이었다. 서태는 깨어났고, 숙
부의 병도 치유되었다.

수신기

11

초(楚)나라의 웅거자(熊渠子)가 밤에 길을 가다가 누워 있는 돌을 보고, 그것을 엎드린 호랑이로 여겨 활을 쏘았더니 화살촉과 깃까지 파묻힐 정도로 깊이 박히고 말았다.

다가가 살펴보고 나서야 그것이 돌임을 알았다. 이에 웅거자가 다시 쏘아보았더니 화살만 부러지고 맞은 자리는 흔적도 없는 것이었다.

한(漢)나라 때 다시 이광(李廣)이라는 자가 있어 우북평태수(右北平太守)의 벼슬을 하고 있었다. 그가 호랑이라고 쏘았던 것도 역시 바위였으며, 이와 비슷한 이야기이다.

이를 두고 유향(劉向)이 이렇게 말하였다.

「정성이 지극하면 금석(金石)도 열려지는데, 하물며 사람에게 있어서랴! 무릇 노래하는데 화답하지 아니하고 움직이는데 남이 따라오지 않는다면, 분명 이끄는 자의 중심(中心)에 완전하지 못함이 있기 때문이다.

따라서 자리에서 내려오지 아니하면서도 천하를 바로잡는 일은, 자기 자신에게서 완전함을 요구하는 자만이 할 수 있는 일이다.」

초왕(楚王)이 원유(苑囿)에 놀이를 갔더니, 그곳에 흰 원숭이가 있었다.

이에 임금이 활 잘 쏘는 자에게 쏘아 잡아보도록 하였다. 그리하여 화살을 몇 발 날렸지만, 원숭이는 그 화살을 잡아 부러뜨리며 비웃기까지 하는 것이었다.

임금이 이번에는 양유기(養由基)에게 쏘도록 하였다. 그리하여 양유기가 활을 어루만지기만 하였는데도 원숭이가 나무를 껴안고 울부짖는 것이었다.

그뒤 육국(六國)시대에 경리(更羸)라는 자가 위왕(魏王)에게 이렇게 말하였다.

「저는 능히 거짓으로 활을 쏘는 척하고도 새를 떨어뜨릴 수 있습니다.」

위왕이 물었다.

「그렇다면 그대의 활솜씨가 정말 이런 경지에까지 올랐단 말인가?」

경리가 대답하였다.

「그렇습니다.」

그리고 잠시 후 기러기가 동쪽으로부터 날아오는 소리가 들리자, 경리가 거짓으로 활을 당겨 쏘는 시늉을 하니 새가 떨어졌다.

· 원유(苑囿) : 금수(禽獸)를 기르는 동산.

제(齊)나라 경공(景公)이 강원(江沅)의 물을 건널 때, 큰 자라 한 마리가 경공의 수레를 끌고 가던 좌참(左驂)을 물고 물속으로 들어가 버렸다. 모두가 놀라 어쩔 줄 몰라 하였다.

이에 고야자(古冶子)가 칼을 빼어들고 물속으로 뛰어들었다. 그는 비스듬히 강을 따라 5리쯤 갔다가, 다시 물을 거슬러 3리를 올라가 지주(砥柱) 아래에 이르러 이를 잡았다. 큰 자라였다.

그는 왼손으로는 큰 자라의 머리를 잡고 오른손으로는 좌참을 끼고, 마치 제비가 차고오르듯 고니가 뛰어오르듯 물 밖으로 솟

아울라 하늘을 쳐다보며 크게 소리쳤다. 그러자 그 강물도 3백
보를 거꾸로 흐르는 것이었다.
  구경하던 이들 모두가 그가 하백(河伯)인 줄 알았다.

· 좌참(左驂): 천자(天子) 수레의 왼쪽 말.

초(楚)나라의 간장(干將)과 막야(莫邪)가 초왕
(楚王)의 명을 받고 검(劍)을 만드는 데, 3년이나
걸려서 겨우 완성하게 되었다.
이에 임금이 화가 나서 그를 죽여 없애려 하였다.
검(劍)에는 자웅(雌雄)이 있었다.
  그 아내인 막야가 마침 임신을 하여 곧 출산이 임박하자, 간장
이 막야에게 이렇게 일렀다.
  「내가 임금을 위해 검을 만들면서 3년이나 걸리자, 임금께서
매우 화가 나 있소. 내가 임금에게 이를 바치러 가면 틀림없이
나를 죽일 것이오. 그대가 만약 아들을 낳아 그 아이가 크거든
이렇게 일러 주시오.『집을 나서서 남산을 바라보면, 소나무가 돌
위에서 자라고 있을 것이다. 검은 그 뒤쪽에 있다.』」
  그리고는 자검(雌劍)을 가시고 초왕을 찾아뵙자, 임금이 크게
노하여 그 검을 살펴보도록 하면서 이렇게 말하였다.
  「검은 원래 두 자루, 자검(雌劍)과 웅검(雄劍)이 있다. 그런데
너는 자검만 가져오고 웅검은 가져오지 않았다.」
  임금은 노기를 풀지 않고 간장을 죽여 버렸다.
  막야가 낳은 아들은 이름이 적비(赤比)였는데, 장성하자 그 어
머니에게 이렇게 물었다.

「아버지는 어디에 계십니까?」

그제서야 어머니는 이렇게 일러 주었다.

「너의 아버지는 초왕을 위해 검을 만들었단다. 그런데 3년이 걸려서야 겨우 완성하자, 임금이 노하여 죽여 버렸단다. 아버지가 집을 떠나면서 내게 이런 부탁을 하였지. 『아들에게 이렇게 일러 주시오. 집을 나서서 남산을 바라보면, 소나무가 돌 위에서 자라고 있을 것이다. 검은 그 뒤쪽에 있다』라고.」

이에 그 아들이 집을 나서서 남쪽을 바라보았으나 산이라는 것은 보이지 않고, 다만 집 앞의 소나무 기둥이 돌 위에 얹혀 있는 것이었다. 그리하여 즉시 도끼로 그 뒤쪽을 파보았더니, 과연 검이 그 속에 들어 있었다.

그 아들은 밤낮으로 초왕에게 복수할 생각을 잊지 않았다.

임금의 꿈에 한 아이가 나타났는데, 미간(眉間)이 한 자나 될 만큼 넓었다. 그 아이가 이렇게 말하는 것이었다.

「내 그대에게 복수를 할 것이다.」

임금이 놀라 깨어 1천 금의 현상금을 걸고 그 아이를 찾았다. 아들은 이 소문을 듣고 멀리 도망하였다가, 마침내 산으로 들어가 노래하며 떠돌았다. 그러다 한 나그네를 만났는데, 그 나그네가 이상히 여겨 물었다.

「그대는 나이도 어린데 어찌 그리 슬피 울며 다니는가?」

그가 대답하였다.

「저는 간장과 막야의 아들입니다. 초왕이 저의 부친을 죽였지요. 이에 복수를 하려는 것입니다!」

그러자 나그네가 이런 제의를 하였다.

「듣자 하니, 초왕이 그대의 머리를 1천 금에 사겠다 하오. 그대의 머리와 검을 내게 주시오. 그러면 내 그대를 위해 대신 복수해 드리겠소.」

「아주 좋습니다!」

그리고는 그 자리에서 자신의 목을 베어 버렸다. 시신은 죽은 몸인데도 두 손으로 자신의 머리와 검을 바치는 모습을 한 채 뻣뻣이 서 있었다.

나그네가 이렇게 일렀다.

「그대의 뜻을 배반하지 않겠소.」

그제서야 그 시신이 엎어졌다.

나그네가 그 머리를 가지고 초왕을 찾아가자, 초왕이 아주 기뻐하였다. 나그네는 이렇게 설명하였다.

「이는 용사(勇士)의 머리입니다. 마땅히 탕확(湯鑊)에 넣어 삶아야 합니다.」

임금이 그의 말대로 하여, 머리를 사흘 밤낮을 탕확에 넣고 삶았으나 조금도 그 형체가 일그러지지 않는 것이었다. 도리어 그 머리는 탕확을 뛰쳐나와 눈을 부릅뜨고 크게 노한 빛을 보이기까지 하였다.

그러자 나그네가 짐짓 이렇게 제의하였다.

「이 녀석의 머리가 삶겨지지 않으니, 원컨대 임금께서 직접 와서 지켜보시기 바랍니다. 그래야 삶겨질 것 같습니다.」

임금이 그 자리에 나타나자, 나그네는 곧바로 임금의 머리를 검으로 내리쳐 버렸다. 그러자 임금의 머리가 그 탕확 속으로 떨어졌다. 뒤이어 나그네는 자신의 머리도 쳤다. 그 머리 역시 탕확 속으로 떨어졌다. 그리하여 머리 셋이 함께 삶겨져 식별해 낼 수가 없게 되었다.

이에 그 탕육(湯肉)을 나누어 장례를 치를 수밖에 없었다. 그래서 통칭 그 무덤을 〈삼왕묘(三王墓)〉라 하며, 지금의 여남(汝南)

북의춘현(北宜春縣) 경내에 있다.

· 탕확(湯鑊): 사람을 삶아죽이기 위하여 물을 끓이는 가마솥.

 한(漢)나라 무제(武帝) 때, 창오(蒼梧)의 가옹(賈雍)은 예장태수(豫章太守)로서 신술(神術)을 가진 인물이었다.

그러던 그가 자신의 관할지를 나가 도적을 토벌하다가 그만 도적에게 죽음을 당하고 말았다. 그런데 그 머리를 찾지 못한 채 말에 실려 군영(軍營)으로 돌아올 수밖에 없었다.

군영에 있던 이들이 일제히 달려나와 가옹의 시신을 살피자, 가옹의 가슴속에서 이런 말이 울려 나왔다.

「전투가 불리하여 내 적에게 상해를 당하였다. 그대들은 내 머리가 꼭 있어야 보기 좋다고 여기는가? 아니면 머리가 없어도 된다고 여기는가?」

이에 관리가 울면서 이렇게 대답하였다.

「머리가 있는 것이 좋습니다.」

그러자 가옹은 이렇게 말하였다.

「그렇지 않다. 머리가 없어도 역시 아름답다.」

말을 마치자, 드디어 숨이 끊어지고 말았다.

 발해태수(渤海太守) 사량(史良)이 한 여자를 사랑하였는데, 그 여자가 태수에게 시집을 가겠노라고 허락해 놓고는 그만 약속을 어기고 말았다.

이에 사량이 노하여 그 여자를 죽여 버리고, 그 머리를 잘라 돌아와서는 이를 아궁이에 던져 놓고 이렇게 분풀이를 하였다.

「너를 화장(火葬)시키리라.」

그러자 그 머리가 이렇게 말하였다.

「사군(使君)! 나는 그대를 사랑하였습니다. 그런데 어찌 이렇게까지 하십니까?」

뒤에 꿈속에 그 여자가 나타나 말하였다.

「그대의 물건을 되돌려 드립니다.」

깨어보니 지난날 그 여자에게 선물하였던 향영(香纓)과 금비녀 등이 있는 것이었다.

· 사군(使君): 고대(古代) 태수(太守)에 대한 존칭.
· 향영(香纓): 향주머니의 일종. 고대 여자들이 혼인을 허락한 후에는 그 표시로 이를 차고 다녔다.

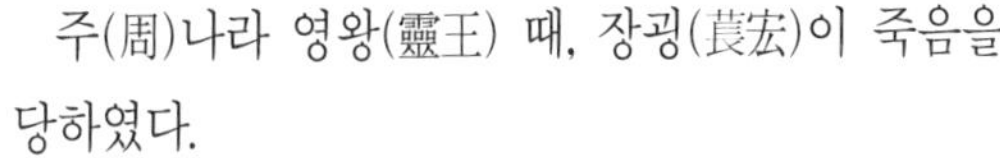

주(周)나라 영왕(靈王) 때, 장굉(萇宏)이 죽음을 당하였다.

촉(蜀) 땅 사람이 그의 피를 받아 보관하였더니, 3년이 지나자 그 피가 파랗게 변하였다.

한(漢)나라 무제(武帝)가 동쪽으로 유람을 나서서 함곡관(函谷關)을 미처 벗어나지 못하였을 때, 어떤 물체가 길을 가로막고 서 있는 것이었다. 그 키가 몇 길이나 되었으며, 소와 비슷한 모습이었다. 그리고 푸른 눈에 반짝이는 눈동자, 그 네 발은 땅속에 박혀 있었는데 이를 떠밀어 보았지만 움직이지 않는 것이었다.

이에 온 관료들이 놀라 어쩔 줄을 몰라 하였다.

그때 동방삭(東方朔)이 나서서 그에게 술을 부어 주기를 청하였다. 이에 수십 곡(斛)의 술을 부어 주자, 그제서야 그 물체가 사라지는 것이었다.

무제가 기이히 여겨 그 까닭을 묻자, 동방삭이 이렇게 설명하였다.

「이 물건의 이름은 환(患)입니다. 근심의 기(氣)가 맺혀서 생기는 것이지요. 이곳은 틀림없이 진(秦)나라 때 감옥이 있던 곳일 것입니다. 아니라면 죄인들 중에 도작(徒作)들이 모여 있던 곳일 것입니다.

무릇 술은 근심을 잊게 하는 물질입니다. 그 때문에 술을 주면 그것이 소멸되는 것입니다.」

무제가 이렇게 감탄하였다.

「아! 사물을 널리 아는 선비라 하나 이렇게까지 알아내는가!」

· 곡(斛): 열 말의 용량.
· 도작(徒作): 맨몸으로 노역하는 노예.

후한(後漢) 양보(諒輔)의 자는 한유(漢儒)이며, 광한(廣漢) 신도현(新都縣) 사람이다. 젊을 때 좌리(佐吏) 벼슬을 지내면서 술이나 음식조차도 대접받지 않을 정도로 청렴하였다. 그가 종사(從事)가 되었을 때 크건작건 잘못된 일은 끝까지 검거하여, 군현(郡縣)의 관리들이 모두 손을 들고 나쁜 짓이란 감히 저지를 생각도 못하게 되었다.

마침 여름에 큰 가뭄이 들어, 태수가 친히 중정(中庭)에 나가 땡볕에 앉아 비오기를 빌었지만 비는 내리지 않았다.

그때 양보는 오관연(五官掾)이라는 낮은 지위였으나 산천에 기도하러 나가 이렇게 서원(誓願)하였다.

「나 양보는 이 군의 고굉(股肱)으로 능히 진간납충(進諫納忠)하지도 못하고, 어진 이를 추천하고 악한 이를 물리치는 일도 제대로 못하였으며, 백성을 화목하고 조화롭게도 하지 못하여 천지로 하여금 비격(否隔)하게 하여 만물이 고초(枯焦)하고 백성이 옹옹(喁喁)하여 어디 호소할 길이 없게 되었사온데, 이는 모두가 제가 제대로 보필하지 못한 허물인 줄로 압니다.

지금 군의 태수께서 자신을 살펴 스스로를 책하면서 몸소 뜰에 나가 땡볕을 쬐고 있습니다. 그리고 저를 보내어 하늘에 사죄하고, 백성을 위해 복을 내려 주실 것을 간구토록 하였습니다. 태수는 온 정성을 다해 간구합니다만, 아직 하늘의 감응이 내리지 않고 있습니다.

제가 지금 감히 스스로 서약하건대, 오늘 일중(日中) 때까지 비가 내리지 않는다면 청컨대 제 몸으로 그 표현할 수 없는 큰 죄를 막겠습니다.」

그리고는 섶을 쌓아 놓고 상자 스스로 분신하려 하였디. 이렇게 하여 일중의 시간이 되자 산골짜기의 기운이 검게 변해 피어 오르더니 우레가 치고 비가 퍼부어, 그 군 전체가 모두 비에 흡족히 젖었다.

세상 사람들이 지성(至誠)으로 인해 이루어진 일이라 하였다.

· 좌리(佐吏): 벼슬 이름. 낮은 직급.

· 종사(從事): 주군(州郡)의 좌리(佐吏)로 별가(別駕)·치중(治中)·주부(主簿)·공조(功曹) 등.
· 오관연(五官掾): 주군(州郡) 태수(太守)의 시종관(侍從官).
· 고굉(股肱): 다리와 팔. 중요한 보필을 일컫는 말.

하창(何敞)은 오군(吳郡) 사람으로 어려서 도예(道藝)를 좋아하였으며, 은거해 살고 있었다.

그런데 그 마을에 큰 가뭄이 들어 뭇사람과 만물이 모두 말라가고 있었다. 이에 태수(太守)인 경홍(慶洪)이 호조연(戶曹掾)을 보내어 하창을 모셔 오게 하고는, 그에게 인수(印綬)를 주면서 어렵겠지만 무석(無錫)을 잘 다스려 달라고 부탁하였다.

하창은 이를 거절하였다. 그러나 호조연이 물러가자 탄식하며 이렇게 말하였다.

「이 군내(郡內)에 재앙이 일어나 모두가 고통을 당하고 있다. 그런데 내가 어찌 학문만 꿈꾸며 들어앉아 있을 수 있겠는가?」

그리고는 현(縣)의 경내를 두루 돌아보고서 명성(明星) 사당 안으로 들어갔다. 그러자 메뚜기떼가 모두 죽어 없어졌으며, 하창은 어디론가 은둔해 버렸다.

그뒤 나라에서 그를 찾아 방정(方正)·박사(博士)로 추천하였지만 모두 거절하고 집에서 평민으로 생을 마쳤다.

· 도예(道藝): 도술(道術)과 기예(技藝) 등의 학문.
· 호조연(戶曹掾): 주군(州郡) 호조(戶曹)의 좌리(佐吏).
· 명성(明星): 여전성(女嬋星). 악귀를 물리치는 신성(神星).
· 방정(方正): 한대(漢代)의 과학(科學) 과목 가운데 하나.

후한(後漢) 서허(徐栩)의 자는 경경(敬卿)이며, 오군(吳郡) 유권현(由拳縣) 사람이다. 젊어서 옥리(獄吏)가 되어 법을 집행함이 자상하고 공평하였다.

그리고 그는 다시 소황현(小黃縣)의 현령이 되었다.

그때 오군의 속현(屬縣)에 큰 황재(蝗災)가 들어, 그 들에 풀이 남아 있지 못하였다. 그러나 그 메뚜기떼가 소황현을 통과할 때는 모두 날아 그냥 지나갈 뿐 모여 내려앉지를 않는 것이었다.

오군의 자사(刺史)가 속현들을 순시하다가 소황현에 들러 서허가 황재에 대한 아무런 대비를 하지 않고 있자, 그 책임을 물었다.

그러자 서허는 관직을 버리고 떠나 버렸고, 그 소문이 나자마자 메뚜기떼가 몰려들었다.

이에 자사가 사과하고, 그로 하여금 다시 관직으로 되돌아오라 하자 메뚜기떼가 다시 날아가 버리는 것이었다.

• 황재(蝗災): 메뚜기로 인한 재앙.

왕업(王業)의 자는 자향(子香)이며, 한(漢)나라의 화제(和帝) 때 형주자사(荊州刺史)를 지낸 인물이다.

그는 매번 관할 지역을 순시하러 나갈 때면 목욕재계(沐浴齋戒)하고 천신지기(天神地祇)에게 기도를 드렸다. 마땅히 자신의 어리석은 판단을 도와 주시고, 백성에게 잘못된 억울함을 끼치는 일이 없도록 해달라고 품계(稟啓)를 하였던 것이다.

이리하여 그가 형주자사로 재임한 7년 동안 은혜로운 풍기가 크게 성행하였으며, 가혹하거나 사특한 행동은 퍼지지 않았고, 산에는 시랑(豺狼)도 나타나지 않았다.

그리고 그가 상강(湘江)에서 생을 마치자, 흰 호랑이 두 마리가 나타나 머리를 숙이고 꼬리를 내린 채 그 곁을 밤새워 지켜 주는 것이었다. 그의 장례가 끝나자, 그제서야 그 자리를 떠나 형주의 경계를 넘어선 후 홀연히 그 모습이 사라지고 말았다.

백성들이 모두 그를 위해 비석을 세워, 그 이름을 〈상강백호묘(湘江白虎墓)〉라 하였다.

· 상강(湘江): 지강(枝江)의 잘못으로 본다. 현(縣) 이름으로 남군(南郡)에 속하였으며, 지금의 호북성(湖北省) 지강현(枝江縣).

오(吳)나라 때, 갈조(葛祚)라는 이가 형양태수(衡陽太守)가 되었다.

그런데 그 군(郡) 경내에 큰 뗏목이 물을 가로막고 있었으며, 이로 인해 여러 가지 요괴한 일이 생겨나는 것이었다. 이에 백성들은 사당을 세우고, 여행하는 자들은 기도를 드렸다. 그와 같이 하면 그 뗏목이 물속으로 가라앉고, 만약 그렇게 하지 않으면 다시 떠올라 지나가던 배가 파괴되는 것이었다.

갈조는 장차 자신의 관직을 버리기로 하고, 이에 큰 도끼를 가지고 백성의 고통을 제거해 주겠노라고 나섰다.

이튿날 그가 뗏목 있는 곳에 이르렀다. 그런데 그날 밤 강 속에서 흉흉한 사람 소리가 들렸다. 가까이 다가가 보았더니, 그 뗏목이 움직이며 하류로 몇 리를 떠내려가서는 강 어귀에 멈추는 것이었다. 이로부터 여행자에게 배가 뒤집히는 재앙이 없어지게 되었다.

형양 사람들이 갈조를 위해 비석을 세우고 이렇게 추앙하였다.

덕을 바르게 하고 재앙을 없애 달라 기도하니,
귀신들린 뗏목조차 자리를 떠나갔네.

증자(曾子)가 중니(仲尼, 孔子)를 따라 초(楚)나라에 갔을 때 이상한 예감이 들어, 공자를 떠나 집으로 되돌아가서 어머니께 문안을 드렸더니 그 어머니가 이렇게 말하는 것이었다.

「네가 보고 싶어 이 손가락을 깨물었지.」

공자가 이 말을 듣고 이렇게 평하였다.

「증삼(曾參)의 효도는 그 정신(精神)이 만리 먼 곳까지 감응되는구나!」

· 증자(曾子): 증삼(曾參). 공자(孔子)의 제자(弟子). 효성으로 이름이 높았다.
· 중니(仲尼): 공자(孔子)의 자(字).

주창(周暢)은 성품이 인자하였으며, 어려서 지극히 효성스러웠다. 그는 어머니와 단둘이 살고 있었는데, 그 출입 때마다 어머니는 아들을 부르고 싶으면 항상 자신의 손을 깨물었다. 그러면 주창은 어디에 있더라도 즉시 자신의 손가락이 아픔을 느끼고 달려가는 것이었다.

당시 치중종사(治中從事)는 이를 믿지 않았다. 그래서 주창이 밭에서 일을 하고 있을 때, 그 어머니에게 손가락을 깨물어 보도록 하였다. 그랬더니 주창이 즉시 돌아오는 것이었다.

원초(元初) 2년에 그는 하남윤(河南尹)이 되었다. 당시 큰 가뭄이 들어 오랫동안 기도를 하였으나 아무런 응험이 없었다.

이에 주창은 낙양성(洛陽城) 곁에 객사한 자의 해골 1만여 구를 거두어 장례를 치러 주고, 이들을 위해 의총(義冢)까지 세워 주었다.

그러자 즉시 비가 흡족하게 내렸다.

· 치중종사(治中從事): 주군(州郡)의 좌리(佐吏). 치중(治中)·별가(別
   駕)·주부(主簿) 등을 모두 종사(從事)라 불렀다.

왕상(王祥)의 자는 휴징(休徵)이며, 낭야(瑯邪) 사람이다.

성품이 지극히 효성스러웠으나, 일찍이 그 어머니를 여의고 계모 밑에서 자라게 되었다. 계모 주씨(朱氏)는 어질지 못해 자주 왕상을 참훼하였다. 이 일로 해서 왕상은 아버지로부터도 사랑을 잃고 매번 쇠똥이나 치우는 일에 사역되었다.

그런데 그 부모가 병이 나자, 왕상은 허리띠도 풀어 보지 못할 정도로 간병을 하였다. 어머니가 생선을 먹고 싶다고 하였지만, 때가 추운 겨울이라 물이 모두 얼어붙어 생선을 구할 수가 없었다. 이에 왕상이 물가로 나가 옷을 벗고, 장차 얼음을 깨고 물속으로 들어가 고기를 잡으려 하였다. 그랬더니 얼음이 갑자기 저절로 갈라지면서 그 속에서 두 마리의 잉어가 튀어오르는 것이었다. 왕상이 이를 가지고 집으로 돌아왔다.

어머니는 또다시 참새구이를 먹고 싶다고 하였다. 그러자 다시 수십 마리의 참새가 그의 막사(幕舍)로 날아들어 이로써 어머니를 봉양하였다.

마을 사람들이 놀라 탄복하였으며, 모두 그 효성에 감응하여 생긴 일이라 여겼다.

왕연(王延)은 효성이 지극하였다.

계모 복씨(卜氏)가 일찍이 한겨울에 물고기가 먹고 싶다며 이를 왕연에게 구해 오도록 하였다. 그러면서 구해 오지 못하면 피가 흐르도록 몽둥이질을 해대는 것이었다.

왕연은 이에 분수(汾水)로 찾아가 얼음을 두드리며 울었다. 그러자 홀연히 물고기 한 마리가 나타났는데, 그 길이가 5척이나 되었다. 그 물고기가 얼음 위로 뛰어오르자, 왕연이 이를 가져다가 어머니께 드렸다.

복씨가 이를 먹으려 하였으나 며칠이 되도록 다 먹어내지 못할 정도였다. 이에 마음속으로 그 잘못을 깨닫고, 왕연을 자기 아들처럼 이뻐 주었다.

번숙(樊儵)은 어려서 그 어머니를 여의고 계모를 맞았으나 효성을 지극히 하였다. 어머니가 옹종(癰腫)을 앓아 모습이 날로 초췌해지자, 번숙이 몸소 나서서 천천히 그 고름을 빨아내었다. 그리고 뒤에는 그 피까지 빨아내었다. 그렇게 하여 밤이 되자 어머니가 그제서야 편안히 잠이 드는 것이었다.

그날 밤 어머니가 꿈을 꾸었는데, 한 어린아이가 나타나 이렇게 말하는 것이었다.

「잉어를 구해 먹으면 그 병이 차도가 있을 뿐더러 수명까지 연장시킬 수 있습니다. 그렇게 하지 아니하면 머지 않아 죽게 될 것입니다.」

어머니가 깨어나서 이를 번숙에게 이야기하였다. 당시는 섣달로 세상이 꽁꽁 얼어붙은 한겨울이었다. 번숙은 하늘을 우러러 탄식하며 울었다. 그리고 옷을 벗고 얼음 위에 누웠다.

그러자 동자 하나가 나타나 번숙이 누웠던 자리의 얼음을 가르는 것이었다. 이에 얼음이 저절로 열리며 한 쌍의 잉어가 튀어올랐다. 번숙이 이를 가지고 돌아가 어머니를 봉양하자, 병이 즉시 나았을 뿐 아니라 무려 백서른세 살을 살았다.

이는 아마 지극한 효성이 천신(天神)을 감동시켜 이렇듯 밝은 응험으로 일어난 것일 터이다. 왕상·왕연 모두 같은 사건이다.

· 번숙(樊儵): 동한(東漢) 때의 인물. 번료(樊僚), 혹은 번료(樊寮)로 실린 문헌도 있다.
· 옹종(癰腫): 피부병의 일종. 고름병.

성언(盛彦)의 자는 옹자(翁子)이며, 광릉(廣陵) 사람이다.

그의 어머니 왕씨(王氏)가 병을 앓아 실명하자, 성언이 친히 모시면서 그 어머니의 식사 때는 언제나 자신이 직접 음식물을 먹여 드렸다. 그럼에도 병이 길어지자 어머니는 비녀나 심부름꾼에게조차 성질을 부려 그들에게 매질을 가하는 일이 잦았다.

그러자 비녀가 분함을 이기지 못해 성언이 잠시 출타하여 집을 비운다는 말을 듣고, 제조(蠐螬)라는 벌레를 구워서 어머니에게 먹였다.

어머니는 이를 먹고서 매우 맛있다고 여기기는 하였으나, 이것이 틀림없이 이상한 물건일 것이라는 의심이 들어 몰래 이를 숨겨 놓았다가 성언에게 보여 주었다.

성언은 이를 보고서 그 어머니를 껴안고 통곡하다가 까무러쳐 겨우 다시 깨어날 정도였다. 그러자 어머니의 눈이 갑작스럽게 활연(豁然)히 뜨이더니 그 병이 나아 버렸다.

· 제조(蠐螬): 굼벵이. 금구자(金龜子, 풍뎅이)의 유충(幼蟲).

안함(顏含)의 자는 굉도(宏都)였는데, 그의 둘째형수인 번씨(樊氏)가 병을 앓아 그만 눈이 멀고 말았다. 의사의 처방전은 염사(蚺蛇)의 쓸개를 먹어야 힌다는 것이었다. 그리하여 가는 곳마다 이를 찾아보았지만 구할 수가 없었다.

안함은 긴 탄식으로 지새울 수밖에 없었다. 그러던 어느 날 낮에 홀로 앉아 있는데, 홀연히 청의동자(靑衣童子) 하나가 나타났다. 나이는 열서넛 정도였는데, 푸른 주머니 하나를 가지고 있다가 안함에게 건네 주는 것이었다.

안함이 이를 열어 보았더니 뱀의 쓸개였다.

그런데 그 동자는 머뭇거리더니 문을 나서서 청조(靑鳥)로 변하여 날아가는 것이었다. 그렇게 얻은 뱀의 쓸개로 약을 지어먹이자, 형수의 병이 곧바로 나았다.

· 염사(蚺蛇): 뱀의 일종. 망사(蟒蛇).
· 청의(靑衣): 흔히 신선세계의 심부름꾼을 상징한다.

곽거(郭巨)는 융려(隆慮) 사람이다. 혹은 하내군(河內郡) 온현(溫縣) 사람이라고도 한다. 형제가 셋이었으며, 일찍이 아버지를 여의었다. 장례가 끝나자 두 아우가 분가(分家)를 청하였다.

이에 두 아우에게 집에 있던 돈 2천만을 통틀어 각각 1천만씩 나누어 갖도록 하였다.

그리고 곽거 홀로 그 어머니를 모시고 객사(客舍)에 살면서, 부부가 남의 품팔이를 하여 어머니를 봉양하였다.

그런데 얼마 후 그의 아내가 아들을 낳았다. 곽거는 아들 하나가 늘자 어머니를 모시는 데 방해가 된다고 여겼다. 이것이 첫번째 걱정이었다. 그리고 노모가 식사를 하면서 그 손자에게 나누어 주기를 좋아하게 될 터이니, 결국 어머니의 몫이 줄어들 것이라고 염려하였다. 이것이 두번째 걱정이었다.

이에 땅을 파고 그 아들을 묻어 버리려 하였다. 그런데 파던 땅속에서 돌뚜껑이 나왔고, 그 속에 황금이 한솥 가득 들어 있는 것이었다.

그리고 그 속에 이런 단서(丹書)가 들어 있었다.

「효자 곽거여, 황금 한솥을 그대가 쓰도록 하사하노라!」

이에 그의 이름을 천하에 떨치게 되었다.

• 단서(丹書): 주묵(朱墨)으로 쓴 글씨. 흔히 비결(秘訣)의 문장을 뜻한다.

 신흥군(新興郡) 유은(劉殷)의 자는 장성(長盛)이며 일곱 살 때 아버지의 상을 당하였는데, 그 슬픔을 이기지 못하여 정도가 예에 지나칠 지경이었다. 그는 3년의 복상(服喪) 중에 한번도 이를 드러내어 웃어 본 적이 없었다.

그러면서 그는 증조모 왕씨(王氏)를 섬기고 있었다. 그러던 어느 날 꿈에 어떤 사람이 나타나 이같이 일러 주었다.

「서쪽 울타리 밑에 곡식이 묻혀 있을 것이다.」

깨어나 그곳을 파보았더니 과연 곡식 15종(鍾)이 나왔으며, 이런 문장도 새겨져 있었다.

「7년 먹을 곡식 1백 석을 효자 유은에게 내리노라!」

이로부터 그 곡식을 식량으로 한 지 7년 만에야 다 소모하였다.

증조모 왕씨가 죽자, 유은 부부는 슬픔을 다하느라 수척해져서 거의 본성을 잃을 지경에 이르고 말았다.

당시 관을 빈소에 모시었는데, 마침 서쪽 이웃집에 불이 나고 말았다. 바람이 심해 불길이 번져 오자, 유은 부부가 빈소를 두드리며 호곡하였다.

그러자 불길이 잡히는 것이었다. 그뒤 2백 마리의 흰 비둘기가 날아와 그의 집 정원에 있는 나무에 둥지를 틀었다.

·종(鍾): 고대의 용량 단위. 육곡사두(六斛四斗)를 일종(一鍾)이라 한다.
·석(石): 섬. 용량의 단위. 십두(十斗)를 일석(一石)으로 한다.

양백옹(楊伯雍)은 낙양현(雒陽縣) 사람이다. 본래 중간소개 매매업인 쾌매(儈賣)를 그 업으로 살아가고 있었다. 성품이 독실하고 효성스러워 부모가 돌아가시자 무종산(無終山)에 장례를 치르고, 아예 그곳을 자신의 집으로 정해 버렸다.

그런데 그 산은 높이가 80리인데다 꼭대기라 물이 없었다. 이에 양백옹이 물을 길어다가, 그 산길 꼭대기에 누구나 마실 수 있는 차와 음료를 준비해 두어 오가는 사람들이 모두 이를 마시곤 하였다.

그렇게 3년이 지나자, 어떤 이가 다가와 물을 마시고는 그에게 한 말 크기의 돌을 주었다. 그리고 높고 평평한 좋은 땅에 그 돌을 갖다 심으라고 하면서 이렇게 일러 주었다.

「그 돌 위에 옥이 피어날 것이오.」

게다가 양백옹은 아직 장가를 들지 못한 상태였는데, 이를 알고 그가 다시 이렇게 일러 주었다.

「뒤에 그대는 틀림없이 좋은 신부를 얻게 될 것이오.」

말이 끝나자, 그 사람은 사라져 버렸다.

양백옹은 그의 말대로 그 돌을 심어두었다. 그리고 몇 년을 두고 때때로 찾아가 살펴보았다. 그랬더니 과연 옥이 그 돌 위에 자라나고 있는 것이었다. 다른 사람은 누구도 이 사실을 알지 못했다.

그때 서씨(徐氏) 성의 어떤 이로서 우북평(右北平)에서 널리 알려진 집안이 있었다. 그의 딸이 부행(婦行)을 고루 갖추고 있어, 당시 사람들이 혼인을 요구하였지만 거의 모두 거절하고 있는 상태였다.

양백옹이 이에 시험삼아 혼인을 요구하자, 서씨가 미친 자라 비웃으며 놀리듯이 이런 요구를 내세웠다.

「백벽(白璧) 한 쌍을 가져오면 마땅히 그대의 결혼 요구를 들어 주리라.」

이에 양백옹이 자신이 심어 놓은 옥밭에 가서 백벽 다섯 쌍을 얻어 빙례(聘禮)를 보냈다. 그러자 서씨가 깜짝 놀라 드디어 딸을 주고 말았다.

천자(天子)가 이 소문을 듣고 특이하게 여겨 그를 대부(大夫)로 삼아 주었다. 그리고 그 옥을 심었던 그곳 네 귀퉁이에 큰 석주(石柱)를 만들어 세웠다. 각각 한 길 정도이며, 그 가운데를 옥의 이랑으로 삼아 이름을 〈옥전(玉田)〉이라 하였다.

(지금까지 전해 오고 있는 옥전이라는 이름은 여기서 비롯된 것이다.)

· 쾌매(儈賣): 중간상인 거간꾼.

형농(衡農)의 자는 표경(剽卿)이며, 동평(東平) 사람이다. 어려서 그 어머니를 여의었으나 계모를 섬기기에 지극히 효성스러웠다.

그가 어느 날 다른 방에서 잠을 자고 있을 때, 마침 우레와 바람이 불어닥쳤다. 그리고 꿈속에서 호랑이가 자꾸 자신의 발을 무는 것이었다.

이에 형농이 아내를 깨워 뜰로 나가 땅에다 대고 세 번 절을 하자, 갑자기 그 집이 무너지는 것이었다. 그때 그 집안에 있던 30여 명이 모두 압사하였으나, 오직 형농의 부부만이 그 화를 면하였다.

나위(羅威)의 자는 덕인(德仁)이며, 여덟 살에 아버지를 여의었으나 지극한 효성으로 남은 어머니를 섬겼다. 그 어머니의 나이는 일흔이었다.

날씨가 몹시 추워지자, 나위는 자신의 체온으로 어머니의 자리를 따뜻이 한 다음 그곳에 들도록 하였다.

왕부(王裒)의 자는 위원(偉元)이며, 성양군(城陽郡) 영릉현(營陵縣) 사람이다.

그의 아버지 왕의(王義)가 진(晉)나라 문제(文帝)에게 피살되자, 왕부는 그 무덤 옆에 움막을 치고 아침저녁으로 항상 그 무덤에 이르러 꿇어 배례하고는 잣나무를 부여잡고 슬피 호곡하였다.

그러자 그 눈물이 잣나무를 타고 내려, 그 나무가 말라죽고 말았다.

한편 그의 어머니는 우레를 몹시 두려워하였다. 그리하여 어머니가 죽고 나서는 매번 우레가 울릴 때마다 곧장 어머니의 무덤으로 달려가서 이렇게 말하였다.

「어머니, 아들 부(裒)가 여기 있습니다.」

정홍(鄭弘)이 임회태수(臨淮太守)로 승진해 갔을 때, 그곳 군민 가운데 서헌(徐憲)이라는 자가 있었다. 그자가 상(喪)을 당해 슬픔에 젖어 있을 때, 흰 비둘기가 날아와 그 집 문 곁에 둥지를 틀었다.

이에 정홍이 그를 효렴(孝廉)으로 천거하여 벼슬길을 열어 주었다. 그 때문에 조정에서는 그를 〈백구랑(白鳩郎)〉이라 일컬었다.

·효렴(孝廉): 원래 한(漢)나라 때의 과거 과목. 효성스럽고 청렴한 자에게 벼슬을 주는 추천제도.

한(漢)나라 때,* 동해군(東海郡)에 어떤 효부가 있어 그 시어머니를 극진히 봉양하였다. 시어머니가 이를 딱하게 여겨 이렇게 탄식하였다.

「며느리가 나를 봉양하느라 이토록 고생하는구나. 내 이미 늙었으니, 어찌 나의 여생을 위해 며느리의 그 아까운 젊음에 누를 끼칠 수 있으리요!」

그리고는 스스로 목을 매어 죽어 버렸다. 그런데 그 시누이가 이 일을 관가에 고발하였다.

「올케가 우리 어머니를 죽였습니다.」

이에 관에서 그를 붙들어 매어 놓고 고문과 초달로 독하게 다스렸다. 그러자 효부는 고초를 이겨내지 못하고 스스로 거짓 자백하여 이에 굴복하고 말았다.

당시 우공(于公)이 그곳 옥리(獄吏)로 있었는데, 그는 이렇게 의심을 품었다.

「이 여자는 10여 년이나 시어머니를 봉양하여 그 효성이 널리 알려져 있다. 절대로 죽였을 리가 없다.」

그러나 태수는 우공의 의심을 묵살해 버렸다. 우공은 사실일 리 없다고 다투다가, 그 재판 기록을 껴안은 채 관부(官府)에서 울며 떠나 버렸다.

그 일이 있은 후부터 그 군에 큰 가뭄이 들어 3년을 두고 비가 오지 않는 것이었다. 이에 후임 태수가 오자 우공이 다시 나섰다.

「그 효부가 사람을 죽였을 리가 없는데도 전임 태수가 이를 묵살하고 사형을 내렸습니다. 가뭄의 빌미는 틀림없이 그 사건 때문입니다.」

이에 태수가 즉시 친히 나서서 그 효부의 무덤에 제사를 지내고, 그 무덤을 표창하였다. 그러자 하늘에서 비가 내렸고, 그 해에는 풍년이 들었다.

장로(長老)들은 이렇게 전하고 있다.

「그 효부의 이름은 주청(周靑)이다. 주청이 사형을 당할 때 수레에 10장(丈)의 죽간(竹竿)을 싣고, 그 끝에 오색 깃발*을 매달았었다.

그때 그 여자는 여러 사람들에게 이렇게 서약하였다.『나 주청에게 만약 죄가 있다면 사형을 달게 받기를 원한다. 그렇게 되면 내 죽어 흘리는 피가 당연히 이 죽간을 타고 밑으로 흘러내릴 것이다. 그러나 내가 억울하게 죽는다면 피가 흐름을 거슬러 올라갈 것이다』

드디어 그의 사형 집행이 끝나자, 그 피가 청황색(靑黃色) 깃발을 단 깃대를 타고 꼭대기까지 거슬러 올라갔다가 그 깃발을 따라 다시 흘러내렸다고 한다.」

*이 이야기는 서한(西漢) 무제(武帝)·소제(昭帝) 때 일어난 사건이다.

·동해(東海): 군(郡) 이름. 지금의 산동성(山東省) 동남부, 강소성(江蘇省) 동북부 지역. 치소(治所)는 담(郯. 지금의 山東省 郯城縣).

·우공(于公): 우정공(于定國)의 아버지.

＊청(靑)·황(黃)·적(赤)·백(白)·흑(黑)으로 오행(五行)에 상응하는 빛깔로 만든 깃발.

건위군(犍爲郡)에 숙선니화(叔先泥和)라는 이가 있었는데, 그 딸의 이름은 숙선웅(叔先雄)이었다.

영건(永建) 3년 이화(泥和)는 현(縣)의 공조(功曹)가 되어, 그 현의 현장(縣長) 조지(趙祉)가 이화로 하여금 파군태수(巴郡太守)에게 공문을 전달토록 파견하였다. 그리하여 그가 10월에 배를 타고 심부름을 가다가 그만 성(城) 끝의 급류에 휘말려 익사하고 말아, 그 시신조차 찾을 길이 없게 되었다.

그러자 그의 딸 숙선웅이 애통해하며 펄펄 뛰면서 자신의 목숨조차 돌보지 않는 것이었다. 그녀는 동생 숙선현(叔先賢)과 어머니에게 어서 아버지의 시신을 찾으라 재촉하면서, 만약 찾지 못하면 자기가 몸소 물에 뛰어들어 찾아내겠다고 나섰다.

당시 숙선웅은 그 나이 스물일곱으로서 큰 아들은 이름이 공(貢)으로 5세, 그리고 둘째아들은 세(賁)로 3세였다. 이에 그녀는 각각 수놓은 향주머니 하나씩에다가 금구슬 반지를 넣어, 이를 두 아들의 목에 미리 걸어 주었다. 그리고 나서 슬픈 호곡(號哭)을 입에서 떼지 않았다. 가족들은 그런 숙선웅이 더욱 걱정스러웠다.

드디어 12월 15일이 되도록 아버지의 장례를 치르지 못하게 되자, 숙선웅은 작은 배를 타고 아버지가 빠져죽은 곳을 찾아갔다. 곡읍(哭泣)을 계속한 후, 마침내 친히 물속으로 뛰어들어 물살을 따라 빙빙 돌다가 그 속으로 빨려들고 말았다.

그날 밤 그 아우의 꿈에 나타난 숙선웅은 이렇게 일러 주었다.

「스무하룻날이 되면 아버지와 함께 나타나리라.」

그 날짜가 되자, 역시 꿈에서 일러 준 대로 숙선웅이 아버지의 시신을 껴안은 채 함께 강물 위로 떠올랐다.

현장은 그녀를 표창하는 상주를 올렸고, 군수 숙등(肅登)은 이 표문을 받아 다시 상서(尙書)에 올렸다. 이리하여 호조연(戶曹掾)을 파견하여 숙선웅을 위해 비석을 세우고, 그 얼굴을 비에 새겨 지극한 효성이 어떤 것인가를 세상에 알리도록 하였다.

・공조(功曹): 한(漢)나라 때 주군(州郡)의 좌리(佐吏).
・상서(尙書): 조정(朝廷)의 문서(文書)를 관장하는 기구.

하남(河南) 악양자(樂羊子)의 아내는 누구의 딸인지 알 수 없다.

그녀는 몸소 부지런히 하여 시어머니를 봉양하였다. 그러던 어느 날 이웃집 닭이 잘못하여 그 집의 채마밭으로 들어오자, 그 시어머니가 남몰래 이를 잡아먹어 버렸다.

며느리는 그 닭을 보고서 입에 대지도 못하고 울음을 터뜨렸다. 시어머니가 괴이히 여겨 그 까닭을 묻자, 며느리는 이렇게 대답하였다.

「스스로 가난함을 슬프게 여기고 있던 터에, 남의 닭까지 잡아먹게 한 셈이 되었기 때문입니다.」

이 말에 시어머니는 끝내 그 고기를 버리고 말았다.

그뒤 어느 날 도적이 들어 그 며느리를 범하려다가 먼저 그 시어머니를 겁탈하고 말았다. 그 며느리가 이를 듣고서 칼을 들고 쫓아나오자, 도적이 놀라 말하였다.

「너의 그 칼을 버려라. 내 하라는 대로 하면 온전하리라. 내 말을 따르지 않으면 너의 시어머니를 죽이리라.」

그러자 며느리는 하늘을 쳐다보며 탄식하고는 스스로 목을 찔러 죽어 버렸다. 이에 도적 역시 그 시어머니를 죽이지 못하였다.

태수가 이 소문을 듣고 그 도적을 잡아 죽이고는, 그 며느리에게 겸백(縑帛)을 하사하여 예를 갖추고 장사지내 주었다.

· 겸백(縑帛) : 견사품(絹絲品)의 총칭.

 유곤(庾袞)의 자는 숙포(叔褒)이다. 함녕(咸寧) 연간에 큰 역질이 돌아 그의 두 형이 모두 죽었으며, 그 다음 형인 유비(庾毗) 역시 위험에 처하게 되었다.

전염병의 기세가 심해 부모와 여러 아우들 모두가 그 지역을 떠나 외지로 옮겨가려 하였으나, 유곤만은 홀로 남아 있겠다고 버티었다. 여러 친척들이 함께 떠나기를 강요하자, 유곤은 이렇게 말하였다.

「나는 병을 두려워하지 않습니다.」

그리하여 드디어 친히 죽어가는 형을 부지(扶持)하고, 주야로 잠을 자지 않고 보살폈다. 그리고는 사이사이마다 이미 죽은 두 형의 관을 어루만지며 애통해하기를 그치지 않았다.

이렇게 하여 10여 순이 넘게 되자 역질도 이미 사그라지고 가족들도 돌아왔다. 유비의 병은 차도를 얻게 되었고, 유곤 역시 아무런 탈이 없었다.

 송(宋)나라 강왕(康王) 때의 사인(舍人) 한빙(韓憑)이 하씨(何氏)를 아내로 맞이하였는데, 그 미모가 뛰어남을 알아차린 강왕이 결국 그 여인을 빼앗아 버렸다.

한빙이 이를 원망하자, 강왕이 그를 옥에 가두고 성단(城旦)의 형벌에 처하기로 하였다.

그러자 그 아내가 몰래 한빙에게 편지를 보내어 자신의 뜻을 이렇게 전하였다.

비가 음습하게 내립니다.
황하는 크고 물은 깊군요.
태양이 떠올라 내 마음 밝혀 주리.

그런데 얼마 후 강왕에게 그 편지가 발각되고 말았다. 임금이 이를 좌우에게 보여 주며 물었으나, 좌우 누구도 그 편지의 뜻을 알아낼 수가 없었다. 이때 신하 중에 소하(蘇賀)라는 자가 이렇게 풀이하였다.

「비가 음습하게 내린다는 것은 근심스럽고도 그립다는 말입니다. 황하는 크고 물은 깊다는 것은 서로 왕래할 수 없다는 뜻이지요. 그리고 태양이 떠올라 내 마음 밝혀 주리라는 것은, 그 마음속에 죽음을 결심하였다는 뜻입니다.」

그러자 얼마 후 한빙은 자살하고 말았다.

그 아내는 몰래 자신의 옷이 삭아 힘이 없도록 하였다. 그리고 임금이 자신을 데리고 누대에 올랐을 때, 그 아내는 드디어 누대 아래로 뛰어내렸다. 좌우가 그녀의 옷자락을 잡았지만, 삭은 옷은 그 손에 붙어 있지 못하고 떨어져 죽고 말았다.

그녀의 유서가 그 허리띠에 들어 있었다.

임금께서는 제가 계속 살아 있는 것이 이롭다 여길 테지만,
저는 죽는 것이 이롭다 여기고 있습니다.
원컨대 저의 시신을
한빙과 합장해 주시는 은혜라도 내려 주소서.

임금은 노하여 그녀의 유언을 들어 주지 아니하고, 동네 사람들을 시켜 그녀를 매장토록 하되 그 무덤이 서로 마주 보게만 하였다.

그러면서 강왕은 이렇게 말하였다.

「너희 부부가 서로 사랑함이 끝나지 않았다고 하여, 만약 두 무덤이 능히 서로 합쳐진다면 내 그것은 막지 않겠노라.」

그런데 하룻밤을 자고 나자, 갑자기 큰 재목(梓木)이 그 두 무덤 끝에 하나씩 나더니 열흘 만에 한아름이 될 정도로 자라는 것이었다. 게다가 그 나무는 몸체가 굽어 서로 가까이 다가가서 뿌리는 땅속에서 얽히고, 가지는 그 위에서 서로 엇섞이는 것이었다.

그리고 원앙새 암수 한 쌍이 항상 그 나무에 깃들어 새벽이고 밤이고 떠나지 아니한 채 서로 목을 감고 슬피 울어, 그 음성이 사람을 감동시켰다.

송나라 사람들이 이를 애절하게 여겨, 그 나무를 드디어 〈상사수(相思樹)〉라 일컬었다. 상사(相思)라는 말은 여기에서 기원한

것이다.

남쪽 사람들은 이 새를 한빙 부부의 정혼(精魂)이라고 말한다.
지금 수양(睢陽)에 한빙성(韓憑城)이 있으며, 그들의 사랑을 노래
한 가요가 지금까지도 전해 오고 있다.

· 성단(城旦): 고대 형벌의 하나. 축성과 방어의 일을 하는 도형(徒刑).

한(漢)나라 말엽 영릉군(零陵郡)의 태수였던 사
만(史滿)에게 딸이 하나 있었는데, 그 딸이 아버
지 문하(門下)의 서좌(書佐)를 사랑하였다.

이에 남몰래 자신의 시비(侍婢)로 하여금 그 서좌가 세수하고
난 물을 가져오라 하여 이를 마셨다. 그런데 그 일로 딸에게 태
기가 있더니, 이윽고 아들을 낳게 되었다.

그 아이가 걸음마를 하게 될 때쯤 해서, 태수가 그 아이를 안
고서 밖으로 공개하며 그 아비가 누구인지 찾게 되었다. 그러자
그 아이가 엉금엉금 기어가 서좌의 품으로 파고드는 것이었다.

서좌가 밀쳐 떼어 놓았더니, 그 아이가 땅에 엎어지면서 물로
변해 버렸다.

태수가 이 일을 추궁해 묻고 나서 지난날의 일을 갖추어 살핀
다음, 드디어 딸을 그 서좌의 아내로 삼아 주었다.

· 서좌(書佐): 주군(州郡)의 문서를 관장하는 직책. 좌리(佐吏).

파양현(鄱陽縣)의 서쪽에 〈망부강(望夫岡)〉이 있다.

옛날 그곳 현에 진명(陳明)이라는 젊은이가 있어 매씨(梅氏)와 혼인을 약속하였는데, 그만 성혼을 하기 전에 요매(妖魅)에게 속아 따라갔다가 그의 신부가 되고 말았다.

진명이 점쟁이를 찾아가 물었더니 이런 비결이 나왔다.

「서북쪽으로 50리를 가면 그 여자를 찾을 수 있을 것이다.」

진명이 일러 준 대로 가보았더니 큰 굴이 하나 있었는데, 그 굴이 너무 깊어 바닥이 없었다. 이에 줄을 달고 들어가 드디어 그 여자를 찾아낼 수 있었다. 진명은 이에 그 여자를 먼저 끌어내도록 하였다.

그런데 진명이 데리고 왔던 이웃사람 진문(秦文)이 욕심이 생겨 진명을 구해 내지 않고 그냥 자리를 떠버렸다.

그 여자는 이에 스스로 자신의 절조를 지키겠노라 맹세하고, 그 언덕 꼭대기에 올라 진명을 기다렸다. 그래서 〈망부강〉이라는 이름이 붙여진 것이다.

· 요매(妖魅): 도깨비. 정령. 요괴.

후한(後漢) 남강(南康)에 등원의(鄧元義)라는 자가 있었는데, 그 아버지의 이름은 등백고(鄧伯考)였으며 상서복야(尙書僕射)라는 벼슬을 지냈다.

등원의가 고향으로 돌아가자, 그의 아내가 홀로 남아 시어머니를 모시고 있었는데 아주 정성스러웠다. 그런데도 시어머니는 이 며느리를 미워하여 그만 빈방에 가두고 음식도 제대로 주지 않

는 것이었다. 그리하여 그녀의 몸은 파리해져 날로 곤핍해 갔으
나, 끝내 원망의 말을 입에 내지 못하였다.

그때 시아버지인 등백고가 이상히 여겨 물어보았다.

그러자 등원의의 아들인 등랑(鄧郞)이 겨우 몇 살밖에 되지 않
았는데 할아버지에게 이렇게 말하는 것이었다.

「어머니는 병이 든 게 아닙니다. 다만 허기에 지쳐 있을 뿐입
니다.」

등백고는 눈물을 흘리며 이렇게 말하였다.

「시어머니에게 그토록 잘했는데, 어찌하여 도리어 이런 고통을
당한단 말이냐?」

그리고는 그 며느리를 친정으로 돌려보내어 다시 시집을 가도
록 하였다. 이리하여 그 여자는 다시 화중(華仲)이라는 사람의 아
내가 되었는데, 화중은 당시 장작대장(將作大匠)이라는 벼슬에 있
었다.

그러던 어느 날 그 여자가 마침 조정 대신들이 타는 수레를 타
고 외출을 하게 되었는데, 등원의가 길가에서 이를 보고 사람들
에게 이렇게 말하였다.

「저 여인은 나의 아내였소. 다른 잘못이 있어서가 아니라 저희
집 어머니가 너무 혹독하게 대했기 때문에 나와 헤어지고 말았
답니다. 본래 귀하게 타고난 상(相)이지요.」

그의 아들 등랑은 자라서 시랑(侍郞)이 되어 있었다. 어머니가
옛 아들에게 편지를 보냈지만 등랑은 아무런 회답을 보내지 않
았고, 옷을 선물하였으나 그때마다 즉시 이를 태워 버리는 것이
었다.

그러나 어머니는 조금도 개의치 않았다. 어머니는 아들이 보고
싶어 자신의 가까운 친척인 이씨(李氏)를 그 집으로 보내어, 사람

을 시켜 다른 일을 핑계로 등랑에게 만나자는 말을 전해 주도록
하였다.

등랑은 어머니를 뵙자 두 번 절하고 눈물을 흘리고는 일어나
나가는 것이었다. 어머니가 그를 뒤쫓으며 이렇게 말하였다.

「나는 거의 굶어죽기에 이르렀었다. 나는 너희 집에서 버림을 받
아 나온 것이다. 내게 무슨 죄가 있기에 너는 이렇게까지 하느냐?」

그리고 그뒤로는 왕래를 끊어 버렸다.

• 상서복야(尙書僕射) : 관직 이름. 상서령(尙書令)의 부관(副官). 문서를
  관장함.
• 장작대장(將作大匠) : 벼슬 이름. 궁중의 토목공사를 담당하는 책임자.
  응순(應順)이 장작대장(將作大匠)이 된 것은 동한(東漢) 화제(和帝,
  89~105) 때이다.

엄준(嚴遵)이 양주자사(揚州刺史)로 있을 때 속
현(屬縣)에 순시를 하러 나섰다가, 길가에서 어떤
여자의 곡성을 들었는데 슬픈 기색이 아니었다.

이에 그 우는 자가 누구인가를 물어보도록 하였더니 이렇게
대답하는 것이었다.

「제 남편이 화재를 만나 타죽었습니다.」

엄준이 관리에게 명하여 그 시신을 가져오도록 하였다. 그리고
는 그 시신과 이야기를 나누어 보고서 관리에게 이렇게 말하였다.

「죽은 이 사람은 불에 타죽은 것이 아니라고 말하는군요.」

이리하여 그 여자를 끌어왔다. 그리고 사람을 시켜 그 시신을
지키도록 하였다.

「틀림없이 억울한 죽음일 것이다.」

그러자 관리가 이렇게 보고하였다.

「파리가 그 머리에 모여들었습니다.」

엄준이 그의 머리를 헤쳐 보도록 하였더니, 그 속이 쇠망치에 맞아 이마까지 관통하였던 것이다. 이에 그 여자에게 따져 물었더니, 그 여자는 자신의 음행(淫行)을 감추기 위해 남편을 죽였노라고 실토하였다.

한(漢)나라 범식(范式)의 자는 거경(巨卿)이며, 산양군(山陽郡) 금향현(金鄕縣) 사람으로 일명 범(氾)이라고도 한다.

그는 여남(汝南)의 장소(張劭)와 친구 사이였다. 장소의 자는 원백(元伯)이며, 두 사람은 함께 서울의 태학(太學)으로 유학을 갔는데 뒤에 범식이 고향으로 돌아가게 되었다.

이에 범식이 원백에게 이렇게 일렀다.

「2년 뒤에 돌아와 그대의 어버이께 인사드리고, 그대 아이들을 보리라.」

그리고 그 시기를 약속하고 헤어졌다. 뒤에 과연 그 약속 날짜가 다가오자, 원백이 어머니께 아뢰어 음식을 준비해 놓고 그를 기다리기로 하였다.

그러자 어머니가 이렇게 말하였다.

「2년간이나 헤어져 있었고, 천리나 먼 곳에서 약속한 것을 너는 어찌 그렇게 철석같이 믿고 있느냐?」

그러나 원백은 자신 있게 말하였다.

「거경은 신용이 있는 선비입니다. 위반하는 일은 절대로 없을 것입니다.」

이에 그 어머니도 허락하였다.

「그렇다면 마땅히 너희들을 위해 술을 담그리라.」

그 날짜가 되자 과연 범식이 찾아와서 당에 올라 어버이게 배례하고, 음식을 나누며 즐거움을 다한 다음 다시 헤어졌다.

뒤에 원백이 그만 병에 걸려 심하게 앓게 되었다. 그리하여 원백의 고향 친구인 질군장(郅君章)·은자징(殷子徵) 등이 이른 새벽부터 늦은 밤까지 그 곁에서 보살펴 주었다.

끝내 원백은 죽음에 이르자 이렇게 한탄하였다.

「죽음을 두고 맹세한 내 친구[死友]를 보지 못하는 것이 한이로다.」

이에 자징이 물었다.

「나와 군장이 그대에게 진심을 다하고 있는데, 우리가 그대의 사우가 아니고 다시 누구를 보고 싶다는 것인가?」

그러자 원백이 이렇게 말하였다.

「그대 두 사람의 경우는 나의 생우(生友)에 불과할 따름이지. 산양(山陽)의 범거경이 소위 말하는 사우로다.」

그리고는 죽고 말았다.

범식의 꿈에 갑자기 원백이 나타났다. 현관면복(玄冠冕服)에 갓끈을 늘어뜨린 채 신발을 끌면서 다가와 이렇게 부르는 것이었다.

「거경! 나는 모일(某日)에 죽었네. 그리고 정해진 날이 되면 장례가 치러지고 영원히 황천(黃泉)으로 돌아가네. 그대가 나를 잊지 않았다면 다시 한 번 볼 수 없을까?」

범식은 황연(恍然)히 잠에서 깨어나 슬픔 속에 눈물을 흘리며, 즉시 친구의 상(喪)을 위해 상복을 입고 그 장례날을 맞추어 달려갔다.

그러나 그가 미처 닿기도 전에 이미 발인이 시작되고 있었다. 그리고 이미 무덤까지 파서 장차 관을 내려 놓으려던 참이었다. 그런데 관이 움직이지를 않는 것이었다.

이에 그 어머니가 관을 어루만지며 이렇게 달래었다.

「원백아! 너는 아직도 못 잊을 것이 있느냐?」

그리고는 관을 그대로 놓아두었다. 잠시 후 멀리 흰 수레에 백마를 타고 호곡하면서 달려오는 자가 보였다.

어머니가 그것을 바라보며 중얼거렸다.

「틀림없이 범거경이리라.」

거경이 다다라 땅을 치며 울었다.

「잘 가시오, 원백. 죽고 사는 길이 서로 다르니 여기서 영원한 이별을 고하는구료.」

장례에 모였던 수천 인이 모두 눈물을 흩뿌렸다.

범식은 이에 관의 끈을 잡았다. 그제서야 관이 움직였다. 범식은 그 무덤 옆에 머물며 분묘를 정리하고 나무까지 잘 심어 주고 나서야 자리를 떠났다.

· 태학(太學): 한(漢)나라 때의 최고학부. 오경박사(五經博士)를 두고 경학(經學)을 교습하던 학관(學官).
· 사우(死友): 생우(生友)에 상대되는 뜻으로 쓰고 있다. 생사(生死)를 넘어선 우정의 친구.

(하권에서 계속)

임동석(林東錫)

1949년 慶北 榮州生. 忠北 丹陽에서 성장
京東高, 서울敎大, 國際大, 建國大大學院 졸업
雨田 辛鎬烈 선생에게 한문 배움
中華民國 國立臺灣師範大學 國文硏究所 博士班 졸업
中華民國 國家文學博士(1983)
전 忠北大 조교수. 현 建國大 교수
成均館大, 延世大, 韓國外國語大, 慶熙大, 淑明大 등 대학원 강의

저서 : 《朝鮮譯學考》(中文), 《中國學術綱論》
편・역서 : 《漢語音韻學講義》, 《廣開土王碑硏究》, 《東北民族源流》,
《龍鳳文化源流》, 《戰國策》, 《世說新語》, 《韓詩外傳》, 《說苑》,
《新序》, 《晏子春秋》, 《潛夫論》, 《大戴禮記》, 《唐才子傳》 등 다수

한글고전총서 5

수신기・상

초판발행 : 1998년 2월 20일

옮긴이 : 林東錫
펴낸이 : 辛成大
펴낸곳 : 東文選
제10-64호, 78. 12. 16 등록
서울 용산구 문배동 40-21
전화 : 719-4015

편집 : 金炅姬・朴蓮美
총편집 : 韓仁淑

ISBN 89-8038-205-7 04140
ISBN 89-8038-200-6 04140(세트)

옥편 없이 보는 新고전 다이제스트

산이 높으면 마땅히 우러러볼 일이다

劉 向 편찬 / 林東錫 옮김

좋은 책 한 권이면 3代가 바로선다

한나라의 유향이 지은 책 중에 여러 고전에 나오는 좋은 글만을 가려 모은 《說苑》이라는 책이 있다. 그 가운데 오늘의 젊은 이들에게 꼭 들려 주고 싶은 잠언들을 옥구슬같이 꿰어 한 권의 지혜서로서 모두의 마음밭에 밑거름이 되었으면 하는 바람으로 만들었다.

세상에 교훈적인 이야기들은 수없이 많으나, 정작 우리들 가슴에 스며서 몸짓으로 배어 나오게 하는 글들은 드물다. 살아가는 데 있어 마음의 중심이 되어 줄, 그리고 지쳐 있을 때마다 기운을 북돋아 줄 한마디 위안의 말을 이 책은 담고 있다. 뜻을 세워 살아가는 방법은 물론, 사물을 바로 보고 그에 대처할 줄 아는 지혜와 허무에 이르기까지 실로 그 내용이 다양하여, 보다 성숙한 마음의 터를 닦게 해줄 것이다. 또한 방대하고 어려운 고전들 속에서 이렇듯 함축적인 잠언들만을 골라 엮은 만큼, 한문 문장 해석에 학습 교재로서의 가치를 넘어서 오늘날 우리의 생활에 적용하고, 이를 통해 지혜를 얻는 데 조금의 손색도 없으리라고 본다.

특히 이 책은 본문 중의 모든 한자의 음과 훈을 달아 옥편 없이 공부할 수 있도록 편집되어 있다. 더하여 한 대목씩 골똘히 읽어 나가다 보면, 한문 실력이 저절로 길러짐은 물론 몸에 배도록 되풀이해서 암송하면 그 뜻이 훨씬 깊게 다가올 것이다. 진정 글을 읽는 즐거움과 함께 자신을 다스리는 修身의 書가 되리라 믿는다.

설 원(說苑)

유 향(劉 向) 찬집 / 임동석(林東錫) 옮김

중국 고대로부터 한나라에 이르기까지 교훈이
될 만한 이야기들을 주제별로 엮은 역사고사집

　중국 전한(前漢)의 경학자 유향에 의해 편찬된 이 책은 지도
자가 지녀야 할 덕목과 용인술, 남을 모실 때의 태도와 임무, 근
본과 절도를 세워 살아가는 법, 사물을 바로보고 그에 대처하는
지혜 등 어느 시대 어느 상황에서나 삶의 척도가 될 만한 내용
들로서 치열한 경쟁사회를 살아가는 현대인들에게 훌륭한 지침
서가 되고 있다.
　〈이야기 마당〉을 뜻하는 《설원》에는 총 20여 편의 주제 아래
모두 846가지의 재미있는 고사가 실려 있다. 한식(寒食)의 유래
가 된 개자추(介子推)의 이야기, 춘추오패의 숱한 일화, 명재상
안자(晏子)의 뛰어난 재치와 풍자 등 중국 고전의 진수를 한곳
에 다 모아 놓았다. 따라서 이 책은 수많은 고전을 다 찾아 읽
을 수 없는 바쁜 직장인들이나 논술시험을 준비하는 입시생들
에게 더할 나위 없는 좋은 공구서가 될 것이다.
　《설원》의 풍부한 내용은 마치 큰 물과 같아서 작은 그릇을
갖고 임하면 작은 만큼의 물을 얻을 것이요, 큰 그릇을 갖고 다
가서면 그 또한 넘치게 얻을 수 있을 것이다. 특히 사회 각 분
야의 지도적 위치에 있는 이들이 이 책을 읽는다면 단순한 지식
의 차원을 넘어 인생을 보는 참다운 지혜와 덕을 쌓는 것은 물
론 어려운 판단의 순간에 올바른 해답을 얻을 수 있을 것이다.

완역 한글고전총서본 / 상·중·하 / 각권 7,000원
完譯詳註 漢典大系本 / 上·下 / 각권 30,000원